CONTABILIDADE TRIBUTÁRIA

EURIDICE S. MAMEDE DE ANDRADE
LUIZ DOS SANTOS LINS
VIVIANE LIMA BORGES

CONTABILIDADE TRIBUTÁRIA

Um Enfoque Prático nas Áreas Federal, Estadual e Municipal

2ª Edição

SÃO PAULO
EDITORA ATLAS S.A. – 2015

© 2013 by Editora Atlas S.A.

1. ed. 2013; 2. ed. 2015

Capa: Zenário A. de Oliveira
Composição: Lino-Jato Editoração Gráfica

Dados Internacionais de Catalogação na Publicação (CIP)
(Câmara Brasileira do Livro, SP, Brasil)

Andrade, Euridice S. Mamede de

Contabilidade tributária : um enfoque prático nas áreas federal, estadual e municipal / Euridice S. Mamede de Andrade, Luiz dos Santos Lins, Viviane Lima Borges. – 2. ed. – São Paulo : Atlas, 2015.

Bibliografia.
ISBN 978-85-224-9996-0
ISBN 978-85-224-9997-7 (PDF)

1. Contabilidade tributária 2. Contabilidade tributária – Leis e legislação I. Lins, Luiz dos Santos. II. Borges, Viviane Lima. III. Título.

13-05965
CDD-657.46

Índice para catálogo sistemático:

1. Contabilidade tributária 657.46

TODOS OS DIREITOS RESERVADOS – É proibida a reprodução total ou parcial, de qualquer forma ou por qualquer meio. A violação dos direitos de autor (Lei nº 9.610/98) é crime estabelecido pelo artigo 184 do Código Penal.

Depósito legal na Biblioteca Nacional conforme Lei nº 10.994, de 14 de dezembro de 2004.

Impresso no Brasil/*Printed in Brazil*

Editora Atlas S.A.
Rua Conselheiro Nébias, 1384
Campos Elísios
01203 904 São Paulo SP
011 3357 9144
atlas.com.br

Sumário

1 Principais Conceitos Fiscais, 1

Objetivo do Capítulo, 1

1.1 Introdução, 1

    1.1.1 Principais conceitos fiscais, 4

        1.1.1.1 Fato gerador e obrigação tributária, 4

        1.1.1.2 Base de cálculo do tributo, 4

        1.1.1.3 Imunidade e isenção, 4

        1.1.1.4 Modalidades de lançamento, 5

        1.1.1.5 Prazos prescricional e decadencial, 6

1.2 Princípios e normas constitucionais, 6

1.3 Cumulatividade e não cumulatividade, 10

1.4 Resumo, 12

1.5 Exercícios, 12

    1.5.1 Questões de concursos públicos, 14

2 Tributos Federais, 18

Objetivos do Capítulo, 18

2.1 Introdução, 18

2.2 Imposto de Renda e Contribuição Social sobre o Lucro Líquido, 19

    2.2.1 Lucro Real, 20

        2.2.1.1 Adições e exclusões, 20

        2.2.1.2 Pessoas obrigadas, 23

    2.2.2 Lucro presumido, 24

    2.2.3 Lucro arbitrado, 25

2.3 Obrigações acessórias, 27

2.4 Regimes de apuração, 30

    2.4.1 Cálculo do IRPJ e CSLL com base no Lucro Real, 30

        2.4.1.1 Apuração trimestral e anual, 32

            2.4.1.1.1 CSLL: Estimativa mensal, 42

            2.4.1.1.2 CSLL: Base de cálculo mensal, 43

        2.4.1.2 LALUR: Ajustes fiscais, 46

            2.4.1.2.1 Adições ao Lucro Contábil, 46

            2.4.1.2.2 Exclusões ao Lucro Contábil, 50

        2.4.1.3 Cálculo e Contabilização das Provisões para IRPJ e CSLL, 55

        2.4.1.4 Base de Cálculo e Contabilização, 56

        2.4.1.5 Escrituração Fiscal, 59

        2.4.1.6 Prejuízo Fiscal: critérios para compensação, 61

        2.4.1.7 Compensação de Tributos, 63

        2.4.1.8 Incentivos fiscais, 66

            2.4.1.8.1 Deduções do Valor Devido, 66

    2.4.2 Lucro Presumido: apuração do IRPJ e da CSLL, 67

        2.4.2.1 Cálculo do IRPJ/CSLL, 69

        2.4.2.2 Contabilização, 71

        2.4.2.3 Escrituração fiscal, 72

        2.4.2.4 Lucros Distribuídos – Presumido, 73

    2.4.3 Casos especiais, 74

        2.4.3.1 Depreciação Acelerada Incentivada, 74

        2.4.3.2 Juros sobre o Capital Próprio (JCP), 85

        2.4.3.3 Ganhos e Perdas de Capital, 88

        2.4.3.4 Preços de Transferência em Operações com o Exterior, 92

            2.4.3.4.1 Controle Fiscal dos Preços de Transferência nas Importações, 95

            2.4.3.4.2 Controle Fiscal dos Preços de Transferência nas Exportações, 100

        2.4.3.5 Baixa no imobilizado e intangível, 101

        2.4.3.6 Distribuição Disfarçada de Lucro, 102

2.5 Imposto sobre Produtos Industrializados (IPI), 104

    2.5.1 Industrialização, 104

    2.5.2 Fato Gerador, 106

    2.5.3 Contribuintes: industrial e equiparado, 107

        2.5.3.1 Responsáveis, 108

    2.5.4 Produtos imunes, com isenção, suspensão, diferimento e não incidência, 108

        2.5.4.1 Imunidade, 109

        2.5.4.2 Isenções, 109

        2.5.4.3 Suspensão, 110

    2.5.5 Base de cálculo em operações internas e importações, 111

2.5.6   Alíquotas (TIPI), 112

2.5.7   Contabilização, 115

2.5.8   Escrituração Fiscal, 117

      2.5.8.1 Livro de Entrada, Saída e Apuração, 117

2.5.9   Outras Obrigações Acessórias, 119

      2.5.9.1 Escrituração dos Créditos, 122

2.5.10 Incentivos fiscais, 123

      2.5.10.1 Aquisição da Amazônia Ocidental, 123

      2.5.10.2 Zona de Processamento de Exportação (ZPE), 124

      2.5.10.3 Programa de Apoio ao Desenvolvimento Tecnológico da Indústria de Semicondutores (PADIS), 125

      2.5.10.4 Programa de Apoio ao Desenvolvimento Tecnológico da Indústria de Equipamentos para a TV digital (PATVD), 126

      2.5.10.5 REPORTO, 126

          2.5.10.5.1 Beneficiários, 127

          2.5.10.5.2 Suspensão do IPI, PIS, COFINS e Impostos de Importação (II), 127

          2.5.10.5.3 Conversão em isenção, 127

          2.5.10.5.4 Conversão em alíquota zero – PIS e COFINS, 127

          2.5.10.5.5 Condicionalidades, 127

          2.5.10.5.6 Transferência dos bens, 128

          2.5.10.5.7 Relação de bens, 128

          2.5.10.5.8 Crédito do PIS e COFINS, 128

      2.5.10.6 Zona Franca de Manaus (ZFM), 128

      2.5.10.7 Áreas de Livre Comércio (ALC), 130

          2.5.10.7.1 Isenção e Suspensão do Imposto, 130

      2.5.10.8 Bens de Informática, 131

2.6 PIS e COFINS, 133

2.6.1 Regime Não Cumulativo, 133

      2.6.1.1 Base de cálculo e conceito de Receita Bruta, 134

      2.6.1.2 Alíquotas, 135

      2.6.1.3 Isenções e Reduções de alíquota, 137

      2.6.1.4 Contabilização, 137

      2.6.1.5 Escrituração Fiscal, 139

      2.6.1.6 Obrigações Acessórias, 140

2.6.2 Regime Cumulativo, 141

      2.6.2.1 Base de cálculo e conceito de Receita Bruta, 141

      2.6.2.2 Isenções e Alíquotas, 141

      2.6.2.3 Contabilização, 141

      2.6.2.4 Escrituração Fiscal e Obrigações Acessórias, 142

2.7 Simples Nacional, 142

2.7.1 Base de Cálculo e Alíquota, 143

2.7.2 Contribuinte, 144

2.7.3 Exclusão do Simples Nacional, 147

2.7.4 Contabilização, 149

2.7.5 Escrituração Fiscal, 151

2.7.6 Outras obrigações acessórias, 152

2.8 Resumo, 152

2.9 Exercícios e Estudos de Casos, 153

2.9.1 Exercícios de Concursos Públicos, 155

3 Tributos Estaduais – ICMS, 158

Objetivo do Capítulo, 158

3.1 Introdução, 158

3.2 Contribuintes e Responsáveis, 159

3.2.1 Contribuinte do ICMS, 160

3.2.2 Responsável, 160

3.3 Fato Gerador e Base de Cálculo do ICMS, 161

3.3.1 Fato Gerador, 162

3.3.2 Base de Cálculo, 163

3.4 Imunidade, Não Incidência, Isenção, Suspensão e Diferimento, 166

3.4.1 Imunidade, 167

3.4.2 Não Incidência, 167

3.4.3 Isenção, 170

3.4.4 Suspensão, 173

3.4.5 Diferimento, 174

3.5 Alíquotas, Apuração e Escrituração Fiscal, 175

3.5.1 Alíquotas, 175

3.5.2 Apuração e Escrituração Fiscal, 180

3.5.2.1 Códigos Fiscais de Operações e Prestações (CFOP), 182

3.5.3 Débito, Crédito e Apuração, 183

3.6 Fundo de Combate à Pobreza do ERJ, 190

3.7 Escrituração Fiscal, 195

3.7.1 Dispensados de Escrituração Fiscal, 196

3.7.2 Exemplos de Escrituração e Contabilização, 197

3.8 Diferencial de Alíquota (DIFAL), 211

3.8.1 Escrituração Fiscal do DIFAL, 213

3.9 Controle de Crédito de ICMS do Ativo Imobilizado (CIAP), 215

3.10 Resumo, 221

3.11 Exercícios e Estudos de Casos, 222

3.11.1 Questões de Concursos Públicos, 223

Sumário ix

4 Tributos Municipais – ISS, 230

Objetivo do Capítulo, 230

4.1 Introdução, 230

4.2 Fato Gerador, 232

4.3 Base de Cálculo do ISS, 234

    4.3.1 Base de Cálculo das Sociedades Uniprofissionais, 236

    4.3.2 Base de Cálculo dos Autônomos Estabelecidos, 237

    4.3.3 Outras Bases de Cálculo, 238

4.4 Incidência, Não Incidência e Isenção, 238

    4.4.1 Incidência, 238

    4.4.2 Não Incidência, 239

    4.4.3 Isenção, 240

4.5 Contribuintes e Responsáveis pelo Tributo, 240

    4.5.1   Responsabilidade Tributária, 241

    4.5.2   Solidariedade, 242

    4.5.3   Alíquotas, 243

    4.5.4   Apuração, 244

    4.5.5   Livros e Documentos Fiscais, 244

    4.5.6   Contabilização, 247

    4.5.7   Hipóteses de Arbitramento, 249

    4.5.8   Hipóteses de Estimativas, 250

    4.5.9   Pagamento, 250

    4.5.10 Retenção pelo Contratante, 253

4.6 Construção Civil, 258

    4.6.1 Fato Gerador, 260

    4.6.2 Base de Cálculo, 262

    4.6.3 Alíquotas, 263

    4.6.4 Pagamento, 263

    4.6.5 Isenção, 264

    4.6.6 Responsabilidade, 265

    4.6.7 Livros Fiscais, 267

4.7 Resumo, 270

4.8 Exercícios e Estudo de Casos, 271

    4.8.1 Questões de Concursos Públicos, 273

Referências Bibliográficas, 275

Anexos, 282

1

Principais Conceitos Fiscais

> **Objetivo do Capítulo:**
>
> O objetivo deste capítulo é apresentar os principais conceitos tributários que serão utilizados no decorrer do livro, de forma a proporcionar fundamentação legal e um melhor entendimento dos principais aspectos inerentes ao estudo da Contabilidade Tributária.

1.1 Introdução

A Contabilidade Tributária tem por objetivo realizar os estudos e proceder ao registro adequado dos aspectos econômicos da legislação tributária. Neste sentido, conta com dois sistemas de registros que são escriturados simultaneamente: *livros contábeis* e *livros fiscais*. No decorrer deste livro serão descritas e analisadas as principais características dos diferentes tributos, frente às regras de escrituração dos respectivos sistemas de registros.

Nos últimos anos, a Contabilidade Tributária tem se tornado cada vez mais relevante devido ao aumento do custo tributário e seus impactos no preço dos produtos.

A carga tributária no Brasil orbita atualmente em cerca de 35% do Produto Interno Bruto (PIB). Em um cenário como esse, é natural que todas as empresas de pequeno ou grande porte tenham sempre que manter-se atualizadas perante a legislação tributária, tentando sempre que possível, e de forma legal, reduzir o impacto desses tributos nas suas finanças.

As empresas são tributadas em diversos aspectos e em diversas situações. Na compra e na venda de um produto; na prestação de um serviço ou quando têm lucros no período. Os tributos incidentes, nessas situações, podem ser classificados como municipais, estaduais e federais, dependendo por qual instância os mesmos são administrados. Existem ainda as obrigações acessórias que, embora não sejam tributos efetivos, são procedimentos a serem cumpridos que demandam tempo, controles e até recursos financeiros.

Nesse sentido, os empresários creditam grande relevância às questões tributárias.

Os efeitos da legislação fiscal sobre os fatos administrativos, operacionais ou não operacionais, são determinantes para a correta mensuração de seus efeitos sobre a estrutura patrimonial.

Neste livro, são apresentados os principais tributos, diretos e indiretos, que influenciam na formação do preço dos produtos e serviços e na apuração do resultado das atividades empresariais.

Necessário se faz buscar, na doutrina do Direito Tributário, os conceitos e fundamentos para a instituição e cobrança dos tributos aqui analisados. Os ensinamentos originam-se do Código Tributário Nacional (CTN), da Constituição Federal (CF/88), das leis complementares ou ordinárias e das demais normas tributárias em vigor, incorporando suas atualizações até outubro de 2012.

Preliminarmente, será feita uma distinção simplificada entre as espécies tributárias que estão previstas no Sistema Tributário Nacional (STN). Os tributos são: impostos, taxas, contribuições de melhoria e empréstimos compulsórios. Reconhece-se, também, a natureza tributária das contribuições sociais.

- Imposto – devido pelo contribuinte independente de qualquer contraprestação estatal, destina-se a atender a manutenção das atividades características da administração pública.

- Taxa – devida em função da utilização efetiva ou potencial de serviços públicos. É cobrada pelo poder de polícia exercido pelo Estado para promover e assegurar o bem comum, ou limitar e disciplinar interesses e liberdades.

- Contribuição de melhoria – cobrada em caráter indenizatório, com o fim de reembolsar despesa com obra pública que contribuiu para a valorização imobiliária do local onde o contribuinte possui imóvel residencial ou comercial.

- Contribuição social – embora não seja tecnicamente um tributo, por ser tratada na CF/88 em capítulo relativo à seguridade social, é destinada ao financiamento dos Sistemas de Previdência e Assistência Social e tem sua natureza tributária reconhecida pelo Supremo Tribunal Federal (STF).

- Empréstimo compulsório – pode ser cobrado pela União para atender a despesas extraordinárias, decorrentes de calamidade pública, de guerra externa ou sua iminência; no caso de investimento público de caráter urgente e de relevante interesse nacional, observado o princípio da anterioridade dos impostos. Este tributo gera diferentes interpretações na Teoria Geral do Direito, especialmente porque será devolvido ao contribuinte em algum momento, não gerando incremento na receita pública, já que seu recebimento pela União terá como contrapartida um passivo em favor do contribuinte.

Os tributos podem ser classificados ainda em diretos ou indiretos. São *diretos* quando o contribuinte (de fato e de direito)[1] é inscrito individualmente através do lançamento tributário.[2] Incidem sobre o patrimônio e a renda. Exemplos clássicos são o Imposto de Renda (IR) e o Imposto sobre Propriedade de Veículos Automotores (IPVA). São *indiretos* quando incidem sobre o consumo ou as despesas, ou seja, é repassado para os preços dos produtos ou serviços em cada etapa do ciclo econômico, sendo suportado pelo consumidor final, último elo da cadeia de produção/consumo. Um exemplo clássico é o Imposto sobre Circulação de Mercadorias e Serviços (ICMS).

Notas

1) Imposto: Tributo cobrado pela União, Estados, Distrito Federal e Municípios cuja obrigação tem como fato gerador uma situação independente de qualquer atividade estatal específica, relativa ao contribuinte.

2) Taxa: Cobrada pela União, Estados, Distrito Federal e Municípios, no âmbito de suas respectivas atribuições, tem como fato gerador o exercício regular do poder de polícia, ou a utilização, efetiva ou potencial, de serviço público específico e divisível, prestado ao contribuinte ou posto à sua disposição.

3) Contribuição de melhoria: Exigida pela União, Estados, Distrito Federal e Municípios, no âmbito de suas respectivas atribuições, é instituída para fazer face ao custo de obra pública da qual decorra valorização imobiliária, tendo como limite total a despesa realizada e como limite individual o acréscimo de valor que da obra resultar para cada imóvel beneficiado.

4) Contribuição social: Cobrada pela União. É destinada ao financiamento da seguridade social, para atender aos sistemas de previdência e assistência social.

---

[1] Contribuinte de fato é aquele que, efetivamente, suporta a carga tributária; contribuinte de direito é o responsável pelo recolhimento.

[2] Procedimento próprio da autoridade administrativa que verifica a ocorrência do fato gerador, calcula o montante devido e identifica o sujeito passivo.

1.1.1 Principais conceitos fiscais

Os aspectos tributários da atividade empresarial partem da observação das regras e princípios que regem a matéria e da correta avaliação dos conceitos fiscais que envolvem cada um dos atos praticados pelos empresários. Inúmeros são os aspectos gerais a serem observados, mas alguns podem ser evidenciados destacadamente, como os descritos mais adiante.

1.1.1.1 Fato gerador e obrigação tributária

Cada tributo tem legislação própria que descreve exaustivamente as situações e eventos que caracterizam seus fatos geradores. Assim, fato gerador é a situação definida em lei como necessária e suficiente à ocorrência da obrigação tributária, seja esta principal ou acessória. Obrigação tributária é a relação que tem, de um lado, uma pessoa jurídica de direito público interno (sujeito ativo: União, Distrito Federal, Estados ou Municípios) e, de outro, uma pessoa obrigada ao pagamento de certo tributo (sujeito passivo: aquele que pratica o fato gerador) ou obrigada a realizar determinado procedimento. Neste sentido, pode-se definir resumidamente como obrigação tributária principal, a obrigação de pagar, e como obrigação tributária acessória, a obrigação de fazer algo em benefício do controle e da fiscalização. Esta última pode ser exemplificada pela obrigação de escriturar livros e entregar declarações.

1.1.1.2 Base de cálculo do tributo

Base de cálculo é o valor sobre o qual incidirá o percentual do tributo a ser pago. Por exemplo, no caso do ICMS, o valor de saída da mercadoria para venda é a base de cálculo. No caso do Imposto de Renda da Pessoa Jurídica é o valor do lucro ajustado (no caso de empresas tributadas pelo lucro real) ou o valor da receita bruta auferida (no caso das empresas tributadas pelo lucro presumido).[3]

1.1.1.3 Imunidade e isenção

As normas vigentes preveem a possibilidade de que determinadas pessoas ou matérias possam ser desobrigadas, em caráter permanente ou de forma provisória, a cumprir com as determinações legais a respeito de pagamentos de tributos.

A imunidade é matéria constitucional; na prática, proíbe a tributação de indivíduo ou matéria não expostos à área de incidência. Nesse sentido, o poder

---

[3] Os conceitos de lucro real e lucro presumido serão objeto de análise no Capítulo 2.

de tributar pessoas ou bens fica vedado e qualquer dispositivo que desafie esta norma tributária poderá ser considerado inconstitucional.

Na isenção, as pessoas e matérias estão expostas à área de incidência e podem ser beneficiadas, em um determinado momento, pela dispensa do pagamento do tributo, por motivos de políticas fiscais ou comerciais. Depreende-se que a isenção é temporária, atende a interesses políticos e é regulada por normas acessórias. Os dispositivos que violarem estas normas tornam-se ilegais.

A exclusão do poder de tributar ou imunidade tributária é relativa, exclusivamente, a impostos e proíbe as pessoas jurídicas de direito público de exercitarem sua competência tributária sobre as pessoas ou matérias. Alguns exemplos constitucionais aparecem a seguir:

- proibida a cobrança de impostos entre pessoas jurídicas de direito público. Exemplo: o Estado não pode cobrar IPVA sobre os carros do Município, que não pode cobrar IPTU dos terrenos do Estado. O dispositivo inibe a cobrança de imposto sobre a renda, o patrimônio e os serviços uns dos outros (imunidade recíproca);
- proibida a incidência de impostos sobre templos de qualquer culto;
- vedada a incidência de impostos sobre livros, jornais e o papel destinado à sua impressão.

1.1.1.4 Modalidades de lançamento

O crédito tributário[4] nasce após o lançamento, procedimento próprio da autoridade administrativa que verifica a ocorrência do fato gerador, calcula o montante devido e identifica o sujeito passivo. O fisco não pode exigir o tributo sem antes lançá-lo. Existem várias modalidades de lançamento:

- por declaração ou misto – efetuado pela autoridade administrativa, baseado em informações apresentadas pelo contribuinte ou por terceiro (Exemplo: declaração de Imposto de Renda);
- de ofício ou direto – efetuado pela administração fazendária, sem a participação daquele que praticou o fato gerador (Exemplo: IPTU e IPVA);
- por homologação ou autolançamento – efetuado pelo sujeito passivo que apura e recolhe o tributo, antes de qualquer exame ou avaliação da autoridade fazendária, que, posteriormente, exercerá sua função de homologar, ou não, os procedimentos realizados. Existe um prazo para esta homologação que pode ser de cinco anos ou mais, a contar da data

---

[4] Crédito tributário (constituído mediante lançamento) é o valor devido pelo contribuinte em decorrência da realização do fato gerador.

do fato gerador, dependendo do tributo. A homologação pode ser expressa ou tácita: a primeira, efetuada e comunicada ao sujeito passivo, e a segunda, quando não há qualquer manifestação até o final do prazo previsto para a homologação (Exemplo: ICMS e IPI).

1.1.1.5 Prazos prescricional e decadencial

O crédito tributário constituído poderá ser extinto de várias maneiras. Dentre elas, destacam-se a prescrição e a decadência. A prescrição impede o ajuizamento da ação de cobrança pela fazenda pública, chamada execução fiscal; a decadência impede o lançamento.

A decadência, então, ocorre primeiro, sendo definida como a perda do direito da fazenda pública constituir o crédito tributário pelo lançamento. Por exemplo, não lançando durante os primeiros cinco anos, decai o direito de fazê-lo. A prescrição ocorre depois do lançamento e se configura como a perda do direito da fazenda pública propor ação para cobrança de crédito tributário.

Quadro 1 – Linha do tempo

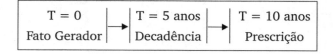

1.2 Princípios e normas constitucionais

O Sistema Tributário Nacional encontra-se detalhadamente caracterizado na CF/88. Nele está previsto que somente as pessoas jurídicas de direito público interno é que podem instituir tributos. São elas: a União, os Estados, os Municípios e o Distrito Federal. Estabelece, ainda, para cada um deles, diferentes competências para instituir tributos.

A Competência Tributária refere-se à capacidade do poder público de cada instância governamental de criar tributos através de leis que contenham todos os elementos essenciais para a sua efetividade, destacando-se:

Quadro 2 – Elementos essenciais dos tributos

Elementos Essenciais dos tributos	Descrição resumida	Exemplo
Hipótese de incidência	Fato gerador que ocasiona o surgimento do tributo	Prestação de serviço, fato gerador do ISS
Sujeitos ativo e passivo	Quem é responsável pela cobrança e quem é o responsável pelo pagamento	Responsável pela cobrança no caso do ISS: Prefeitura. Responsável pelo pagamento: Pessoa física ou jurídica que prestar serviço
Base de cálculo	Montante sobre o qual incide o tributo	Valor do serviço prestado
Alíquota	Percentual aplicado sobre a base de cálculo	5% sobre a base de cálculo referente ao serviço prestado

A competência também abrange a capacidade de efetuar alterações, tais como aumentar, isentar, parcelar etc., tudo de acordo com as determinações legais.

A competência tributária possui algumas características, dentre as quais se destacam:

- indelegável – esta característica determina que o órgão que receber a delegação constitucional não pode delegar para outro órgão, nem mesmo por lei;
- privativa – estabelece esferas de atuação. Por exemplo, uma unidade da federação só pode tributar dentro da sua jurisdição, devidamente estabelecida em lei;
- irrenunciável – o poder público não pode, em caráter definitivo, abrir mão da sua competência tributária;
- não prescreve – a competência tributária não prescreve, não existindo prazo para ser exercida, ou seja, o sujeito ativo não perde a competência instituir o tributo, podendo fazê-lo a qualquer tempo.

Dentre os princípios constitucionais tributários que devem ser observados pelo poder público, qualquer que seja sua competência tributária, destacam-se:

1 *Princípio da legalidade*

"sem prejuízo de outras garantias asseguradas ao contribuinte, é vedado à União, aos Estados, ao Distrito Federal e aos Municípios:

I – exigir ou aumentar tributo sem lei que o estabeleça"

As pessoas jurídicas de direito público interno somente poderão criar seus tributos pela competência, através do Poder Legislativo, a fim de obedecer ao princípio da legalidade. Este princípio interage com o Princípio da Representatividade, que é a vontade da coletividade manifestada através de seus representantes políticos eleitos para o Congresso Nacional.

A criação do tributo se dá através de lei complementar, lei ordinária e, excepcionalmente, através de medidas provisórias e leis delegadas. A lei deverá, também, determinar os elementos essenciais do tributo, ou seja, o fato gerador, a base de cálculo, a alíquota, o sujeito passivo e as penalidades para os infratores.

2 Princípio da igualdade

"[...] é vedado à União, aos Estados, ao Distrito Federal e aos Municípios:

II – instituir tratamento desigual entre contribuintes que se encontrem em situação equivalente, proibida qualquer distinção em razão de ocupação profissional ou função por eles exercida, independentemente da denominação jurídica dos rendimentos, títulos ou direitos."

Pode ser interpretado como a previsão de que os contribuintes podem ser tratados de forma desigual, desde que se encontrem em situações não equivalentes. Não será viável, por exemplo, tratar com igualdade, contribuintes que tenham capacidades contributivas diferentes, em função de seu poder econômico, político ou social.

3 Princípio da Capacidade Contributiva

"a União, os Estados, o Distrito Federal e os Municípios poderão instituir os seguintes tributos:

[...]

§ 1º sempre que possível, os impostos terão caráter pessoal e serão graduados segundo a capacidade econômica do contribuinte, facultado à administração tributária, especialmente para conferir efetividade a esses objetivos, identificar, respeitados os direitos individuais e nos termos da lei, o patrimônio, os rendimentos e as atividades econômicas do contribuinte."

Presume-se que a aplicação deste princípio é prejudicada pela expressão "sempre que possível". Parece comum a administração tributária alegar que nunca é possível identificar as características pessoais dos contribuintes em todos os impostos. No entanto, reconhece-se que a capacidade de contribuir esta se exaurindo e que não há mais condições de aumentar a carga tributária, hoje estimada em 35% do Produto Interno Bruto (PIB).

4 Princípio da Irretroatividade

"[...] é vedado à União, aos Estados, ao Distrito Federal e aos Municípios:

III – cobrar tributos:

a. em relação a fatos geradores ocorridos antes do início da vigência da lei que os houver instituído ou aumentado."

A lei tributária não retroage. Não pode alcançar nenhum contribuinte que tenha praticado o fato gerador antes da possibilidade de ela ser aplicada. Sua aplicação depende de publicação, com antecedência, de todos os elementos essenciais do tributo que pretende instituir.

5 Princípio da Anterioridade

"[...] é vedado [...]:

III – cobrar tributos:

b. no mesmo exercício financeiro em que haja sido publicada a lei que os instituiu ou aumentou."

Este princípio pretende garantir ao contribuinte uma preparação adequada antes do pagamento de novos tributos ou do aumento dos já existentes. O exercício financeiro corresponde ao ano civil em que a lei foi publicada, mas cuja eficácia se dará no exercício financeiro seguinte.

Existem ressalvas a este princípio no texto constitucional. Por exemplo, a vedação não se aplica aos seguintes impostos, privativos da União: Imposto de importação, Imposto de exportação, Imposto sobre produtos industrializados, Impostos sobre operações de crédito, câmbio seguro e títulos e valores mobiliários e o Imposto extraordinário de guerra.

6 Princípio da Não confiscatoriedade

"[...] é vedado [...]

IV – utilizar tributo com efeito de confisco."

Este princípio determina que não podem existir tributos que façam desaparecer o patrimônio do contribuinte, ou seja, a cobrança deve ser proporcional e progressiva em relação ao seu patrimônio.

7 Princípio da Seletividade

O princípio da seletividade estabelece a possibilidade, em alguns casos, de ocorrer a cobrança de tributos de forma diferenciada, visando estimular ou restringir o consumo de determinado produto ou serviço. Em outras palavras, as mercadorias ou serviços essenciais à saúde e ao bem-estar da sociedade, são tributadas de forma mais branda, com a utilização de alíquotas menores. Aquelas consideradas supérfluas são tributadas com alíquotas maiores. Um exemplo do primeiro caso seria a tributação menor para os gêneros de primeira necessidade (cesta básica) e do segundo caso, os cigarros e bebidas alcoólicas.

Quadro 3 – Resumo dos princípios tributários

Princípios	Características
Princípio da legalidade	É vedado à União, aos Estados, ao Distrito Federal e aos Municípios exigir ou aumentar tributo sem lei que o estabeleça.
Princípio da igualdade	É vedado instituir tratamento desigual entre contribuintes que se encontrem em situação equivalente, proibida qualquer distinção em razão de ocupação profissional ou função por eles exercida, independentemente da denominação jurídica dos rendimentos, títulos ou direitos.
Princípio da capacidade contributiva	Sempre que possível, os impostos terão caráter pessoal e serão graduados segundo a capacidade econômica do contribuinte, facultado à administração tributária, especialmente para conferir efetividade a esses objetivos, identificar, respeitados os direitos individuais e nos termos da lei, o patrimônio, os rendimentos e as atividades econômicas do contribuinte.
Princípio da irretroatividade	É vedado à União, aos Estados, ao Distrito Federal e aos Municípios cobrar tributos em relação a fatos geradores ocorridos antes do início da vigência da lei que os houver instituídos ou aumentados.
Princípio da anterioridade	É vedado cobrar tributos no mesmo exercício financeiro em que haja sido publicada a lei que os instituiu ou aumentou.
Princípio da não confiscatoriedade	É vedado utilizar tributo com efeito de confisco.
Princípio da seletividade	Permite a possibilidade, em alguns casos, da cobrança de tributos de forma diferenciada, visando estimular ou restringir o consumo de determinado produto ou serviço.

1.3 Cumulatividade e não cumulatividade

Os tributos podem ser divididos em dois regimes:

   a. cumulativos; e
   b. não cumulativos.

No primeiro caso, a empresa incorre no fato gerador e paga o tributo correspondente, sem nenhum tipo de compensação. Um exemplo de tributo que utiliza esse regime é o Imposto Sobre Serviços (ISS) cujo cálculo é determinado por um percentual sobre o valor do serviço prestado. Logo, quem paga esse tributo incorre em um custo ou despesa.

Exemplo:

- ISS = 5%
- Total de vendas de serviços efetuada no mesmo mês = R$ 5.000.000
- ISS a pagar = R$ 250.000 (R$ 5.000.000 × 5%)

Já no caso do regime não cumulativo, a empresa pode compensar os tributos anteriormente pagos em operações de entradas. São exemplos de tributos com regime não cumulativo:

- Programa de Integração Social (PIS) –> Apenas no Lucro Real.
- Contribuição para Financiamento da Previdência Social (COFINS) –> Apenas no Lucro Real.
- Imposto sobre Circulação de Mercadorias e Serviços (ICMS).
- Imposto sobre Produtos Industrializados (IPI).

Nesses tributos, a empresa se "credita" (ou "se compensa") do valor incidente sobre suas compras antes de efetuar o pagamento do tributo incidente sobre as vendas. Assim, no regime da não cumulatividade, compensa-se do valor do tributo devido, o montante incidente nas operações anteriores.

Exemplo:

- ICMS = 18%
- Total de compras efetuadas em 10/X1 = R$ 1.000.000
- Total de vendas efetuadas no mesmo mês = R$ 3.000.000
- ICMS sobre as compras = R$ 1.000.000 × 18% = R$ 180.000 ("crédito")
- ICMS sobre as vendas = R$ 3.000.000 × 18% = R$ 540.000 ("débito")
- ICMS a pagar = R$ 540.000 – R$ 180.000 = R$ 360.000

Assim, no regime da não cumulatividade, compensa-se do valor do tributo devido, o montante incidente nas operações anteriores. Em outras palavras, a não cumulatividade tem por fundamento que o tributo não deve onerar o contribuinte que realizará uma operação subsequente tributada.

Nos capítulos seguintes serão descritas as características e as metodologias de apuração de diferentes tributos cumulativos e não cumulativos.

1.4 Resumo

O capítulo buscou apresentar as normas e conceitos gerais que norteiam a Contabilidade Tributária. Inicialmente foram apresentadas as espécies tributárias que estão previstas no Sistema Tributário Nacional (STN).

Os tributos são: Impostos, Taxas, Contribuições de melhoria e Contribuições Sociais. Foram apresentados, também, os Princípios e Normas constitucionais mais relevantes, aplicáveis a todos os tributos em vigor no Brasil.

1.5 Exercícios

1. Relacione as colunas:

    a. Imposto

    b. Taxa

    c. Contribuição de melhoria

    d. Contribuição social

    ( ) Destinada ao financiamento da seguridade social, para atender aos sistemas de previdência e assistência social.

    ( ) Devido pelo contribuinte independente de qualquer contraprestação estatal, destina-se a atender a manutenção das atividades características da administração pública.

    ( ) Cobrada em caráter indenizatório com o fim de reembolsar despesa com obra pública que contribuiu para a valorização imobiliária do local onde reside o contribuinte.

    ( ) Devida em função da utilização efetiva ou potencial de serviços públicos. Cobrada pelo poder de polícia exercido pelo Estado para promover e assegurar o bem comum, ou limitar e disciplinar interesses e liberdades.

2. Defina fato gerador de tributos. Dê exemplos.

3. Defina base de cálculo do tributo. Dê exemplos.

4. Qual a diferença entre imunidade e isenção? Dê exemplos de cada.

5. Considerando a extinção do crédito tributário constituído, a_____ impede o ajuizamento da ação de cobrança pela fazenda pública, a chamada execução fiscal. Já a _____ impede o lançamento.

Principais Conceitos Fiscais 13

6. Relacione as colunas:

a. Princípio da irretroati-vidade

b. Princípio da legalidade

c. Princípio da anteriori-dade

d. Princípio da capacidade contributiva

e. Princípio da igualdade

f. Princípio da seletividade

g. Princípio da não confis-catoriedade

( ) É vedado exigir ou aumentar tributo sem lei que o estabeleça.

( ) É vedado instituir tratamento desigual entre contribuintes que se encontrem em situação equivalente, proibida qualquer distinção em razão de ocupação profissional ou função por eles exercida, independentemente da denominação jurídica dos rendimentos, títulos ou direitos.

( ) Sempre que possível, os impostos terão caráter pessoal e serão graduados segundo a capacidade econômica do contribuinte, facultado à administração tributária, especialmente para conferir efetividade a esses objetivos, identificar, respeitados os direitos individuais e nos termos da lei, o patrimônio, os rendimentos e as atividades econômicas do contribuinte.

( ) É vedado cobrar tributos em relação a fatos geradores ocorridos antes do início da vigência da lei que os houver instituído ou aumentado.

( ) É vedado cobrar tributos no mesmo exercício financeiro em que haja sido publicada a lei que os instituiu ou aumentou.

( ) É vedado utilizar tributo com efeito de confisco.

( ) Permite a possibilidade em alguns casos da cobrança de tributos de forma diferenciada visando estimular ou restringir o consumo de determinado produto ou serviço.

7. Das alternativas abaixo assinale (V) ou (F).

Considere as alternativas abaixo. Comente as respostas consideradas falsas:

( ) A imunidade atua na definição da incidência do tributo e a isenção atua na definição da competência tributária.

( ) Se a lei exclui a situação, subtraindo-a da regra de incidência estabelecida sobre o universo de que ela faz parte, tem-se a isenção.

( ) Se o ordenamento jurídico declara a situação não tributável, tem-se a hipótese de imunidade tributária.

( ) Em razão do princípio da irretroatividade, é vedado aumentar o imposto sem que a lei estabeleça.

1.5.1 Questões de concursos públicos

1. (Auditor Fiscal do Tesouro Municipal – Prefeitura de Barra Mansa – 2010) Segundo o Código Tributário Nacional, o tributo cuja obrigação tem por fato gerador uma situação independente de qualquer atividade estatal específica, relativa ao contribuinte, é:

   a. A taxa.

   b. A contribuição de melhoria.

   c. O imposto.

   d. A contribuição social.

   e. O imposto arbitrado.

2. (Prefeitura Municipal de Maraial/PE – Fiscal de Tributos 2010) É vedado exigir ou aumentar tributo sem lei que o estabeleça. Que princípio é este?

   a. Legalidade dos tributos.

   b. Igualdade.

   c. Anterioridade.

   d. Irretroatividade.

   e. Imunidade de impostos.

3. (Auditor Fiscal – Prefeitura Municipal de Juazeiro do Norte/CE – 2009). Não são espécies de tributo:

   a. Impostos e tarifas.

   b. Taxas e impostos.

   c. Tarifas e multas.

   d. Multas e contribuição de melhoria.

4. (Prefeitura Municipal de São Miguel de Taipu/PB – Fiscal de Tributos – 2009) Cada ente da Federação, quer seja União, Estados e Municípios, cobram tributos de acordo com sua competência, baseado em leis específicas. Todavia, para que determinados bens ou serviços possam ser tributados, é necessário que haja uma situação anterior, definida em lei como necessária e suficiente à sua ocorrência, chamado(a) de:

a. Obrigação principal.

b. Obrigação secundária.

c. Fato superveniente.

d. Fato gerador.

e. Nenhuma das respostas.

5. (Auditor Fiscal do Tesouro Municipal – Prefeitura de Barra Mansa – 2010) De acordo com o Código Tributário Nacional, as taxas cobradas pela União, pelos Estados, pelo Distrito Federal ou pelos Municípios, no âmbito de suas respectivas atribuições, têm como fato gerador o exercício:

a. Regular do poder discricionário, ou a utilização, efetiva ou potencial, de serviço público específico e divisível, prestado ao contribuinte ou posto à sua disposição.

b. Regular do poder de polícia, ou a utilização, efetiva ou potencial, de serviço público específico e divisível, prestado ao contribuinte ou posto à sua disposição.

c. Regular do poder de polícia, ou a utilização, efetiva ou potencial, de serviço público ou privado específico e divisível, prestado ao contribuinte ou posto à sua disposição.

d. Eventual do poder de polícia, ou a utilização, efetiva ou potencial, de serviço público específico e divisível, prestado ao contribuinte ou posto à sua disposição.

e. Eventual do poder de polícia, ou a utilização regular de serviço público específico e divisível, prestado ao contribuinte ou posto à sua disposição.

6. (Auditor Fiscal – Prefeitura Municipal de Juazeiro do Norte/CE – 2009) A vedação constitucional da cobrança de tributos no mesmo exercício financeiro em que haja sido publicada a lei que os instituiu ou aumentou, é conhecida como:

a. Princípio da anuidade do tributo.

b. Princípio do exercício financeiro.

c. Princípio da legalidade tributária.

d. Princípio da anterioridade.

7. (Auditor Fiscal do Tesouro Municipal – Prefeitura de Barra Mansa – 2010) Segundo a Constituição Federal, as taxas não poderão ter base de cálculo própria de:

a. Contribuições.

b. Contribuições sociais.

c. Encargos trabalhistas.

d. Receitas próprias.

e. Impostos.

8. (Auditor Fiscal da receita Municipal – Prefeitura de Angra dos Reis – 2010) Com relação respectivamente à isenção, imunidade e à não incidência, é correto afirmar que:

a. A isenção é norma de exceção; a imunidade é limitação legal à competência tributária; e a não incidência é zona de liberdade fiscal.

b. A isenção é norma que materializa o princípio da isonomia; a imunidade, da capacidade contributiva; e a não incidência tem como referencial o princípio da legalidade.

c. A não incidência não é via de regra expressa; a imunidade é tácita; e a isenção é literal.

d. A isenção requer interpretação literal; a imunidade, interpretação conforme os fins constitucionais; e a não incidência normalmente dispensa norma expressa.

e. A não incidência é norma tácita; a imunidade é expressa; e a isenção é presumida.

9. (Prefeitura Municipal de Congonhas/MG – Fiscal Sênior de Tributos – 2010) Com relação às características dos tributos, relacione as colunas a seguir:

a. Imposto.

b. Taxa.

c. Contribuição de melhoria.

d. Contribuição social.

e. Empréstimo compulsório.

( ) É o tributo exigido da sociedade, para assegurar direitos relativos à saúde, previdência e assistência social.

( ) É o tributo instituível pela União para atender a despesas extraordinárias, decorrentes de calamidade pública de guerra externa ou sua iminência, ou para investimento público de caráter urgente e de relevante interesse nacional.

( ) É o tributo exigível independente de qualquer atividade estatal específica relativa ao contribuinte.

( ) É o tributo decorrente de obra pública.

( ) É o tributo exigível em razão do exercício do poder de polícia ou pela utilização efetiva ou potencial de serviços públicos específicos e divisíveis, prestados ao contribuinte ou postos à sua disposição.

10. (Auditor Fiscal – Prefeitura Municipal de Juazeiro do Norte/CE – 2009). Os princípios tributários são:

    a. Abstrações jurídicas com função indicativa.

    b. Opções político-constitucionais com função de orientação.

    c. Indicativos formais para o Código Tributário Municipal.

    d. Limitações constitucionais ao poder de tributar.

11. (Auditor Fiscal – Prefeitura Municipal de Juazeiro do Norte/CE – 2009) A imunidade dos templos religiosos compreende a vedação de:

    a. Instituir todo e qualquer tributo.

    b. Instituir apenas os impostos.

    c. Instituir apenas as taxas.

    d. Instituir apenas as tarifas.

2

Tributos Federais

Objetivos do Capítulo:

O objetivo deste capítulo é apresentar os principais tributos de competência federal, de forma a permitir o conhecimento das suas características, base e forma de cálculos e, ainda, as suas contabilizações.

Serão vistos os seguintes impostos, obrigações e contribuições federais que afetam de forma mais direta e relevante das atividades operacionais das empresas:

- Imposto de Renda de Pessoa Jurídica (IRPJ);
- Contribuição Social sobre o Lucro Líquido (CSLL);
- Imposto sobre Produto Industrializado (IPI);
- Programa de Integração Social (PIS);
- Contribuição para Financiamento da Seguridade Social (COFINS);
- Simples;

Obrigações acessórias.

2.1 Introdução

Nos últimos anos a carga tributária no Brasil representa aproximadamente 35% do Produto Interno Bruto (PIB). Desse percentual, cerca de 24% são representados pelos diversos tributos federais de competência exclusiva da União.

Neste capítulo, serão apresentadas as principais características dos mais relevantes tributos da União, incidentes sobre as receitas e o lucro das empresas, administrados pela Secretaria de Receita Federal do Brasil, nos termos do Regulamento do Imposto de Renda (RIR).

São tributos federais de competência da União:

- Imposto de Renda de Pessoa Jurídica (IRPJ);
- Contribuição Social sobre o Lucro Líquido (CSLL);
- Imposto sobre Produto Industrializado (IPI);
- Programa de Integração Social (PIS); e
- Contribuição para Financiamento da Seguridade Social (COFINS).

Nos tópicos a seguir, serão analisadas as suas características, contribuintes, incidência e demais aspectos relevantes que afetam as respectivas cobranças. Inicialmente serão abordados os tributos incidentes sobre o lucro; depois, o imposto incidente sobre a produção; na sequência, as contribuições incidentes sobre a receita; e, por fim, os tributos consolidados no regime simplificado aplicável às micro e pequenas empresas.

2.2 Imposto de Renda e Contribuição Social sobre o Lucro Líquido

São contribuintes do IRPJ e da CSLL todas as pessoas jurídicas de direito público ou privado, nacionais ou transnacionais. A legislação em vigor prevê imunidade, isenção e não incidência para algumas pessoas jurídicas, quais sejam: templos religiosos, instituições de educação, assistência social, partidos políticos, entidades sindicais dos trabalhadores, dentre outras.

A base de cálculo é o lucro real, presumido ou arbitrado correspondente ao período base, sobre o qual será aplicada a alíquota de 15% para o IRPJ e de 9% para a CSLL. Caso a base de cálculo do IRPJ ultrapasse o valor de R$ 240.000 por ano, R$ 60.000 por trimestre ou R$ 20.000 por mês, sobre o valor excedente incidirá a alíquota de 10% a título de adicional do Imposto de Renda.

A alíquota do adicional de 10% (dez por cento) é única para todas as pessoas jurídicas, inclusive instituições financeiras, sociedades seguradoras e assemelhadas.

De maneira geral, o regime de apuração do IRPJ/CSLL deve ser sobre o lucro do período, mediante a apuração do lucro real, presumido ou arbitrado. A opção por um dos regimes é definitiva para todo o ano-calendário e contempla diferentes metodologias de cálculo e de controle.

Neste tópico, serão tratados os conceitos gerais e os métodos de cálculo de cada uma destas opções dos diferentes regimes tributários, visando evidenciar as diferenças entre eles. Também serão descritas as obrigações acessórias e outras informações indispensáveis ao aprofundamento que será apresentado nos tópicos posteriores. Assim, nas subseções seguintes, serão contemplados aspectos gerais, conceitos fundamentais e exemplos elucidativos sobre base de cálculo e apuração destes tributos, com uma abordagem introdutória e preliminar aos conteúdos mais complexos que virão a seguir.

2.2.1 Lucro Real

O Lucro Real constitui-se na base de cálculo do IRPJ/CSLL apurada segundo registros contábeis e fiscais, efetuados sistematicamente, de acordo com as leis vigentes. Pode-se notar que é conceito regido pela legislação fiscal, uma vez que o lucro contábil, também conhecido como resultado societário, é ajustado com as deduções permitidas ou adições exigidas pelas normas tributárias. Assim, o que se julgar imprescindível, para a atividade operacional da empresa, será considerado dedutível (como despesa operacional), da mesma forma que todos os gastos considerados desnecessários para a realização da atividade-fim da empresa (operação) serão definidos como indedutíveis (não dedutíveis).

Todas as despesas da companhia, independente da sua dedutibilidade, serão apuradas na Demonstração do Resultado do Exercício (DRE); porém, aquelas consideradas indedutíveis serão oferecidas à tributação, assim como as suas reversões serão excluídas do cálculo do Lucro Real. Estes ajustes, definidos como Adições (despesas indedutíveis) e Exclusões (reversões ou receitas não tributáveis) são apurados e controlados no Livro de Apuração do Lucro Real (LALUR).

2.2.1.1 Adições e exclusões

As adições e exclusões refletem inúmeros aspectos da interpretação fiscal das operações empresariais. Nesse sentido, conforme legislação tributária em vigor, são *adicionadas* ao lucro líquido do período todas as despesas não dedutíveis, de forma a apurar-se o lucro tributável, considerando:

I   os custos, despesas, encargos, perdas, provisões, participações e quaisquer outros valores deduzidos na apuração do Lucro Líquido que, de acordo com o Regulamento, não sejam dedutíveis na determinação do Lucro Real;

II   os resultados, rendimentos, receitas e quaisquer outros valores não incluídos na apuração do Lucro Líquido que, de acordo com o Regulamento, devam ser computados na determinação do Lucro Real.

Por outro lado, também na determinação do Lucro Real, poderão ser *excluídos* do Lucro Líquido do período de apuração e, portanto, deduzidos da base de cálculo do tributo:

I   os valores cuja dedução seja autorizada pelo Regulamento e que não tenham sido computados na apuração do Lucro Líquido do período de apuração;

II os resultados, rendimentos, receitas e quaisquer outros valores incluídos na apuração do Lucro Líquido que, de acordo com o Regulamento, não sejam computados no Lucro Real;

III o prejuízo fiscal apurado em períodos de apuração anteriores, limitado a 30% (trinta por cento) do Lucro Líquido ajustado pelas adições e exclusões previstas no Regulamento, desde que a pessoa jurídica mantenha os livros e documentos, exigidos pela legislação fiscal, comprobatórios do prejuízo fiscal utilizado para compensação.

Exemplo

Em dez/X1, a Cia. ABC apresentou as seguintes receitas e despesas:

– Receita de vendas: R$ 2.000.000
– Receita de equivalência patrimonial: R$ 15.000
– Despesa com salário de funcionários: R$ 500.000
– Despesa com aluguel do escritório: R$ 80.000
– Multa de trânsito do diretor da Cia.: R$ 10.000
– Multa cobrada pelo IBAMA por danos ambientais: R$ 75.000

Dessa forma, a DRE resumida seria apresentada da seguinte forma:

Descrição	R$
Receita de vendas	2.000.000
Receita de equivalência patrimonial	15.000
Despesa com salário de funcionários	(500.000)
Despesa com aluguel do escritório	(80.000)
Multa de trânsito do diretor da Cia.	(10.000)
Multa cobrada pelo IBAMA por danos ambientais	(75.000)
Lucro Contábil	**1.350.000**

O Lucro Real seria apurado conforme demonstrado abaixo:

Descrição	R$
Lucro contábil	1.350.000
Exclusões (receitas não tributáveis):	
Receita de equivalência salarial	(15.000)
Adições (despesas não dedutíveis):	
Multa de trânsito do diretor da Cia.	10.000
Multa cobrada pelo IBAMA por danos ambientais	75.000
Lucro Real	**1.420.000**

Nota-se que o Lucro Real é maior que o Lucro Contábil em razão de não se aceitar como despesa dedutível as multas contabilizadas pela empresa. Assim, a incidência do IRPJ e CSLL seria sobre o maior valor, ou seja, o Lucro Contábil ajustado pelas adições e exclusões previstas na legislação.

Baseado nas informações resumidas acima, percebe-se que uma análise das atividades empresariais, além da natureza de suas receitas e despesas, precede a apuração do Lucro Real da Companhia (Cia.). Da mesma forma, será preciso escolher antecipadamente o período de apuração desses tributos, ou seja, ao contribuinte é permitido optar pelo Regime de Apuração Anual ou Trimestral:

a. Anual – período-base que se encerra no dia 31 de dezembro de cada ano-calendário;

b. Trimestral – período-base que se encerra nos dias 31 de março, 30 de junho, 30 de setembro e 31 de dezembro.

Não há nenhuma exigência legal que obrigue uma empresa a apurar de forma anual ou trimestral. Essas possibilidades seriam definidas pela administração da companhia, de acordo com sua atividade operacional e seu planejamento tributário.

Uma hipótese que levaria uma Companhia a preparar quatro apurações anuais seria ter uma atividade operacional com picos no faturamento em diferentes trimestres. Dessa forma, o resultado seria apurado em períodos distintos e naqueles em que a receita fosse menor, o resultado refletiria a realidade da Cia. naquela ocasião específica. Essa situação seria distorcida, caso a mesma Cia. optasse por uma apuração anual, na qual os resultados seriam acumulados.

Outra hipótese seria a questão da disponibilidade financeira da Cia., uma vez que, na apuração trimestral, o vencimento dos tributos ocorre no mês subsequente ao último mês do trimestre em questão, ocasionando quatro datas de pagamento (caso haja) por ano. Já a apuração anual gera antecipações mensais, ou seja, mesmo com a apuração sendo realizada no final do exercício, a empresa fica obrigada a preparar uma apuração (embora não definitiva) mensal e efetuar o recolhimento com base nessas apurações preliminares, sempre que auferir receita.

> **Nota**
>
> Para efeito da incidência do Imposto sobre a Renda, o Lucro Real das Pessoas Jurídicas deve ser apurado na data de encerramento do período de apuração, salvo no caso da extinção da Pessoa Jurídica, quando a data de encerramento será a própria data da extinção e nos casos de incorporação, fusão ou cisão, quando a data de encerramento será a data do evento.

2.2.1.2 Pessoas obrigadas

Estão obrigadas ao regime de tributação com base no lucro real as Pessoas Jurídicas:

a. cuja receita total tenha excedido o limite de R$ 48.000.000[1] anuais ou R$ 4.000.000 multiplicado pelo número de meses do período, quando inferior a doze meses, considerando o somatório da receita bruta de vendas/serviços, das demais receitas e ganhos de capital, dos ganhos líquidos obtidos em operações realizadas nos mercados de renda variável, dos rendimentos nominais produzidos por aplicações financeiras de renda fixa, além da parcela das receitas auferidas nas exportações às pessoas vinculadas ou dos países com tributação favorecida que exceder ao valor já apropriado na escrituração da empresa no ano-calendário anterior;

b. cujas atividades sejam de bancos comerciais, bancos de investimentos, bancos de desenvolvimento, caixas econômicas, sociedades de crédito, financiamento e investimento, sociedades de crédito imobiliário, sociedades corretoras de títulos, valores mobiliários e câmbio, distribuidoras de títulos e valores mobiliários, empresas de arrendamento mercantil, cooperativas de crédito, empresas de seguros privados e de capitalização e entidades de previdência privada aberta;

c. que, autorizadas pela legislação tributária, queiram usufruir de benefícios fiscais relativos à isenção ou redução do Imposto de Renda;

d. que, no decorrer do ano-calendário, efetuem pagamento mensal do Imposto de Renda pelo regime de estimativa (apuração anual com antecipações mensais);

e. que tenham lucros, rendimentos ou ganhos de capital oriundos do exterior;

f. que explorem atividades de prestação cumulativa e contínua de serviços de assessoria creditícia, mercadológica, gestão de crédito, seleção

---

[1] A partir de 01/01/2014: R$ 78.000.000/ano ou a média de R$ 650.000/mês multiplicado pelo número de meses do período, quando inferior a doze meses.

de riscos, administração de contas a pagar e a receber, compras de direitos creditórios resultantes de vendas mercantis a prazo ou de prestação de serviços (*factoring*).

2.2.2 Lucro presumido

Na apuração pelo regime do Lucro Presumido, a base de cálculo é apurada através da aplicação de um percentual, definido conforme legislação vigente, sobre a receita bruta de vendas de mercadorias, de serviços ou produtos, tendo como data de apuração o último dia útil de cada trimestre. Vale lembrar que os percentuais variam de acordo com a atividade exercida pela companhia, conforme exemplificado na tabela abaixo. Ressalte-se, ainda, que as diferentes receitas devem ser segregadas, e aplicados os percentuais de acordo com a natureza de cada uma.

Atividades geradoras da receita	Percentual aplicado
– Revenda para consumo de combustíveis (petróleo, álcool etílico carburante e gás natural).	1,6%
– Venda de mercadoria ou produto (exceto revenda de combustíveis). – Transporte de cargas. – Serviços hospitalares. – Atividade rural. – Industrialização com materiais fornecidos pelo contratante. – Construção por empreitada com emprego de materiais próprios. – Quaisquer outras atividades (exceto prestação de serviços) para a qual não haja percentual aplicado específico.	8%
– Serviços de transporte (exceto cargas). – Serviços (exceto hospitalares, de transporte e de sociedade civil de profissão regulamentada, cuja receita bruta anual não seja superior a R$ 120.000). – Instituições financeiras e as entidades a elas equiparadas.	16%
– Serviços em geral, para os quais não esteja previsto o percentual específico, inclusive os prestados por sociedades civis de profissão regulamentada. – Intermediação de negócios. – Administração, locação ou cessão de bens imóveis, móveis e direito de qualquer natureza. – *Factoring*. – Construção por administração ou empreitada unicamente de mão de obra.	32%

Fonte: Adaptado de RIR/99.

Considere o seguinte exemplo de cálculo de Imposto de Renda, considerando a opção pelo Lucro Presumido:

Uma empresa prestadora de serviços de projetos de engenharia obteve no primeiro trimestre do ano-calendário X1 um faturamento de R$ 400.000.

Assim, de acordo com a quadro acima, a base de cálculo seria apurada aplicando-se o percentual de 32%. Ter-se-ia:

Faturamento: R$ 400.000
Percentual aplicado: 32%
Base de cálculo para incidência do IRPJ: R$ 128.000

Dessa forma fica evidente que o Resultado Societário ou Contábil (Lucro ou Prejuízo e tampouco o resultado fiscal) não afeta a apuração do Lucro Presumido, uma vez que o mesmo tem como base de cálculo a Receita Bruta.

2.2.3 Lucro arbitrado

Outra forma de apuração é o Lucro Arbitrado, no qual, como a própria nomenclatura sugere, o lucro pode ser arbitrado pela própria companhia ou pelo Fisco em situações muito específicas, definidas no Regulamento.

Esta apuração será obrigatória, trimestral e aplicada quando não houver possibilidade da Cia. ou do Fisco apurar normalmente o Lucro Real. Portanto, esta modalidade é excepcional e só deve ser utilizada quando não houver nenhuma outra forma de apurar o lucro do período. Existem duas possibilidades que viabilizam a base de cálculo do arbitramento: quando conhecida a receita ou quando não conhecida a receita.

Atualmente (desde 1º/1/96), o Lucro Arbitrado, quando conhecida a Receita Bruta, será determinado pela aplicação dos percentuais do Lucro Presumido, acrescidos de 20%, sobre a receita auferida, como aparece na Tabela 1.

Tabela 1

Atividades	Percentuais
Atividades em geral (RIR/1999, art. 532)	9,6%
Revenda de combustíveis	1,92%
Serviços de transporte (exceto transporte de carga)	19,2%
Serviços de transporte de cargas	9,6%
Serviços em geral (exceto serviços hospitalares)	38,4%
Serviços hospitalares	9,6%
Intermediação de negócios; Administração, locação ou cessão de bens e direitos de qualquer natureza (inclusive imóveis) e *Factoring*	38,4%
Bancos, instituições financeiras e assemelhados	45%

Fonte: Adaptado do art. 519 RIR/99.

Quando se tratar de Pessoa Jurídica com atividades diversificadas, serão adotados os percentuais específicos para cada uma das atividades econômicas, cujas receitas deverão ser apuradas separadamente.

Exemplo:

Uma empresa, cuja atividade é a prestação de serviços de consultoria, foi auditada pela Receita Federal do Brasil (RFB) em dezembro de X1 e teve seu lucro arbitrado. A receita anual da empresa era de R$ 1.200.000. Dessa forma, a base de cálculo apurada seria a seguinte:

Receita: R$ 1.200.000

Percentual aplicado: 38,4%

Base de cálculo inicial apurada: R$ 460.800 (1.200.000 × 38,4%)

Por outro lado, o arbitramento do lucro, quando desconhecida a Receita Bruta, será de competência exclusiva do órgão fiscalizador, com a utilização de uma das seguintes alternativas de cálculo:

- 1,5 do lucro real referente ao último período em que a Pessoa Jurídica manteve escrituração de acordo com as leis comerciais e fiscais;
- 0,04 da soma dos Valores do Ativo Circulante, realizável a longo prazo e permanente, existentes no último balanço patrimonial conhecido;
- 0,07 do Valor do Capital, inclusive sua correção monetária contabilizada como reserva de capital, constante do último balanço patrimonial conhecido ou registrado nos atos de constituição ou alteração da sociedade;
- 0,04 do valor do Patrimônio Líquido constante do último balanço patrimonial conhecido;
- 0,4 do valor das compras de mercadorias efetuadas no mês;
- 0,4 da soma, em cada trimestre, dos valores da folha de pagamento dos empregados e das compras de matérias-primas, produtos intermediários e materiais de embalagem;
- 0,8 da soma dos valores devidos no trimestre a empregados.

Notas

1) A pessoa jurídica que disponha de escrituração comercial e fiscal regular não pode adotar o autoarbitramento, quando este se revele mais vantajoso à vista do Lucro Real apurado.

> 2) A opção pelo Regime de Apuração, Lucro Real Anual, Trimestral ou Lucro Presumido será manifestada no momento do pagamento da 1ª quota através do Documento de Arrecadação de Recolhimentos Federais (DARF), e o regime escolhido só poderá ser retificado caso o DARF não tenha sido informado na Declaração de Créditos e Tributos Federais (DCTF). Dessa forma, o recolhimento passa a ser considerado um pagamento indevido, ou a maior, e será oferecido à futura compensação.

2.3 Obrigações acessórias

As obrigações acessórias são declarações e demonstrativos exigidos pelos órgãos fiscalizadores com a finalidade de conferir, analisar e confrontar as informações prestadas pelos contribuintes, sejam eles pessoas físicas ou jurídicas.

Existem algumas obrigações acessórias que devem ser elaboradas tempestivamente, e o descumprimento das mesmas poderá penalizar o contribuinte com multas onerosas.

No tocante, por exemplo, ao IRPJ e CSLL a principal obrigação acessória é a Declaração de Imposto de Renda Pessoa Jurídica (DIPJ). Esta tem periodicidade anual e deve ser enviada até o último dia útil do mês de junho do exercício subsequente ao ano-base de cálculo.

Quanto às demais declarações pode-se destacar também, por sua grande relevância, a Declaração de Créditos e Tributos Federais (DCTF), cujos dados são incorporados eletronicamente aos controles de arrecadação do governo federal.

Escrituração Digital

Com o objetivo de aumentar e melhorar a fiscalização no que tange à apuração dos tributos e ao atendimento à legislação vigente, a RFB instituiu o Sistema Público de Escrituração Digital (SPED).

A Escrituração Contábil Digital (ECD) é parte integrante deste sistema e foi a primeira ferramenta a ser instituída nas empresas.

Seguindo o objetivo principal de realizar um cruzamento das informações, inibindo falhas cotidianas, bem como fraudes, a ECD visa à substituição da escrituração manual pela escrituração eletrônica dos livros Diário, Razão, Balancetes, Balanços, Fichas de Lançamento e seus auxiliares.

Desde janeiro de 2009 todas as sociedades empresárias estão obrigadas a adotar a ECD e enviá-la até o último dia útil do mês de junho do exercício subsequente ao ano tomado como competência.

Vale lembrar que a periodicidade da ECD é anual e que esta escrituração é gerada através do próprio sistema de contabilidade adotado pela sociedade empresária. Esse sistema de contabilidade deverá gerar um arquivo digital no formato especificado pela legislação pertinente, validado por um programa fornecido pelo sistema, assinado digitalmente através do certificado digital e transmitido via Internet.

No momento da validação, a sociedade empresária deverá gerar e assinar um requerimento dirigido à Junta Comercial da jurisdição competente. Após o envio da ECD, o sistema extrai um resumo e o disponibiliza para a Junta Comercial. Esta analisará o requerimento e o livro digital. Após o fim da análise, haverá três situações em que a sociedade empresária poderá se enquadrar. São elas: autenticação do livro, pedido indeferido ou pedido sob exigência. Para que um livro colocado sob exigência pela Junta Comercial possa ser autenticado, depois de sanada a irregularidade, ele deverá ser reenviado ao SPED.

Na mesma linha de raciocínio, a fiscalização das unidades federadas e da Secretaria da Receita Federal do Brasil adotaram o SPED Fiscal, Escrituração Fiscal Digital (EFD) que constitui-se em outro arquivo digital composto por um conjunto de escriturações de documentos fiscais e de outras informações de interesse das Secretarias de Fazenda de Estado. Por tratar-se das unidades federadas, cada Estado adotou critérios específicos para início da vigência e data de envio.

A exemplo da Escrituração Contábil Digital (ECD), a Escrituração Fiscal Digital (EFD) permite que a sociedade empresária, a partir de sua base de dados, gere um arquivo digital seguindo a parametrização exigida pela legislação específica, informando todos os documentos fiscais referentes ao período de apuração dos impostos ICMS e IPI. Esse arquivo deverá ser submetido à importação e à validação por programa validador específico fornecido pelo SPED.

Outra ferramenta do SPED, inicialmente conhecida como o "SPED do PIS/COFINS", após algumas modificações, ficou definida como EFD – Contribuições, tendo como objetivo substituir a apuração manual do PIS/COFINS por uma apuração eletrônica, visando, também nesse caso, o acesso, a apuração eletrônica e, principalmente, o cruzamento das informações. Considerando-se que a empresa que compra produtos, assim como a empresa que vende tais produtos estariam obrigadas a enviar a escrituração digital, seria possível realizar a validação do crédito de PIS/COFINS incidente sobre a operação, mediante a confrontação das informações geradas pelas duas empresas. Esta ferramenta agilizaria as fiscalizações e inibiria a sonegação, uma vez que as duas pontas da operação podem ser analisadas simultaneamente.

Com o advento da Lei nº 12.546/2011, a EFD – Contribuições passou a contemplar também a escrituração digital da contribuição previdenciária sobre a Receita Bruta, incidente nos setores de serviços e indústrias, no auferimento de receitas referentes aos serviços e produtos relacionados.

Deverão ser informados todos os documentos que demonstrem as receitas auferidas, as aquisições de insumos, despesas e encargos incorridos. A sociedade empresária deverá incluir as informações em relação a cada estabelecimento da Pessoa Jurídica, porém, a escrituração digital será efetuada de forma centralizada pelo estabelecimento matriz da empresa.

Assim como as demais escriturações eletrônicas, o arquivo da EFD – Contribuições deverá ser validado, assinado digitalmente e transmitido, via Internet, ao ambiente SPED. Conforme Instrução Normativa nº 1.252/2012, estão obrigadas à EFD – Contribuições:

I   em relação à Contribuição para o PIS/PASEP e à COFINS, referentes aos fatos geradores ocorridos a partir de 1º/1/12, as pessoas jurídicas sujeitas à tributação do Imposto sobre a Renda com base no Lucro Real;

II   em relação à Contribuição para o PIS/PASEP e à COFINS, referentes aos fatos geradores ocorridos a partir de 1º/3/13, as demais pessoas jurídicas sujeitas à tributação do Imposto sobre a Renda com base no Lucro Presumido ou Arbitrado; (Redação dada pela Instrução Normativa RFB nº 1.280/2012)

III em relação à Contribuição para o PIS/PASEP e à COFINS, referentes aos fatos geradores ocorridos a partir de 1º de janeiro de 2014, as pessoas jurídicas referidas nos §§ 6º, 8º e 9º do art. 3º da Lei nº 9.718, de 27 de novembro de 1998 (bancos comerciais, bancos de investimentos, bancos de desenvolvimento, caixas econômicas, sociedades de crédito, financiamento e investimento, sociedades de crédito imobiliário, sociedades corretoras, distribuidoras de títulos e valores mobiliários, empresas de arrendamento mercantil e cooperativas de crédito, pessoas jurídicas que tenham por objeto a securitização de créditos imobiliários, financeiros ou agrícolas e operadoras de planos de assistência à saúde) e na Lei nº 7.102 de 20 de junho de 1983 (empresas particulares que exploram serviços de vigilância e de transporte de valores);

IV   em relação à Contribuição Previdenciária sobre a Receita, referente aos fatos geradores ocorridos a partir de 1º/3/12, as pessoas jurídicas que desenvolvam as atividades relacionadas nos arts. 7º e 8º da Medida Provisória nº 540/2011, convertida na Lei nº 12.546/2011 (empresas que prestam exclusivamente os serviços de tecnologia da informação e tecnologia da informação e comunicação, as empresas que fabriquem os produtos classificados na tabela TIPI nos códigos 3926.20.00, 40.15, 42.03, 43.03, 4818.50.00, 63.01 a 63.05, 6812.91.00, 9404.90.00, 4202.11.00, 4202.21.00, 4202.31.00, 4202.91.00, 4205.00.00, 6309.00, 64.01 a 64.06 e nos Capítulos 61 e 62);

Essas ferramentas são disponibilizadas gratuitamente pela RFB no seu *site* e têm como objetivo demonstrar detalhadamente a apuração dos tributos da pessoa jurídica.

LALUR

Caso a pessoa jurídica adote como regime de apuração o Lucro Real, haverá também a obrigatoriedade da escrituração do Livro de Apuração do Lucro Real (LALUR).[2] Este livro é dividido em duas partes: Parte A e Parte B, nas quais são controlados os ajustes ao resultado contábil da pessoa jurídica. Esta escrituração deve ter periodicidade mensal, trimestral ou anual e, embora não haja obrigatoriedade de registro em órgão competente, a escrituração deve ser mantida atualizada.

Conforme Instrução Normativa nº 1.249/2012 da RFB, a partir do ano-calendário 2013, será adotado o formulário *e*-LALUR, uma escrituração eletrônica da apuração do Lucro Real, que deverá ser enviada para a Receita Federal em 2015. Essa obrigação, cancelará automaticamente a obrigação da escrituração manual. Isto só não ocorrerá para as pessoas jurídicas que não estiverem obrigadas ao *e*-LALUR, ou seja, àquelas que não adotaram como regime de apuração o Lucro Real.

2.4 Regimes de apuração

O Imposto de Renda Pessoa Jurídica (IRPJ) e a Contribuição Social sobre o Lucro Líquido (CSLL) são tributos que incidem sobre a renda e proventos de qualquer natureza e tem como fato gerador a aquisição da disponibilidade econômica ou jurídica:

- de renda, assim entendido o produto do capital, do trabalho ou da combinação de ambos; e
- de proventos de qualquer natureza, assim entendidos os demais acréscimos patrimoniais, tais como juros, aluguéis etc.

A base de cálculo é o montante da renda ou dos proventos e o contribuinte é o titular desta disponibilidade tributável.

2.4.1 Cálculo do IRPJ e CSLL com base no Lucro Real

Conforme descrito anteriormente, entende-se como Lucro Real o lucro contábil, definido após o encerramento do Resultado do Exercício, ajustado com as adições e exclusões previstas na legislação fiscal.

---

[2] Maiores detalhes sobre o LALUR serão vistos mais adiante.

São definidas como adições, por exemplo, os gastos e despesas estranhas ao objeto social e as despesas não consideradas como fundamentais para a atividade-fim da companhia. São consideradas exclusões, as reversões de provisões e as receitas não tributáveis, observadas suas especificidades.

Após a apuração do Lucro Real, deve-se observar a existência e a possibilidade de efetuar compensações que reduzam a base de cálculo do Lucro Real. Por exemplo, de acordo com a legislação vigente, a pessoa jurídica pode utilizar-se do Valor do Prejuízo Fiscal de períodos anteriores para reduzir a base do IRPJ e das CSLL devidos. Porém, essa compensação estará limitada a 30% (trinta por cento) do Lucro Real apurado no exercício em questão, independente do montante de prejuízo acumulado.

Após as compensações, chega-se, assim, ao Lucro Real que será efetivamente tributado. Se o resultado for um valor negativo (Prejuízo Fiscal), não haverá incidência do IRPJ e CSLL, uma vez que a premissa inicial que orienta os referidos tributos é a existência de renda (Lucro Fiscal).

Já no caso de resultado positivo, serão aplicadas as alíquotas, conforme legislação vigente (15% para o IRPJ, 10% para o Adicional do IRPJ e de 9% para a CSLL).

Utilizando o exemplo anterior da Cia. ABC, **sem a inclusão da receita de equivalência**, teríamos em dez./X1, mediante apuração anual:

- Receita de vendas: R$ 2.000.000
- Despesa com salário de funcionários: R$ 500.000
- Despesa com aluguel do escritório: R$ 80.000
- Multa de trânsito do diretor da Cia: R$ 10.000
- Multa cobrada pelo IBAMA por danos ambientais: R$ 75.000
- Considere também a seguinte informação: Saldo de Prejuízo Fiscal do ano X0: R$ 500.000

Desta forma, a DRE seria apresentada da seguinte forma:

Descrição	R$
Receita de vendas	2.000.000
Despesa com salário de funcionários	(500.000)
Despesa com aluguel do escritório	(80.000)
Multa de trânsito do diretor da Cia	(10.000)
Multa cobrada pelo IBAMA por danos ambientais	(75.000)
Lucro Contábil	**1.335.000**

O Lucro Real seria apurado conforme demonstrado a seguir:

Descrição	R$
Lucro contábil	1.335.000
Adições	
Multa de trânsito do diretor da Cia.	10.000
Multa cobrada pelo IBAMA por danos ambientais	75.000
Lucro Real antes da compensação	1.420.000
(–) Compensação de prejuízo (até 30%)	(426.000)
Lucro Real depois da compensação	**994.000**

Logo:

Prejuízo Fiscal a compensar – R$ 426.000 (poderia ser R$ 500.000, porém foi limitado ao máximo de 30% de 1.420.000)

Lucro Real após a compensação – R$ 994.000 (1.420.000 – 426.000)

CSLL – R$ 89.460 (994.000 × 9%)

IRPJ – R$ 149.100 (994.000 × 15%)

No entanto, o cálculo do IRPJ não se limita à alíquota de 15%. As normas em vigor determinam, ainda, que a parcela do lucro real, presumido ou arbitrado que exceder a R$ 240.000 ao ano (ou R$ 20.000 multiplicado pelo número de meses do respectivo período), sujeita-se à incidência de adicional de Imposto de Renda à alíquota de 10% (dez por cento). O adicional de que trata este item será pago juntamente com o Imposto de Renda apurado pela aplicação da alíquota geral de 15%.

Continuando o exemplo anterior:

– IRPJ – 15% × 994.000	149.100
– Adicional – 10% – [994.000 – (20.000 × 12)] × 10%	75.400
– Total de IRPJ a pagar	224.500 (= 149.100 + 75.400)
– CSLL = 9% × 994.000	89.460

2.4.1.1 Apuração trimestral e anual

As pessoas jurídicas tributadas com base no lucro real determinarão o lucro a partir de balanços trimestrais ou do balanço anual, encerrado em 31 de dezembro. Neste último caso, podem ser levantados balancetes ao longo do exercício em questão, denominados Balancetes de Suspensão ou Redução.

O sistema de controle federal poderá comparar esses balancetes com as informações prestadas na Declaração de Créditos e Tributos Federais (DCTF). Dessa forma, se ao longo do exercício forem informados na DCTF valores nulos de IRPJ e CSLL, a RFB entenderá que foi apurado um prejuízo no período.

Quando do envio da Declaração de Imposto de Renda da Pessoa Jurídica (DIPJ), no exercício seguinte, deverá ser feito, por parte da empresa, um confronto prévio entre as diferentes declarações, para que não haja tributos calculados com base na estimativa mensal, informados em uma delas e omitidos na outra. A divergência de informações poderá acarretar uma intimação à pessoa jurídica titular do resultado fiscal, que poderá ser penalizada com multas.

Pode-se destacar, então, duas formas de apuração do Lucro Real:

    a. *Apuração trimestral.*

    b. *Apuração anual.*

A diferença fundamental entre os dois regimes é a data de encerramento do exercício. No Regime do Lucro Real Anual, o período de apuração encerra-se em 31 de dezembro, porém são feitos recolhimentos mensais, por estimativa, definidos como antecipações de IRPJ/CSLL.

No Regime do Lucro Real Trimestral, o período de apuração encerra-se no último dia útil dos meses de março, junho, setembro e dezembro. Para efeito de IRPJ e CSLL, cada trimestre é considerado um exercício único, não cabendo apurar diferença ou ajuste anual.

Os exemplos a seguir permitem fazer comparações entre os dois regimes (trimestral e anual):

a Apuração Trimestral

Ressalte-se que, na apuração trimestral, não se deve calcular os valores mensais dos tributos, pois, no final do período de apuração, os resultados mensais serão acumulados trimestralmente para obtenção da base de cálculo. Um exemplo pode esclarecer a sistemática, considerando que não há saldo anterior de prejuízo fiscal:

    1   Resultado de janeiro/X1:

       ✓ Lucro líquido antes do IRPJ/CSLL: R$ 900.000

       ✓ Adições janeiro/X1: R$ 250.000

       ✓ Exclusões janeiro/X1: R$ 300.000

2   Resultado de fevereiro/X1:

   ✓ Prejuízo de R$ 200.000

3   Resultado de março/X1:

   ✓ Lucro líquido antes do IRPJ/CSLL: R$ 1.000.000

   ✓ Adições de março/X1: R$ 200.000

Em resumo:

• Adições de janeiro/X1 até março/X1: R$ 450.000

• Exclusões de janeiro/X1 até março/X1: R$ 300.000

4   Apuração trimestral acumulada de janeiro até março/X1

   ✓ Lucro Líquido acumulado no trimestre: R$ 1.700.000 (= 900.000 – 200.000 + 1.000.000)

   ✓ Lucro Real antes da compensação de prejuízos anteriores: R$ 1.850.000 (= 1.700.000 + 450.000 – 300.000)

   ✓ Não há Prejuízo Fiscal anterior para compensar

   ✓ Cálculo do IRPJ 15%: R$ 277.500 (1.850.000 × 15%)

   ✓ Cálculo do adicional 10%: R$ 179.000 [1.850.000 – (20.000 × 3 meses)] × 10%

• Total IRPJ a pagar até 30/abril/X1: R$ 456.500 (=277.500 + 179.000)

• Cálculo da CSLL a pagar até 30/abril/X1: R$ 166.500 (1.850.000 × 9%)

A apuração trimestral é definitiva, não cabendo qualquer ajuste posterior. O recolhimento deve ser realizado até o último dia útil do mês subsequente ao período de apuração; neste caso, os tributos do 1º trimestre devem ser pagos até 30 de abril.

b Apuração Anual com Balancete de Suspensão ou Redução

A pessoa jurídica poderá *suspender* o pagamento do IRPJ/CSLL, desde que demonstre que o valor devido, calculado com base no Lucro Real do período em curso, é igual ou inferior à soma do IRPJ/CSLL pago por estimativa nos meses do mesmo ano-calendário, anteriores àquele a que se referir o balanço ou balancete levantado.

O valor do imposto mensal, recolhido por estimativa, poderá ser *reduzido* ao montante correspondente à diferença positiva entre o valor devido no período em curso, e a soma do valor pago, correspondente aos meses do mesmo ano-calendário, anteriores àquele a que se refere o balanço ou balancete levantado.

A diferença verificada, correspondente ao IRPJ/CSLL pago à maior, no período abrangido pelo balanço de suspensão, não poderá ser utilizada para reduzir o montante devido em meses subsequentes do mesmo ano-calendário, calculado com base na Receita Bruta e acréscimos. Caso a pessoa jurídica pretenda suspender ou reduzir o valor do imposto devido, em qualquer outro mês do ano-calendário, deverá levantar novo balanço ou balancete.

Supondo, por exemplo, que em 31 de agosto de X1, pelo balancete acumulado de janeiro a agosto, foram apurados tributos devidos de R$ 150.000 e até esse período já tenham sido recolhidos R$ 170.000. Neste caso, não existe a obrigação de recolhimento no mês de setembro do IRPJ/CSLL devido por estimativa, referente ao mês de agosto, pois o balancete de suspensão comprova que a empresa já recolheu mais do que o valor devido. Caso queira fazer nova suspensão/redução em setembro, por exemplo, deverá levantar novo balancete de janeiro a setembro e comparar com o valor pago até então.

Os balanços ou balancetes de suspensão ou redução deverão ser levantados com observância das leis comerciais e fiscais e transcritos no Livro Diário até a data fixada para pagamento do tributo do respectivo mês. Esses balanços ou balancetes somente produzirão efeitos para fins de determinação da parcela do Imposto de Renda e da Contribuição Social sobre o Lucro Líquido devidos no decorrer ao ano-calendário.

Considera-se período em curso aquele compreendido entre o dia 1º de janeiro ou o do início de atividade e o último dia do mês a que se referir o balanço ou balancete. O imposto devido no período em curso é o resultado da aplicação da alíquota do imposto sobre o Lucro Real, acrescido do adicional e deduzido, quando for o caso, dos incentivos fiscais de dedução e de isenção ou redução. Considera-se Imposto de Renda pago a soma dos valores correspondentes ao Imposto de Renda pago mensalmente, retido na fonte sobre receitas ou rendimentos computados na determinação do Lucro Real do período em curso, inclusive o relativo aos juros sobre o capital próprio, pago sobre os ganhos líquidos e pago a maior ou indevidamente em anos-calendário anteriores.

A demonstração do Lucro Real relativa ao período abrangido pelos balanços ou balancetes de suspensão ou redução deverá ser transcrita no LALUR. A cada balanço ou balancete levantado, para fins de suspensão ou redução dos tributos, o contribuinte deverá determinar um novo Lucro Real para o período em curso, desconsiderando aqueles apurados em meses anteriores do mesmo ano-calendário.

Ocorrendo apuração de prejuízo fiscal, a Pessoa Jurídica estará dispensada do pagamento do IRPJ/CSLL correspondente ao mês em que for levantado o balanço ou balancete de suspensão ou redução.

36 Contabilidade Tributária • Andrade, Lins e Borges

Um exemplo prático de uma empresa *prestadora de serviço (lucro estimado de 32%)* pode esclarecer o mecanismo de apuração no caso de balancete de suspensão ou redução. Assim, considerando que não há saldo de Prejuízo Fiscal de anos anteriores e que exista Prejuízo Fiscal nos meses de fev/X1 a Nov/X1 em um montante total de R$ 400.000:

b.1 *Apuração Janeiro/X1 através de Balancete de Suspensão ou Redução*

- Lucro líquido de janeiro, antes do IRPJ: R$ 900.000
- Adições: R$ 250.000
- Exclusões: R$ 300.000
- Lucro Real antes da compensação: R$ 850.000 (= 900.000 + 250.000 – 300.000)
- Cálculo do IRPJ 15%: R$ 127.500 (850.000,00 × 15%)
- Cálculo do adicional 10%:[3] 83.000 [850.0000 – (20.000 × 1 mês)] × 10%
- Total IRPJ a pagar até 28/fevereiro/X1: R$ 210.500 (= 127.500 + 83.000)
- Cálculo da CSLL 9%: R$ 76.500 (850.000 × 9%)
- Total CSLL a pagar até 28/fevereiro/X1: R$ 76.500

Nota

Na apuração anual, como já explicado, devem ser feitos os recolhimentos por estimativa, a saber:

- Receita Bruta de janeiro = 3.000.000
- IPRJ estimativa de janeiro = 3.000.000 × 32% × 15% = 144.000
- Adicional de IRPJ = [3.000.000 × 32% – (20.000 × 1 mês)] × 10% = 94.000
- CSLL de janeiro = 3.000.000 × 32% × 9% = 86.400

Nesse caso, a empresa comparou estes cálculos com os valores oriundos do Balancete de Suspensão e identificou vantagem tributária neste último.

---

[3] Relembrando: A parcela do lucro que exceder ao valor resultante da multiplicação de R$ 20.000 pelo número de meses do respectivo período de apuração, está sujeita ao adicional de 10%.

Tributos Federais **37**

b.2 *Apuração acumulada de janeiro até dezembro/X1, quando ocorreram lucro apenas em janeiro e dezembro*

- Lucro Líquido de dezembro antes do IRPJ: R$ 1.100.000
- Lucro Líquido acumulado do ano antes do IRPJ: R$ 1.600.000, sendo:
  - o lucro de janeiro = 900.000
  - o prejuízo de fevereiro a novembro = – 400.000
  - o lucro de dezembro = 1.100.000

- Adições: 450.000
- Exclusões: 300.000
- Lucro Real antes da compensação: R$ 1.750.000
- Cálculo do IRPJ 15%: R$ 262.500 (1.750.000 × 15%)
- Cálculo adicional 10%: R$ 151.000 [1.750.000 – (20.000 × 12 m)] × 10%
- IRPJ antecipado em janeiro X1: R$ 210.500
- Cálculo da CSLL 9%: R$ 157.500
- CSLL antecipada em janeiro X1: R$ 76.500

  ⇨ Total IRPJ a pagar: 203.000 (= 262.500 + 151.000 – 210.500)
  ⇨ Total CSLL a pagar: 81.000 (= 157.500 – 76.500)

Estes valores devem ser pagos até o último dia útil do mês subsequente, ou seja, 31/janeiro/X2.

c Apuração Anual com Estimativa Mensal

Neste tópico destaca-se a possibilidade de se efetuar os recolhimentos mensais por estimativa e não levantar em nenhum mês do ano-calendário o Balancete de Suspensão ou Redução. Assim, a Pessoa Jurídica deverá apurar o Lucro Real somente em 31 de dezembro de cada ano.

Durante o ano calendário, a empresa realizará o recolhimento antecipado do IRPJ/CSLL utilizando como base de cálculo um lucro estimado, calculado a partir da receita bruta de cada mês.

Essa forma de apuração baseia-se na aplicação de percentuais pré-determinados sobre a receita bruta mensal, acrescida das demais receitas como ganho de capital, juros, variação monetária ativa etc. Os referidos percentuais aplicados são os constantes na tabela utilizada para Apuração do Lucro Presumido, informada anteriormente.

A receita bruta das vendas e serviços compreende o produto da venda de bens nas operações de conta própria, o preço dos serviços prestados e o resultado auferido nas operações de conta alheia. Da Receita Bruta serão excluídas as vendas canceladas, as devoluções de vendas e os descontos incondicionais concedidos.

Para fins de apuração estimada, o ganho de capital nas alienações de bens do ativo imobilizado e de aplicações em ouro não tributadas como renda variável corresponderá à diferença positiva verificada entre o valor da alienação e o respectivo valor contábil.

c.1 Apuração Janeiro/X1 com base na Receita Bruta

- Receita bruta total em janeiro/X1: R$ 3.200.000,00
- Atividade da empresa: Serviços em geral[4]
- Alíquota aplicada: 32%, (conforme Lei nº 9.249/1995 a base de cálculo será determinada mediante a aplicação de um percentual pré-determinado conforme a atividade exercida pela empresa)
- Base de cálculo: R$ 1.024.000,00 (3.200.000,00 × 32%)
- Cálculo do IRPJ 15%: R$ 153.600,00 (1.024.000 × 15%)
- Cálculo do adicional 10%: R$ 100.400,00 ((1.024.000 – 20.000)*10%)
- Total do IRPJ a pagar em 28/2/X1: R$ 254.000,00 (153.600 + 100.400)
- Cálculo da CSLL 9%: R$ 92.160,00 (1.024.000 × 9%)
- Total da CSLL a pagar em 28/2/X1: R$ 92.160,00

Da mesma forma, os demais meses foram calculados, resultando nos seguintes valores:

---

[4] Para empresas de serviços em geral, a base de cálculo para o Imposto de Renda e CSLL é de 32%. No caso de uma empresa comercial, a base de cálculo do Imposto de Renda em geral seria de 8% e da CSLL seria de 12%.

Quadro de Apuração da Estimativa Mensal (milhares de R$)

MÊS	RECEITA	IRPJ	ADICIONAL	VR IRPJ	CSLL
JAN.	3.200	153,60	100,40	254	92,16
FEV.	2.100	100,80	65,20	166	60,48
MAR.	1.900	91,20	58,80	150	54,72
ABR.	2.000	96,00	62,00	158	57,60
MAIO	1.400	67,20	42,80	110	40,32
JUN.	1.250	60,00	38,00	98	36,00
JUL.	1.720	82,56	53,04	135,6	49,54
AGO.	2.040	97,92	63,28	161,2	58,75
SET.	2.400	115,20	74,80	190	69,12
OUT.	2.900	139,20	90,80	230	83,52
NOV.	3.600	172,80	113,20	286	103,68
DEZ.	3.800	182,40	119,60	302	109,44
SOMA	28.310	1.358,88	881,92	2.240,8	815,33

Assim, no decorrer do ano-calendário foram recolhidos R$ 2.240.800 a título de IRPJ e R$ 815.330 de CSLL. No final do ano, será realizada a apuração do Lucro Real, considerando as informações a seguir.

c.2 *Apuração acumulada de janeiro até dezembro/X1, quando ocorreram lucro apenas em janeiro e dezembro*

- Lucro de janeiro: R$ 900.000
- Prejuízo de fevereiro a novembro: R$ 400.000
- Lucro de dezembro: R$ 1.100.000
- Lucro Líquido acumulado do ano antes do IRPJ: R$ 1.600.000 (= 900.000 − 400.000 + 1.100.000)
- Adições: R$ 450.000
- Exclusões: R$ 300.000
- Lucro Real: R$ 1.750.000
- Cálculo do IRPJ 15%: R$ 262.500 (1.750.000 × 15%)
- Cálculo do adicional 10%: R$ 151.000 [1.750.000 − (20.000 × 12 meses) × 10%]
- IRPJ antecipado durante o ano X1: R$ 2.240.800
- Cálculo da CSLL 9%: R$ 157.500
- CSLL antecipada durante o ano X1: R$ 815.330

Os tributos assim calculados serão compensados com os pagamentos realizados por estimativa:

⇨ Total IRPJ a RECUPERAR no ano X2: R$ 1.827.300 (2.240.800 – 262.500 – 151.000)

⇨ Total CSLL a RECUPERAR no ano X2: R$ 657.830 (815.330 – 157.500)

Os valores pagos a maior poderão ser compensados com os valores devidos nos meses do ano-calendário seguinte.

> **Nota**
>
> Esta regra alcança as pessoas jurídicas que efetuaram algum pagamento do Imposto de Renda devido no curso do ano-calendário, por estimativa, ainda que em meses anteriores deste mesmo ano-calendário tenham arbitrado o lucro, ou tenham se utilizado da faculdade de suspender ou reduzir o valor dos pagamentos mensais, mediante a elaboração de balanços ou balancetes mensais. A referida regra alcança também as Pessoas Jurídicas que demonstrarem, por meio de balanços ou balancetes mensais, a existência de prejuízos fiscais, a partir do mês de janeiro do ano-calendário.

Ressalte-se que a determinação do Lucro Real será precedida da apuração do Lucro Líquido com observância das disposições das leis comerciais e fiscais. Sabe-se, portanto, que o lucro real anual, obrigatoriamente, será apurado no período compreendido de janeiro a dezembro de cada ano, sendo que a empresa, mensalmente, terá que pagar calculando por estimativa, ou demonstrar através de Balancete de Suspensão/Redução, que não há Imposto de Renda e a Contribuição Social sobre o Lucro Devidos no período.

Uma vez que a apuração será sobre um valor mensal estimado, a empresa precisará informar os valores de IRPJ e CSLL devidos mês a mês na Declaração de Ajuste anual do Imposto de Renda Pessoa Jurídica (DIPJ). Portanto, não basta apurar o imposto no final do exercício; faz-se necessário a apuração mensal, mesmo que seja sobre um valor estimado, com base na Receita Bruta auferida mensalmente.

Portanto, na estimativa mensal (Lucro Real anual) seriam recolhidos R$ 2.240.800,00 a título de IRPJ e R$ 815.330,00 de CSLL, provocando um importante impacto no Fluxo de Caixa do período. Caso a empresa tivesse optado pela apuração trimestral, os valores seriam recolhidos em um montante muito menor, como aparece no quadro a seguir, elaborado a partir das mesmas premissas.

MÊS	RESULTADO	ADIÇÕES	EXCLUSÕES	LUCRO REAL	COMP. PREJ **	IRPJ	ADICIONAL*	VLR IRPJ	CSLL
JAN.	900.000								
FEV.	– 20.000								
MAR.	– 20.000	100.000	– 70.000						
1º TRIM.	860.000	100.000	– 70.000	890.000		133.500	83.000	216.500	80.100
ABR.	– 40.000								
MAIO	– 40.000								
JUN.	– 40.000	100.000	– 70.000						
2º TRIM.	– 120.000	100.000	– 70.000	– 90.000					
JUL.	– 40.000								
AGO.	– 60.000								
SET.	– 60.000	125.000	– 70.000						
3º TRIM.	– 160.000	125.000	– 70.000	– 105.000					
OUT.	– 40.000								
NOV.	– 40.000								
DEZ.	1.100.000	125.000	– 90.000						
4º TRIM.	1.020.000	125.000	– 90.000	1.055.000	– 195.000	129.000	80.000	209.000	77.400
TOTAL	1.600.000	450.000	– 300.000	1.750.000	– 195.000	262.500	163.000	425.500	157.500

OBS.:

* O adicional ficou maior do que no Lucro Real anual acima porque não é permitido deduzir os 60.000,00 do 2º e 3º trimestres, que tiveram base negativa nesta simulação.

** O prejuízo compensado no 4º trimestre refere-se à soma dos resultados do 2º e 3º trimestre, abaixo do limite de 30%, ou seja, menor que 316.500 (= 1.055.000 × 0,3), que seria o limite máximo.

Nesse caso, a opção pela apuração trimestral causaria impacto no Fluxo de Caixa de R$ 425.500 a título de IRPJ e de R$ 157.500 de CSLL, montante muito menor do que foi apurado acima, usando a apuração anual com recolhimento das estimativas mensais. A escolha entre apuração anual ou trimestral depende de estudo aprofundado das características da empresa.

Em alguns casos, a apuração do Lucro Real anual com base em estimativas mensais é mais vantajosa quando comparado à apuração do Lucro Real trimestral, por considerar como exercício fiscal todo o ano-calendário civil. Dessa forma, pode-se flexibilizar as apurações com a suspensão ou redução dos tributos, considerando o abatimento do prejuízo anteriormente acumulado, limitado a 30% (trinta por cento) do lucro real. Em se tratando da apuração trimestral, este abatimento só ocorrerá uma vez a cada trimestre, ou seja, o Lucro Real do trimestre pode não ser compensado completamente com o Prejuízo Fiscal dos trimestres anteriores, pois sujeita-se ao limite de 30% (trinta por cento). Ainda que a empresa tenha lucro nos três primeiros trimestres e prejuízo no quarto, terá que pagar o imposto sobre o lucro, sem descontar absolutamente nada do prejuízo obtido no último trimestre, que ficará disponível para compensação apenas no período seguinte, observado o limite legal. Os gastos para a elaboração de quatro balanços anuais, incluindo todas as rotinas inerentes e diversas obrigações acessórias, também devem ser considerados na análise de custo-benefício desta opção.

A principal desvantagem da apuração do Lucro Real anual é que o desembolso é mensal e não há o que se falar em parcelamento desses valores. Dessa forma, para as empresas com dificuldades no Fluxo de Caixa e que apresentem lucros lineares, a apuração do Lucro Real trimestral seria uma boa opção, uma vez que os pagamentos são trimestrais e há possibilidade de parcelamento do saldo a pagar em até 3 (três) cotas.

2.4.1.1.1 CSLL: Estimativa mensal

As Pessoas Jurídicas tributadas na forma do Lucro Real anual deverão pagar a contribuição social sobre o Lucro Líquido, mensalmente, determinada sobre a base de cálculo estimada. Os valores de Contribuição Social sobre o Lucro Líquido, efetivamente pagos e calculados sobre a base de cálculo estimada mensalmente, no transcorrer do ano-calendário, poderão ser deduzidos do valor de Contribuição Social sobre o Lucro Líquido apurado anualmente (ajuste). A base de cálculo da CSLL, devida pelas Pessoas Jurídicas optantes pela sistemática de recolhimento mensal (estimativa) corresponderá ao mesmo percentual aplicado no regime do Lucro Presumido, conforme demonstrado no item 2.4.2 a seguir.

A pessoa jurídica poderá suspender ou reduzir o pagamento da contribuição devida em cada mês, desde que demonstre, através de balanços ou balancetes mensais, que o valor acumulado já pago excede o valor devido.

A forma de apuração e de pagamento adotada pela pessoa jurídica em relação ao Imposto de Renda vincula a determinação da base de cálculo da CSLL. Se o valor do Imposto de Renda for definido com base no Balanço de Suspensão ou Redução, a contribuição social também deverá ser calculada com base nesse resultado, ainda que em valor maior do que o originalmente previsto (cálculo estimado sobre a Receita Bruta).

Assim, os balanços ou balancetes levantados para fins de suspensão ou redução dos pagamentos mensais do imposto, serão também utilizados para o pagamento da CSLL, com base no Lucro Líquido ajustado apurado em cada mês ou no período abrangido pelo balanço de suspensão ou redução (art. 53, § 2º, da IN SRF nº 11/1996).

A CSLL, determinada mensalmente por estimativa ou em balanço ou balancete de suspensão ou redução, será paga até o último dia útil do mês subsequente àquele a que se referir.

No caso do ajuste anual, o saldo da CSLL apurada em 31 de dezembro:

a   será paga em quota única até o último dia útil do mês de março do ano subsequente. O saldo da contribuição social será acrescido de juros SE-LIC, acumulado mensalmente, a partir de 1º de fevereiro até o último dia do mês anterior ao do pagamento e de 1% (um por cento) no mês do pagamento;

b   compensada com a contribuição social devida a partir do mês de janeiro, se negativa, assegurada a alternativa de requerer, após a entrega da declaração de rendimentos, a restituição do montante pago a maior.

2.4.1.1.2 *CSLL: Base de cálculo mensal*

Nas atividades desenvolvidas por pessoas jurídicas de natureza comercial, industrial ou de prestação de serviços, a base de cálculo da contribuição social apurada por estimativa será a soma dos seguintes valores:

I   o valor correspondente a 12% (doze por cento) da Receita Bruta mensal, nas operações comerciais e industriais e 8% nos serviços hospitalares e de transporte;

II   o valor correspondente a 32% da Receita Bruta dos serviços de intermediação de negócios; administração, locação ou cessão de bens imóveis, móveis e direitos de qualquer natureza; prestação cumulativa e contínua de serviços de assessoria creditícia, mercadológica, gestão de crédito, seleção de riscos, administração de contas a pagar e a receber, compra de direitos creditórios resultantes de vendas mercantis a prazo ou de prestação de serviços (*factoring*).

Ressalte-se que devem ser excluídas as vendas canceladas, as devoluções de vendas, os descontos incondicionais concedidos e os impostos não cumulativos cobrados destacadamente do comprador dos quais o vendedor dos bens ou prestador de serviços seja mero depositário. São admitidos, também, os ajustes específicos à Receita Bruta das instituições financeiras e de seguros;

III os ganhos de capital, as demais receitas e os resultados positivos decorrentes de receitas não compreendidas na atividade, inclusive:

a. os rendimentos auferidos nas operações de mútuo[5] realizadas entre Pessoas Jurídicas controladoras, controladas, coligadas ou interligadas;

b. a receita de locação de imóvel, quando não for este o objeto social da Pessoa Jurídica, deduzida dos encargos necessários à percepção da mesma;

c. os juros equivalentes à taxa referencial do Sistema Especial de Liquidação e Custódia (SELIC), para títulos federais, acumulada mensalmente, relativos a impostos e contribuições a serem restituídos ou compensados; e

d. as variações monetárias ativas.

Nota

São consideradas variações monetárias ativas as receitas geradas para a Pessoa Jurídica detentora de um crédito a receber em moeda estrangeira, quando a moeda nacional se valoriza, ocorrendo, assim, uma atualização com base nas taxas cambiais, favorável à Cia.

No período a que se referir à variação monetária, a moeda nacional poderia, também, se desvalorizar diante da moeda estrangeira. Nesse caso, o comportamento da variação monetária seria invertido, isto é, os ativos poderiam gerar uma despesa com variação monetária passiva.

Exemplo de variação monetária ativa

– Empréstimo concedido pela empresa ABC à empresa X, em dólar, acordado em 1º/3/X1: US$ 30,000

---

[5] Operação de mútuo é um empréstimo em que a parte solicitante, definida como *mutuário,* é obrigada a devolver à parte solicitada, o *mutuante,* o que dele recebeu em coisa do mesmo gênero, qualidade e quantidade. Dessa forma, no contrato de mútuo entre duas pessoas jurídicas, no qual A é a mutuária, B, a mutuante e o objeto emprestado são R$ 200.000 em espécie, no momento da restituição A terá que devolver a quantia também em espécie, não podendo ela optar por restituir, por exemplo, em um veículo nesse valor.

- Data de vencimento do empréstimo: 1/06/X1
- Cotação cambial em 1º/3/X1: R$ 1,70
- Cotação cambial em 1º/6/X1: R$ 1,90
- Valor contabilizado pela empresa ABC na data da concessão do empréstimo:

  US$ 30,000.00 × 1,70 = R$ 51.000

Valor a ser contabilizado na data do vencimento do empréstimo pela Cia. ABC referente a variação monetária ativa:

US$ 30,000 × 1,90 = R$ 57.000 (–) R$ 51.000 = R$ 6.000 (receita)

Exemplo de variação monetária passiva

- Empréstimo concedido pela empresa ABC à empresa X, em dólar, acordado em 1º/3/X1: US$ 30,000
- Data de vencimento do empréstimo: 1º/6/X1
- Cotação cambial em 1º/3/X1: R$ 1,70
- Cotação cambial em 1º/6/X1: R$ 1,50
- Valor contabilizado pela empresa ABC na data da concessão do empréstimo:

  US$ 30,000.00 × 1,70 = R$ 51.000
- Valor a ser contabilizado na data do vencimento do empréstimo pela Cia. ABC:

  US$ 30,000 × 1,50 = R$ 45.000 (–) R$ 51.000 = – R$ 6.000 (despesa)

IV os rendimentos e ganhos líquidos auferidos em aplicações financeiras de renda fixa e renda variável.

Compõe-se de ativos de renda variável aquelas aplicações cuja remuneração ou retorno de capital não pode ser dimensionado no momento da aplicação. Destacam-se as ações, quotas ou quinhões de capital, o ouro, enquanto ativo financeiro, e os contratos negociados nas bolsas de valores, de mercadorias, de futuros e assemelhadas.

Compõe-se de ativos de renda fixa aquelas aplicações cuja remuneração ou retorno de capital pode ser dimensionado no momento da aplicação. Os Títulos de Renda Fixa são públicos ou privados, conforme a condição da entidade ou empresa que os emite. Como Títulos de Renda Fixa públicos citam-se as Notas do Tesouro Nacional (NTN), os Bônus do Banco Central (BBC), os Títulos da Dívida Agrária (TDA), bem como os títulos estaduais e municipais.

Classificam-se como títulos de renda fixa privados aqueles emitidos por instituições ou empresas de direito privado, citam-se as Letras de Câmbio (LC), os Certificados de Depósito Bancário (CDB), os Recibos de Depósito Bancário (RDB) e as Debêntures.

2.4.1.2 LALUR: Ajustes fiscais

O Livro de Apuração do Lucro Real (LALUR), é um livro de escrituração de natureza eminentemente fiscal, criado pelo Decreto-lei nº 1.598/1977. É destinado à apuração extracontábil do lucro real sujeito à tributação pelo Imposto de Renda e contribuição social em cada período de apuração. Contém, ainda, elementos que poderão afetar o resultado fiscal de períodos de apuração futuros.

Todas as Pessoas Jurídicas contribuintes do Imposto de Renda com base no Lucro Real, inclusive àquelas que espontaneamente optarem por essa forma de apuração estão obrigadas à escrituração do LALUR. As adições, exclusões e compensações do Lucro Real são escrituradas e controladas nas partes A e B deste livro.

- parte A – demonstra todos os ajustes mensais, trimestrais e anuais escriturados de forma cronológica. Todas as adições e exclusões que ajustam o Lucro Contábil são evidenciadas nesta parte do livro. Nesse sentido, as despesas que não são aceitas, independente do momento em que forem registradas, como, por exemplo, as despesas com brindes e as multas de caráter punitivo, são consideradas como "adições definitivas". Será escriturado em cada trimestre, se a apuração for trimestral, e escriturado em 31 de dezembro, se a apuração for anual. Cada período deverá ser apurado em página distinta, sempre que houver Balancete de Suspensão ou Redução.

- parte B – evidencia os valores que afetarão o Lucro Real de exercícios futuros, sendo, portanto, controlados detalhadamente os saldos destes ajustes. Por outro lado, algumas despesas não são aceitas pelo Fisco no momento da sua ocorrência, mas o serão no futuro. É o caso da Provisão para Créditos de Difícil Liquidação (PCDL), que representa uma expectativa de perda, que poderá se materializar ou não. Estas adições são consideradas "adições temporárias". As origens do IRPJ/CSLL diferidos e sua consequente contabilização são exatamente essas diferenças temporárias.

2.4.1.2.1 Adições ao Lucro Contábil

Na apuração do Lucro Real, as despesas podem ser classificadas de duas formas: dedutíveis e não dedutíveis (ou indedutíveis).

Conforme determinado pelo Regulamento de Imposto de Renda (RIR), são consideradas despesas dedutíveis todas aquelas consideradas necessárias ou indispensáveis à atividade da empresa e à manutenção da respectiva fonte produtora de receitas. Esse conceito se estende às despesas incorridas para a realização das transações ou operações exigidas pela atividade da empresa.

Desta forma, pode-se considerar como exemplos de despesas dedutíveis os salários dos funcionários, os materiais e todos os demais insumos utilizados na realização da atividade, os benefícios aos funcionários, desde que estendidos a todo o quadro funcional, as despesas de consumo como energia e água, desde que gastos nos estabelecimentos da empresa.

As despesas não dedutíveis ou indedutíveis são aquelas que, de acordo com os fundamentos tributários, não são fundamentais para a realização e manutenção da atividade-fim da empresa. Consideradas como despesas dispensáveis ao desenvolvimento da operação empresarial, essas recebem o tratamento de adição na Apuração do Lucro Real, justamente porque antes foram consideradas na formação do Lucro Contábil. Dessa forma, a adição anula o efeito redutor que as despesas apresentaram na Demonstração do Resultado do Exercício (DRE). Destacam-se alguns exemplos de adições:

1 Os lucros auferidos no exterior, por intermédio de filiais, sucursais, controladas ou coligadas referentes ao ano-calendário em que tiverem sido disponibilizados para a pessoa jurídica domiciliada no Brasil.

2 Os pagamentos efetuados à sociedade civil quando esta for controlada, direta ou indiretamente, por pessoas físicas que sejam diretores, gerentes ou controladores da pessoa jurídica que pagar ou creditar os rendimentos.

3 Encargos de depreciação, apropriados contabilmente, correspondentes ao bem já integralmente depreciado, em virtude de gozo de incentivos fiscais previstos no Regulamento do Imposto de Renda. Exemplo: Parcela da Depreciação Acelerada Incentivada.

4 Perdas incorridas em operações iniciadas e encerradas no mesmo dia (*day-trade*), realizadas em mercado de renda fixa ou variável.

5 Despesas com alimentação de sócios, acionistas e administradores, ressalvada a hipótese em que for considerada salário indireto.

6 Contribuições não compulsórias, exceto as destinadas a custear seguros e planos de saúde, e benefícios complementares assemelhados aos da Previdência Social, instituídos em favor dos empregados e dirigentes da Pessoa Jurídica.

7 Doações, exceto as expressamente admissíveis como dedutíveis.

8 Despesas com brindes.

9 A Contribuição Social sobre o Lucro Líquido registrada como custo ou despesa operacional.

10 Perdas apuradas nas operações realizadas nos mercados de renda variável e de *swap*, que excederem os ganhos auferidos nas mesmas operações.

11 Provisões (exceto a provisão de férias, 13º salário, as provisões técnicas obrigatórias das companhias de seguros e de capitalização e a provisão para perdas nos estoques de livros).

12 As participações nos lucros atribuídas a administradores e partes beneficiárias de sua emissão.

13 Perda apurada na alienação ou baixa de investimento adquirido mediante dedução do IRPJ (exemplo: quotas do FINOR, FINAM).

14 Resultado negativo da equivalência patrimonial no capital social de coligada ou controlada.

15 Prejuízos na alienação de ações, títulos ou quotas de capital, com deságio superior a 10% (dez por cento) dos respectivos valores de aquisição, salvo se a venda houver sido realizada em Bolsa de Valores ou decorrer de participações permanentes.

16 Multas por infração à norma legal, tais como multas de trânsito e multas de ofício (aplicadas na autuação fiscal. Não confundir com a multa de mora pelo pagamento em atraso do tributo, a qual é plenamente dedutível), dentre outras multas, pelo não cumprimento da lei.

17 Tributos com exigibilidade suspensa. Devem ser adicionados para fins de apuração do Lucro Real os tributos contabilizados em contas de resultado do período e que foram suspensos por processo administrativo ou judicial de defesa, com ou sem depósito judicial. São exemplos de exigibilidade suspensa do crédito tributário, que devem ser adicionadas ao Lucro Real:

– moratória;

– as reclamações e os recursos, nos termos das leis reguladoras do processo tributário administrativo;

– a concessão de medida liminar em mandado de segurança.

18 Depreciação de carros de luxo, barcos, apartamentos e outros bens utilizados pela diretoria da empresa e que não estejam ligados intrinsecamente com a atividade da empresa.

19 Perda no recebimento de créditos que não estiverem em conformidade com os arts. 9º a 12º da Lei nº 9.430/1996.

20 Valores controlados na parte B de LALUR, que anteriormente foram excluídos por previsão legal e que deverão ser adicionados ao Lucro Real em função da sua realização. Exemplo: receitas auferidas de órgãos públicos, cujo recebimento ocorra em prazo superior a 12 meses, que foram anteriormente excluídas (ver Exclusões no item 2.4.1.2.2) e devem ser adicionados por ocasião do recebimento.

Muitas outras adições podem ser encontradas no RIR ou em normas complementares que contemplam esta matéria legal.

Para exemplificar o efeito das Adições no Lucro Real, considere-se o cálculo do IRPJ (15% + 10%) e CSLL (9%) diferidos, incidentes sobre uma provisão para créditos de difícil liquidação no valor de R$ 40.000. Nesse caso, teríamos como Ativo Fiscal Diferido o valor de R$ 13.600 (40.000 × 34%), cuja contabilização seria da seguinte forma:

- Débito: Ativo Fiscal Diferido (Ativo)
- Crédito: Provisão para IRPJ/CSLL (Resultado) – R$ 13.600 (reduz a despesa apropriada)

A contabilização do IRPJ e da CSLL diferidos proporcionará uma diminuição no valor da despesa com IRPJ e CSLL. Na verdade, além de aumentar o resultado contábil do período, essa contabilização demonstra o registro de um crédito fiscal oriundo de diferença temporária gerada na apuração desses tributos.

Supondo que esta provisão tenha ocorrido no ano X0, e que no ano X1 o valor de R$ 40.000 relativo à provisão para créditos de difícil liquidação seja totalmente realizado pelo pagamento por parte dos clientes. Dessa forma, tem-se a seguinte implicação em X1:

- Débito – Provisão para IRPJ/CSLL (Resultado)
- Crédito – Ativo Fiscal Diferido (Ativo) – R$ 13.600 (apropria a despesa tributária no período de realização do ativo que lhe deu origem)

Considerando que em X0 o lucro contábil foi de R$ 100.000 e em X1 de R$ 150.000, além do fato de que os únicos ajustes decorreram da constituição e realização da provisão para créditos de difícil liquidação, tem-se a seguinte evidenciação:

Descrição	Período X0	Período X1	Total
Lucro antes da provisão	100.000,00	150.000,00	250.000,00
Contabilização da provisão	(40.000,00)	–	(40.000,00)
Lucro contábil antes dos tributos	60.000,00	150.000,00	210.000,00
Adição – ajuste da provisão (não dedutível)	40.000,00	–	40.000,00
Exclusão – reversão da provisão (não tributável)	–	(40.000,00)	(40.000,00)
Lucro tributável	100.000,00	110.000,00	210.000,00
IRPJ e CSLL (34%)	34.000,00	37.400,00	71.400,00
Cálculo do IRPJ e CSLL Diferidos:			
Base – ajuste da provisão	40.000,00	(40.000,00)	–
IRPJ e CSLL Diferidos (34%)	13.600,00	(13.600,00)	–

Assim, no momento X0, serão constituídas a provisão para perdas e os tributos diferidos, mas no período seguinte ambos serão revertidos, tendo em vista que o fato gerador que lhes deu origem não existe mais, ou seja, o valor foi recebido. Houve, nesse caso, recuperação de créditos que não representam ingressos de novas receitas em X1 e cujas perdas não foram aceitas na apuração do lucro real em X0.

2.4.1.2.2 Exclusões ao Lucro Contábil

O Código Tributário Nacional define como fato gerador do IRPJ e CSLL os proventos de qualquer natureza, assim entendidos os acréscimos patrimoniais (receitas/riqueza econômica). Dessa forma, depreende-se que, em princípio, todas as receitas são tributáveis, exceto aquelas devidamente expressas em lei, que não serão tributadas em determinadas situações, respeitadas as condições estipuladas na respectiva norma. Alguns exemplos de receitas e rendimentos não tributáveis podem esclarecer o conceito das Exclusões ao Lucro Líquido:

a recuperações de créditos que não representem ingressos de novas receitas e cujas perdas não tenham sido deduzidas na apuração do Lucro Real em períodos anteriores;

b a reversão de saldo de provisões anteriormente constituídas, desde que o valor provisionado não tenha sido deduzido na apuração do Lucro Real dos períodos anteriores, ou que se refiram ao período no qual a

Pessoa Jurídica tenha se submetido ao Regime de Tributação com base no Lucro Presumido ou Arbitrado;

c   os Lucros e Dividendos recebidos de outra Pessoa Jurídica serão excluídos do Lucro Líquido, para efeito de determinação o Lucro Real, quando estiverem sujeitos à tributação nas firmas ou sociedades que os distribuíram. Essa situação não se aplica aos lucros ou dividendos auferidos após a alienação ou liquidação de investimento avaliado pelo valor de Patrimônio Líquido, quando não tenham sido computados na determinação do ganho ou perda de capital.

d   Resultado credor de equivalência patrimonial;

e   Ganho de Capital obtido nas operações de transferência de imóveis desapropriados para fins de reforma agrária;

f   Capital das apólices de seguros ou pecúlio (indenização) em favor da empresa, pago por morte do sócio segurado.

g   Os valores cuja dedução seja autorizada pelo Regulamento e que não tenham sido computados a apuração do Lucro Líquido do período de apuração;

h   os resultados, rendimentos, receitas e quaisquer outros valores incluídos na Apuração do Lucro Líquido que, de acordo com o Regulamento, não sejam computados no Lucro Real;

i   O prejuízo fiscal apurado em períodos anteriores, limitado a 30% (trinta por cento) do Lucro Líquido ajustado pelas adições e exclusões previstas no Regulamento, desde que a Pessoa Jurídica mantenha os livros e documentos, exigidos pela legislação fiscal, comprobatórios do prejuízo fiscal utilizado para compensação.

Uma lista complementar pode ser elaborada com alguns valores que também poderão ser excluídos, desde que atendidas as particularidades da legislação que rege cada assunto:

1   Parcela de lucro de empreitada ou fornecimento contratado com Pessoa Jurídica de direito público, proporcional ao valor da receita não recebida, para contratos superiores a 12 meses.

2   Ganho de capital auferido na venda de Bens do Ativo imobilizado para recebimento do preço após o término do ano-calendário subsequente ao da contratação.

3   Variações Cambiais Ativas – correspondentes às operações liquidadas no período de apuração, caso a empresa tenha contabilizado as variações cambiais pelo Regime de Competência e optou por computá-las pelo Regime de Caixa, para efeitos tributários.

> **Nota**
>
> Ressalte-se que as empresas podem escolher entre o Regime de Caixa ou de Competência para tributar as variações cambiais.
>
> Por meio da IN RFB nº 1.079/2010, a partir do ano-calendário de 2011, o direito de optar pelo Regime de Competência somente poderá ser exercido no mês de janeiro ou no mês do início de atividades. A opção deverá ser comunicada à Secretaria da Receita Federal do Brasil (RFB) por intermédio da Declaração de Débitos e Créditos Tributários Federais (DCTF) relativa ao mês de adoção do regime, não sendo admitida DCTF retificadora, fora do prazo de sua entrega, para a comunicação.
>
> Adotada a opção pelo regime de competência, o direito de sua alteração para o Regime de Caixa, no decorrer do ano-calendário, é restrito aos casos em que ocorra elevada oscilação da taxa de câmbio, comunicada mediante a edição de Portaria do Ministro de Estado da Fazenda.
>
> Tal alteração deverá ser informada à RFB por intermédio da DCTF relativa ao mês subsequente ao da publicação da Portaria Ministerial que comunicar a oscilação da taxa de câmbio.

4   Amortização do deságio obtido na aquisição de participações societárias avaliadas pela equivalência patrimonial, enquanto não baixado o investimento.

5   Encargos financeiros auferidos após 2 (dois) meses do vencimento, relativos a créditos vencidos e não recebidos.

6   Parcelas das perdas apuradas nos Mercados de Renda Variável que excederam os ganhos auferidos nas mesmas operações, adicionadas ao Lucro Líquido em período-base anterior, até o limite dos ganhos e perdas de operações da mesma espécie, computados no período-base.

7   Resultados positivos auferidos pelas sociedades cooperativas que obedecerem ao disposto na legislação específica.

8   Provisões indedutíveis adicionadas ao Lucro Líquido em período-base anterior, que tenham sido revertidas a crédito do resultado do exercício ou utilizadas para débito de despesas dedutíveis. Exemplo: Em 31/12/X1, a empresa provisiona um valor indedutível no Passivo e adiciona ao Lucro Real; porém, no ano seguinte (X2) estorna a referida provisão, contabilizando um resultado positivo que gerará IRPJ e CSLL, se não for excluído no LALUR.

9   Depreciação acelerada incentivada.

10 Amortização de ágio na aquisição de investimentos relevantes, sujeitos à avaliação pela equivalência patrimonial e baixados no período-base.

11 Aplicações na aquisição de Certificados de Investimentos em projetos de produção de obras audiovisuais cinematográficas brasileiras.

12 Propaganda Eleitoral Gratuita (Lei 9.504/1997), exclusão para emissoras de rádio e televisão que transmitem programa eleitoral gratuito.

13 As Pessoas Jurídicas poderão deduzir do Lucro Líquido, na determinação do Lucro Real e da base de cálculo da CSLL, as despesas operacionais relativas aos dispêndios realizados com pesquisa tecnológica e desenvolvimento de inovação tecnológica de produtos. Considera-se inovação tecnológica a concepção de novo produto ou processo de fabricação, bem como a agregação de novas funcionalidades ou características ao produto ou processo, que impliquem melhorias incrementais e o efetivo ganho de qualidade ou produtividade, resultando maior competitividade no mercado.

14 Rendimentos e Ganhos de Capital nas transferências de imóveis desapropriados para fins de Reforma Agrária, quando auferidos pelo desapropriado (CF, art. 184, § 5º).

15 Dividendos anuais mínimos distribuídos pelo Fundo Nacional de Desenvolvimento (Decreto-lei nº 2.288/1986, art. 5º, e Decreto-lei nº 2.383/1987, art. 1º).

16 Juros produzidos pelos Bônus do Tesouro Nacional (BTN) e pelas Notas do Tesouro Nacional (NTN), emitidos para troca voluntária por Bônus da Dívida Externa Brasileira, objeto de permuta por dívida externa do setor público, registrada no Banco Central do Brasil, assim como os juros referentes aos Bônus emitidos pelo Banco Central do Brasil, para os fins previstos no art. 8º do Decreto-lei nº 1.312/1974;

17 Juros reais produzidos por Notas do Tesouro Nacional (NTN), emitidas para troca compulsória no âmbito do Programa Nacional de Privatização (PND), controlados na parte "B" do LALUR, os quais deverão ser computados na determinação do lucro real no período do seu recebimento (Lei nº 8.981/1995, art. 100).

Notas

1) Para o controle das despesas consideradas indedutíveis, o contabilista poderá criar contas contábeis específicas, exemplo: multas de trânsito, provisões indedutíveis etc. Esse procedimento facilitará o controle das adições e exclusões no final do exercício, até porque, embora as despesas não dedutíveis não estejam segregadas na Contabilidade, ainda será necessário individualizar e identificar cada uma no LALUR, mas, estando segregadas, poder-se-á apenas citar o nome contábil e o código da conta.

2) A Pessoa Jurídica que, até o ano-calendário anterior, houver sido tributada com base no Lucro Real, deverá adicionar à base de cálculo do imposto, correspondente ao primeiro período de apuração no qual houver optado pela tributação com base no lucro presumido, os saldos dos valores cuja tributação havia diferido, controlados na parte "B" do LALUR.

3) Regime Tributário de Transição (RTT)

Devido às alterações nas normas contábeis decorrentes da Lei nº 11.638/07, foi regulamentado pela Lei nº 11.941/09 o RTT. Esse regime foi criado com o objetivo principal de neutralizar possíveis efeitos na apuração do IRPJ, quando a empresa fosse optante pelo Lucro Real.

Desta forma, as novas normas contábeis seriam atendidas, mas não refletiriam no resultado fiscal da companhia, até que lei posterior definisse os efeitos tributários destas novas normas.

Para o biênio 2008-2009, o RTT foi optativo e tal opção foi manifestada através do preenchimento da DIPJ (Declaração de Informações Econômico-Fiscais da Pessoa Jurídica) 2009, lembrando que a opção estendia-se aos dois anos-calendários.

O RTT passou a ser obrigatório a partir do ano-calendário de 2010, ficando em vigor até a edição da Lei nº 12.973/2014, inclusive para a apuração do Imposto sobre a Renda com base no lucro presumido ou arbitrado, da Contribuição Social Sobre o Lucro Líquido (CSLL), da Contribuição para o PIS/PASEP e da Contribuição para o Financiamento da Seguridade Social (COFINS).

4) Regime Tributário Definitivo (RTD)

Para efeito de determinação do IRPJ/CSLL/PIS/COFINS, os critérios contábeis e fiscais do denominado RTD, conforme Lei nº 12.973/2014, arts. 1º ao 70, entram em vigor definitivamente a partir de 1º/1/2015, revogando-se o regime anterior, denominado RTT.

Vale lembrar que a pessoa jurídica poderia optar pela antecipação da aplicação do regime para o ano-calendário de 2014.

A opção pelo RTD dá-se através da obrigação acessória, denominada DCTF, da competência agosto/2014 e confirmada ou alterada na DCTF da competência dezembro/2014. Após essa confirmação, a opção torna-se irretratável.

Com o advento do RTD, definitivamente, a partir de 1º/1/2015 é obrigatória a observância dos novos critérios contábeis trazidos pela Lei nº 11.638/2007 e posteriores alterações, para apuração do resultado contábil que será demonstrado no SPED contábil. Desta forma, será obrigatória a adoção do RTD que incorpora os critérios dos CPCs na legislação tributária federal.

Tem-se o seguinte quadro a partir de 1º/1/2015:

Lucro/Prejuízo líquido contábil antes do IRPJ (considerando a Lei nº 11.638/2007)

(+) adições fiscais constantes nos arts 1º ao 70 da Lei nº 12.973/14

(–) exclusões fiscais constantes nos arts 1º ao 70 da Lei nº 12.973/14

(=) Lucro real antes das compensações

(–) Compensações

(=) Lucro Real/Prejuízo Fiscal

A empresa, ao utilizar o RTT deverá seguir os seguintes procedimentos:

a – utilizar os métodos e critérios definidos pela Lei nº 6.404/1976, para apurar o resultado do exercício antes do Imposto sobre a Renda, deduzido das participações de debêntures, de empregados, administradores e partes beneficiárias, mesmo na forma de instrumentos financeiros, e de instituições ou fundos de assistência ou previdência de empregados, que não se caracterizem como despesa, e adotar:

– os métodos e critérios introduzidos pela Lei nº 11.638/2007 e pelos arts. 37 e 38 da Lei nº 11.941/2009;

– as determinações constantes das normas expedidas pela Comissão de Valores Mobiliários, no caso de companhias abertas e outras que optem pela sua observância.

b – realizar ajustes específicos ao Lucro Líquido do período no LALUR, que revertam o efeito da utilização de métodos e critérios contábeis diferentes daqueles da legislação tributária, baseada nos critérios contábeis vigentes em 31/12/07.

Por exemplo, se uma empresa privada recebe como doação de uma entidade pública (Municípios, Estados ou União), um terreno para a instalação de uma fábrica, essa doação será registrada a Débito no Imobilizado e a Crédito no Resultado (receita), segundo as novas normas contábeis. Antes o crédito era direcionado para o Patrimônio Líquido. Com o RTT, para efeito de apuração dos tributos – IRPJ, CSLL, PIS e COFINS – o Valor da Receita da Doação deverá ser excluído na apuração do Lucro Real, no período de sua constituição.

2.4.1.3 Cálculo e Contabilização das Provisões para IRPJ e CSLL

O fato gerador do IRPJ e CSLL é o Lucro Real, presumido ou arbitrado, correspondente ao período de apuração. Pode-se considerar que estes são os únicos tributos que incidem sobre o lucro da Companhia. Nos tópicos anteriores, foram descritas suas principais características, de acordo com a legislação tributária, e elaborados alguns exemplos sob diferentes regimes de apuração. Será observado, a partir de agora, o cálculo e a contabilização destes tributos, uma vez que, respeitado o regime de competência, além das receitas e despesas, os tributos do período também devem ser registrados contabilmente.

2.4.1.4 Base de Cálculo e Contabilização

Segue um exemplo de apuração pelo Regime do Lucro Real, para melhor evidenciar a aplicação da alíquota, bem como sua contabilização.

a *Apuração Anual*

Suponha-se que a Cia. Delta em dez./X1 tenha apresentado os seguintes registros:

Receita de Vendas: R$ 2.000.000

Despesas Operacionais: R$ 650.000

Multa por Auto de Infração: R$ 50.000

Despesa com Brindes: R$ 20.000

a.1 Determinação do lucro contábil:

Receita de Vendas	2.000.000
Despesas Operacionais	(650.000)
Multa por Auto de Infração	(50.000)
Despesa com Brindes	(20.000)
Lucro Contábil	R$ 1.280.000

a.2 Determinação do Lucro Real, no LALUR:

Lucro Contábil	1.280.000
Adições:	
Multa por auto de Infração	50.000
Despesa com Brindes	20.000
Lucro Real	R$ 1.350.000

a.3 Apuração do IRPJ e CSLL:

Lucro Real após ajustes 1.350.000

IRPJ – (1.350.000 × 15%) 202.500

Adicional – [1.350.000 – (20.000 × 12)] × 10% 111.000

  ⇨ Total de IRPJ a pagar: .... R$ 313.500

  ⇨ CSLL 9% (1.350.000 × 9%).. R$ 121.500

b Contabilização

A empresa que optar pela apuração do Lucro Real Anual, estará obrigada, por lei, a apurar mensalmente o IRPJ e CSLL, por estimativa, e efetuar o pagamento. Esses pagamentos são definidos como antecipações dos tributos, uma vez que os mesmos serão apurados definitivamente no final do exercício, quando serão compensados todos os pagamentos realizados ao longo do ano-calendário.

Desta forma, as antecipações mensais não devem ser debitadas em conta de resultado e, sim, em conta de ativo, uma vez que o tributo só é realmente devido no final do exercício. Ao longo do ano-calendário, caso haja efetiva antecipação, a mesma é considerada um crédito a ser compensado futuramente.

As contabilizações seriam feitas da seguinte forma:

1   *Lançamentos mensais da estimativa (pagamento de IRPJ e CSLL de janeiro a novembro)*

Apuração janeiro/X1 com base na Receita Bruta:

- Receita bruta total gerada em janeiro/X1: R$ 3.200.000
- Atividade da empresa: Serviços em geral
- Alíquota aplicada: 32%, (conforme Lei nº 9.249/1995 a base de cálculo será determinada mediante a aplicação de um percentual pré-determinado de acordo com a atividade exercida pela empresa)
- Base de cálculo: R$ 1.024.000 (3.200.000 × 32%)
- Cálculo do IRPJ 15%: R$ 153.600 (1.024.000 × 15%)
- Cálculo do adicional 10%: R$ 100.400 ((1.024.000 – 20.000) × 10%)
- Total do IRPJ a pagar em 28/2/X1: R$ 254.000 (= 153.600 + 100.400)
- Cálculo da CSLL 9%: R$ 92.160 (1.024.000 × 9%)
- Total da CSLL a pagar em 28/2/X1: R$ 92.160

A partir desses cálculos, referentes a janeiro/X1, e após o efetivo pagamento em fevereiro/X1, os seguintes lançamentos serão realizados:

D – IRPJ Pago por Estimativa (Ativo Circulante)

C – Bancos (Ativo Circulante) 254.000

e

D – CSLL Pago por Estimativa (Ativo Circulante)

C – Bancos (Ativo Circulante) 92.160

Acima tomou-se como exemplo apenas o mês de janeiro; no entanto, vale ressaltar que esses lançamentos deverão ser feitos mensalmente, demonstrando a contabilização dos valores estimados e pagos a cada mês.

2 Lançamento de ajuste no final do exercício

No final do período de apuração (exercício social) apuram-se os valores efetivamente devidos de IRPJ e CSLL. Esses valores serão contabilizados diretamente na Conta de Passivo e os valores antecipados ao longo do ano-calendário serão transferidos também para esta Conta de Passivo, a fim de confrontar o saldo do Tributo Antecipado com o saldo do Tributo a Pagar. Caso o valor antecipado ao longo do ano-calendário seja superior ao efetivamente apurado, será transportado para a Conta de Passivo somente o Valor do Tributo Devido. A diferença "antecipada" a maior será lançada em uma Conta de Ativo de Tributos a Compensar.

Considerando o exemplo citado no início deste tópico (2.4.1.4, *a3*) e a estimativa referente a competência janeiro como única antecipação, serão feitos os seguintes lançamentos:

a Valores efetivamente devidos:

D – Provisão para o Imposto de Renda (Conta de Resultado)

C – IRPJ a Pagar (Passivo Circulante) 313.500

e

D – Provisão para a CSLL (Conta de Resultado)

C – CSLL a Pagar (Passivo Circulante) 121.500

b Compensação dos valores pagos antecipadamente:

D – IRPJ a Pagar (Passivo Circulante)

C – IRPJ Pago por Estimativa (Ativo Circulante) 254.000

e

D – CSLL a Pagar (Passivo Circulante)

C – CSLL Pago por Estimativa (Ativo Circulante) 92.160

Dessa forma, confrontando o valor devido com o valor antecipado nota-se que a empresa terá um valor a pagar, uma vez que as estimativas pagas ao longo do ano-calendário foram menores que o valor realmente devido.

Os saldos a pagar seriam:

- IRPJ a Pagar (Passivo Circulante) = 59.500 (= 313.500 – 254.000)
- CSLL a Pagar (Passivo Circulante) = 29.340 (= 121.500 – 92.160)

> **Nota**
>
> É recomendável, para fins de controle e análise contábil, que se faça a contabilização da provisão do IRPJ e da CSLL devidos com base no Balancete de Suspensão ou Redução. Esse valor ficará registrado no passivo, sem a transferência do saldo já pago por estimativa, até que seja realizado o ajuste final.
>
> Da mesma forma, deverá ocorrer a contabilização dos tributos no grupo de despesas, tanto para apuração do Lucro Real trimestral, quanto para o Lucro Presumido.

2.4.1.5 Escrituração Fiscal

Quando a empresa opta pela apuração do Lucro Real, fica obrigada, como já explicado anteriormente, à escrituração do Livro de Apuração do Lucro Real (LALUR), que deverá ser escriturado por ocasião do encerramento do período-base de apuração do Lucro Real. Conforme o exemplo anterior, por se tratar da opção pelo pagamento por estimativa, o encerramento deverá ocorrer em 31/12/X1. Já no caso da apuração trimestral, o LALUR deveria ser escriturado em 31/3/X1, 30/6/X1, 30/09/X1 e 31/12/X1.

Exemplo de LALUR:

PARTE A – REGISTRO DOS AJUSTES DO LUCRO LÍQUIDO DO PERÍODO DE APURAÇÃO			
DATA	**HISTÓRICO**	**DÉBITOS**	**CRÉDITOS**
31-12-X1	Demonstração do Lucro Real em 31-12-X1		
	Lucro Líquido antes do IRPJ/CSLL		1.280.000
	Adições		
	Multa por Auto de Infração conf. Lancto. efetuado no livro Diário nº 1 fls. 69	50.000	
	Despesas com brindes conf. Lancto. efetuado no livro Diário nº 1 fls. 75	20.000	
	Total de Adições		70.000
	Exclusões		
	Não há		
	Total de Exclusões		0
	Lucro Real		1.350.000
	CSLL	121.500	
	IRPJ	313.500	
	Rio de Janeiro, 31 de dezembro X1		
			Contabilista responsável

Para esse exemplo não haverá lançamentos na Parte "B" do LALUR, mas alguns exemplos de sua escrituração serão apresentados nos tópicos a seguir.

Vale ressaltar que o LALUR, devidamente escriturado, deverá ser assinado pelo contabilista responsável, porém não há obrigação legal de registrá-lo em nenhum órgão competente.

> **Nota**
>
> A falta de escrituração do LALUR, no encerramento do período-base de apuração do Lucro Real, poderá justificar o arbitramento do lucro pela autoridade fiscal.

2.4.1.6 Prejuízo Fiscal: critérios para compensação

Os prejuízos fiscais de períodos-base anteriores podem ser compensados com o Lucro Real, respeitado o limite máximo de 30% e observadas as seguintes regras:

1 a compensação de prejuízos fiscais somente é admitida para as pessoas jurídicas que mantenham os livros e os documentos, exigidos pela legislação fiscal, comprobatórios do montante do prejuízo fiscal utilizado para a compensação;

2 a pessoa jurídica não poderá compensar seus próprios prejuízos fiscais se, entre a data da apuração e a da compensação, houver ocorrido, cumulativamente, modificação de seu controle societário e do ramo de atividade;

3 os prejuízos não operacionais, somente podem ser compensados nos períodos-base subsequentes ao de sua apuração, com lucros de mesma natureza (lucros não operacionais), respeitado o limite máximo de 30% e observando-se que:

3.1 para esse efeito, consideram-se não operacionais os resultados decorrentes da alienação de bens do Ativo Imobilizado;

3.2 o resultado não operacional será igual à diferença, positiva ou negativa, entre o valor pelo qual o bem ou direito houver sido alienado e o seu valor contábil.

O limite de 30% de redução do Lucro Real não se aplica às Pessoas Jurídicas que exploram atividade rural, nem às titulares de Programas Especiais de Exportação (Befiex) aprovados até 3/6/93 Para estas últimas, a compensação de prejuízo fiscal verificado em um período de apuração pode ser feita com o Lucro Real determinado nos seis anos-calendários subsequentes, independentemente de distribuição dos lucros ou dividendos aos seus sócios ou acionista.

Considerando o exemplo do início do tópico 2.4.1.4 e supondo que a empresa em questão tenha um prejuízo acumulado do ano X0 de R$ 100.000,00, teríamos a seguinte situação:

a Apuração Anual

Suponha-se que a Cia. Delta em dez./X1 apresentou os seguintes registros:

Receita de Vendas: R$ 2.000.000

Despesas Operacionais: R$ 650.000

Multa por Auto de Infração: R$ 50.000

Despesa com Brindes: R$ 20.000

a.1 Determinação do Lucro Contábil:

Receita de Vendas	2.000.000
Despesas Operacionais	(650.000)
Multa por Auto de Infração	(50.000)
Despesa com Brindes	(20.000)
Lucro Contábil	1.280.000

a.2 Determinação do Lucro Real, a partir do Lucro Contábil:

Lucro Contábil	1.280.000
Adições:	
Multa por auto de Infração	50.000
Despesa com Brindes	20.000
Lucro Real	1.350.000
Prejuízo Fiscal de períodos anteriores	(100.000)
Lucro Real após compensação	1.250.000

Observe que, apesar do limite de 30% do Lucro Real poder chegar até 405.000,00 (= 1.350.000 * 30%), o valor utilizado do Prejuízo Acumulado foi de 100.000, já que o valor da compensação não pode ultrapassar o valor do saldo disponível, como demonstrado na Parte B do LALUR abaixo.

Parte B – Controle dos valores que constituirão Ajuste do Lucro Líquido de exercícios futuros					
Conta: Prejuízo Fiscal do **ano X0**					
Data	Histórico	Controle de valores			
		Débito	Crédito	Saldo	D/C
31/12/X0	Prejuízo fiscal do exercício		100.000	100.000	C
31/12/X1	Compensação no período	100.000		0	

Caso a empresa tivesse um prejuízo acumulado de 500.000,00, ela utilizaria 405.000,00 no ano de X1, como exemplificado na Parte B a seguir.

Parte B – Controle dos valores que constituirão Ajuste do Lucro Líquido de exercícios futuros					
Conta: Prejuízo Fiscal do **ano X0**					
Data	**Histórico**	**Controle de valores**			
		Débito	**Crédito**	**Saldo**	**D/C**
31/12/X0	Prejuízo fiscal do exercício		500.000	500.000	C
31/12/X1	Compensação no período	405.000		95.000	C

Nesse caso hipotético, a diferença de 95.000,00 poderia ser utilizada em qualquer período de apuração, a partir do ano-calendário X2.

2.4.1.7 Compensação de Tributos

A pessoa jurídica poderá efetuar as seguintes compensações:

I – Pagamentos indevidos ou a maior

Ao longo do exercício contábil os tributos são apurados por estimativa ou de acordo com balancetes intermediários que demonstram as bases de cálculos utilizadas. No entanto, algum erro ou qualquer outro motivo, pode provocar um recolhimento maior do que o devido no período.

Identificada essa situação antes do término do exercício, a legislação permite que a compensação do pagamento indevido ou a maior seja feita de forma eletrônica. Assim, o contribuinte informa, através de um Pedido de Restituição/Declaração de Compensação (PERD-COMP), disponibilizado no *site* oficial da RFB, qual foi o documento (DARF) recolhido a maior, que deu origem ao crédito, bem como seu período de apuração, vencimento, valor e indica, também, qual será o débito a ser compensado. É necessário demonstrar o tipo de tributo que será compensado, seu período de apuração e o vencimento, além, é claro, do valor compensado.

Vale lembrar que o crédito será atualizado pela taxa de juros SELIC a partir do mês seguinte ao seu período de apuração, até o mês em que a declaração for enviada. A Receita Federal acata o recebimento da declaração imediatamente após o envio da mesma pelo contribuinte. A declaração será válida por cinco anos a contar da data de recebimento, desde que não haja retificações futuras, para analisar e deferir.

II – Saldo negativo de IRPJ/CSLL de períodos anteriores

Foi tratado no tópico acima a questão de pagamentos a maior ou indevidos, que podem ser identificados e compensados a qualquer momento.

Já os saldos negativos do IRPJ e da CSLL ocorrem quando o valor das antecipações por estimativas é maior do que o valor devido pelo Lucro Real Anual.

Ou seja, após a finalização da apuração do Lucro Real Anual, chega-se ao valor de tributo realmente devido; porém, ao longo do ano, a empresa pode ter realizado antecipações mensais e também pode ter sofrido retenções do imposto na fonte, por parte do tomador do serviço, em valores superiores ao apurado no LALUR.

Assim, definido o valor do tributo devido, é feita a comparação com o valor já antecipado ao longo do ano. Caso haja uma diferença a pagar em relação ao valor devido, basta que a empresa pague, mediante um DARF, a diferença apontada. Caso contrário, ou seja, havendo uma diferença a maior em relação ao tributo devido, a Receita Federal permite que, a partir do exercício seguinte, esta diferença, denominada Saldo Negativo do Período Anterior, seja compensada com os tributos devidos.

O procedimento é o mesmo que o seguido por aqueles com pagamento indevido ou a maior. A única diferença é que no pagamento indevido ou a maior basta que seja informado o documento de arrecadação que originou a compensação. Já no caso do saldo negativo de IRPJ ou CSLL, foi determinado que seja feita a composição do valor, ou seja, será necessário declarar todas as antecipações e retenções na fonte que geraram esse valor a compensar.

Para melhor compreender este procedimento, considere um exemplo no qual uma empresa, em dezembro de X1, apurou IRPJ devido de R$ 200.000. No entanto, ao longo do exercício de X1, esta mesma empresa já havia antecipado R$ 300.000 conforme descrição abaixo:

Janeiro/X1	R$ 50.000
Fevereiro/X1	R$ 80.000
Março/X1	R$ 30.000
Abril/X1	prejuízo fiscal
Maio/X1	prejuízo fiscal
Junho/X1	R$ 40.000
Julho/X1	prejuízo fiscal
Agosto/X1	R$ 30.000
Setembro/X1	R$ 20.000
Outubro/X1	prejuízo fiscal
Novembro/X1	R$ 50.000
Total	= R$ 300.000

Além das antecipações, a empresa sofreu retenção em maio/X1, pela prestação de serviços de consultoria, R$ 35.000 de Imposto de Renda Retido na Fonte (IRRF), conforme art. 647 (RIR/1999), que a empresa ainda não compensou.

Conclui-se que esta empresa antecipou à Receita Federal um valor maior que o devido (a retenção por parte do cliente também é considerada uma antecipação) em X1. Dessa forma, a diferença a maior poderá ser objeto de compensação a partir de X2.

Quando a Cia. for elaborar sua Declaração de Compensação Eletrônica (PERDCOMP), ela deverá optar pela opção de "Saldo Negativo de IRPJ/CSLL" e através das fichas pertinentes, informar toda a composição do saldo, conforme detalhado no exemplo:

- Antecipação de R$ 300.000 + IRRF de R$ 35.000 = R$ 335.000
- (–) Valor devido de IRPJ   = R$ 200.000
- Saldo negativo de IRPJ a compensar   = R$ 135.000

Da mesma forma, um cálculo semelhante deve ser realizado para apurar o saldo negativo da CSLL que poderia ser compensado nos períodos seguintes.

III – Outras compensações

Além das possibilidades acima, são permitidos outros casos de compensação. Primordialmente as compensações deverão ocorrer de forma eletrônica, exceto quando a legislação permitir uma forma de compensação que o respectivo programa não comporte. Nestes casos, a Declaração de Compensação deverá ser preenchida de forma manual, através de formulário disponibilizado pela RFB e protocolado em um dos postos do referido órgão.

São exemplos de outras compensações:

- IRRF de cooperativas
- IRRF sobre juros de capital próprio
- PIS-PASEP não cumulativo de exportação
- COFINS não cumulativo de exportação
- PIS não cumulativo de mercado interno
- COFINS não cumulativo de mercado interno

2.4.1.8 Incentivos fiscais

Os incentivos fiscais, também conhecidos como *benefícios fiscais*, são reduções na carga tributária devida, ou seja, estímulos criados pelas esferas governamentais (Município, Estado e União) com o objetivo de estimular o crescimento das atividades econômicas no país. Tais incentivos são regulamentados através de veículo legislativo específico. Serão observados a partir de agora, alguns dos incentivos fiscais federais, ou seja, estímulos à redução da carga tributária instituída pela própria União.

2.4.1.8.1 *Deduções do Valor Devido*

Para efeito de pagamento, a Pessoa Jurídica poderá deduzir do IRPJ/CSLL apurado, por exemplo:

a valor dos incentivos fiscais de dedução
1. Programa de Alimentação do Trabalhador (PAT);
2. Doações aos Fundos dos Direitos da Criança e do Adolescente;
3. Atividades Culturais ou Artísticas;
4. Atividade Audiovisual;
5. Programas de Desenvolvimento Tecnológico e Industrial (PDTI) ou Programas de Desenvolvimento Tecnológico Agropecuário (PDTA);

b o tributo pago ou retido na fonte sobre receitas que integraram a base de cálculo do imposto devido;

c tributo pago no exterior sobre lucros disponibilizados, rendimentos e ganhos de capital;

d o Imposto de Renda Retido na Fonte por órgãos públicos, conforme art. 64 da Lei nº 9.430/1996.

Esses incentivos são detalhados em normas específicas e a validação de sua dedução depende não só da observação dessas regras, mas, também, das informações dispostas na declaração de Imposto de Renda das Pessoas Jurídicas (DIPJ) do período em que forem utilizados.

2.4.2 Lucro Presumido: apuração do IRPJ e da CSLL

Conforme comentado anteriormente, o Lucro Presumido é uma forma de tributação simplificada, para determinação da base de cálculo do Imposto de Renda e da Contribuição Social Sobre o Lucro Líquido das Pessoas Jurídicas que não estiverem obrigadas, no ano-calendário, à apuração do Lucro Real, e que, por isso, podem optar por este regime de tributação (Lei nº 9.718/1998, art. 13).

Um exemplo pode ser elaborado para melhor esclarecer o cálculo do Valor Limite de Receita Bruta que viabiliza a permanência neste regime de tributação, ou seja, máximo de R$ 48.000.000/ano[6] ou média de R$ 4.000.000/mês.

Suponha que uma empresa tenha iniciado suas atividades em março/X1 e tenha apresentado a seguinte receita mensal no decorrer do ano-calendário:

Março/X1 –	R$ 2.000.000
Abril/X1 –	R$ 6.000.000
Maio/X1 –	R$ 3.000.000
Junho/X1 –	R$ 4.000.000
Julho/X1 –	R$ 7.000.000
Agosto/X1 –	R$ 3.000.000
Setembro/X1 –	R$ 4.000.000
Outubro/X1 –	R$ 3.000.000
Novembro/X1 –	R$ 4.000.000
Dezembro/X1 –	R$ 3.000.000
Total da Receita	R$ 39.000.000

A empresa em questão iniciou suas atividades ao longo do exercício de X1. Dessa forma, para saber se pode permanecer com a Apuração pelo Lucro Presumido no ano seguinte, deve ser feito o seguinte cálculo:

- Número de meses: 10 (março a dezembro de X1)
- Valor – base de multiplicação: R$ 4.000.000/mês
- Total calculado, proporcionalmente ao tempo de atividade: R$ 4.000.000,00 × 10 meses = R$ 40.000.000.

---

6 A partir de 01/01/2014: R$ 78.000.000/ano ou a média de R$ 650.000/mês.

Diante do exposto, a empresa em X2 poderá permanecer com a Apuração pelo Lucro Presumido, caso esta opção seja melhor para o seu planejamento tributário, pois o limite proporcional foi de R$ 40.000.000 ao ano. Assim, uma vez que a empresa iniciou suas atividades em março/X1 e faturou apenas R$ 39.000.000, sua permanência no Regime de Lucro Presumido será permitida. Caso a empresa tivesse faturado valor igual ou maior que R$ 40.000.000 nos dez meses do ano X1, ela estaria obrigada a apurar pelo Lucro Real no ano-calendário de X2.

> **Nota**
>
> Quando a pessoa jurídica ultrapassar o limite legal da Receita Bruta (R$ 78.000.000,00 a partir de 2014), em algum período-base de apuração, dentro do próprio ano-calendário, tal fato não implica mudança do regime de tributação, podendo continuar sendo tributada com base no Lucro Presumido dentro deste mesmo ano. Contudo, automaticamente, estará obrigada à apuração do Lucro Real no ano-calendário subsequente, independentemente do Valor da Receita Bruta que for auferida naquele ano. Daí por diante, para que a Pessoa Jurídica possa retornar à opção pelo Lucro Presumido, deverá observar as regras gerais aplicáveis a essa opção.

Podem optar pelo lucro presumido as pessoas jurídicas que:

a   no ano-calendário anterior tiverem Receita Bruta total que, acrescida das demais receitas e dos Ganhos de Capital, não seja superior a R$ 78.000.000, conforme exemplificado acima;

b   não estejam obrigadas à tributação pelo Lucro Real em função da atividade exercida ou da sua constituição societária ou natureza jurídica.

As demais pessoas jurídicas que não se enquadrem nas condições a que se refere o item "b" anterior, observado o limite de Receita Bruta, poderão exercer a opção pela sistemática do lucro presumido, inclusive:

1   as sociedade civis de profissão regulamentada;

2   as Pessoas Jurídicas que exploram atividade rural;

3   as sociedade por ações, de capital aberto;

4   as empresas que se dediquem à compra e à venda, ao loteamento, à incorporação ou à construção de imóveis e à execução de obras da construção civil;

5   as empresas que tenham sócio ou acionista residente ou domiciliado no exterior;

6 as empresas constituídas sob qualquer forma societária, de cujo capital participem entidades da administração pública, direta ou indireta, federal, estadual ou municipal;

7 que sejam filiais, sucursais, agências ou representações, no país, de Pessoas Jurídicas com sede no exterior;

8 as empresas que vendam bens importados, qualquer que seja a proporção da receita auferida com a venda desses produtos.

2.4.2.1 Cálculo do IRPJ/CSLL

A apuração do IRPJ/CSLL pelo Lucro Presumido é feita trimestralmente. A opção por este regime é definitiva para todo o ano calendário. A base de cálculo será o montante determinado pela soma das seguintes parcelas:

1 o valor resultante da aplicação dos percentuais variáveis, conforme o tipo de atividade operacional exercida pela pessoa jurídica, sobre a Receita Bruta Auferida nos trimestres de cada ano calendário.

- Inclui-se como Receita Bruta total o produto da venda de bens nas operações de conta própria, o preço dos serviços prestados e o resultado auferido nas operações de conta alheia. A Receita Bruta contempla o ICMS embutido no preço de venda, mas devem ser excluídas as vendas canceladas, os descontos incondicionais concedidos e os impostos não cumulativos cobrados destacadamente do comprador (como o IPI), dos quais o vendedor ou prestador é mero depositário.

> **Nota**
>
> Vale ratificar que o ICMS devido pela Pessoa Jurídica, na qualidade de contribuinte (obrigação própria da empresa, destacado na nota fiscal), não deve ser excluído da Receita Bruta. Entretanto o ICMS cobrado do adquirente, a título de substituição tributária, não integra a receita bruta.

2 ao resultado obtido na forma do item 1 anterior, deverão ser acrescidos os ganhos de capital, os rendimentos e ganhos líquidos auferidos em aplicações financeiras (renda fixa e variável), as variações monetárias ativas e todos os demais resultados positivos obtidos pela Pessoa Jurídica, inclusive os juros recebidos como remuneração do capital próprio, descontos financeiros obtidos e os juros ativos não decorrentes de aplicações financeiras (art. 518, 519 e 521 – RIR/1999). Também deverão ser incluídos os valores recuperados, correspondentes aos cus-

tos e despesas, inclusive com perdas no recebimento de créditos, salvo se o contribuinte comprovar não ter deduzido tais valores em período anterior, no qual se tenha submetido à tributação com base no Lucro Real, ou que se refiram a período a que se tenha submetido ao lucro presumido ou arbitrado.

3   A base de cálculo do imposto e do adicional, em cada trimestre, será determinada mediante a aplicação do percentual de 8% (oito por cento) sobre a receita bruta auferida no período de apuração. Nas seguintes atividades, o percentual será de (Lei nº 9.249/1995, art. 15, § 1º):

I   1,6% (um inteiro e seis décimos por cento), para atividade de revenda, para consumo, de combustível derivado de petróleo, álcool etílico carburante e gás natural;

II   16% (dezesseis por cento) para a atividade de prestação de serviço de transporte, exceto o de carga;

III   32% (trinta e dois por cento), para as atividades de:

a   prestação de serviços em geral, exceto a de serviços hospitalares;

b   intermediação de negócios;

c   administração, locação ou cessão de bens, imóveis, móveis e direitos de qualquer natureza.

A base de cálculo trimestral das Pessoas Jurídicas prestadoras de serviços em geral cuja receita bruta anual seja de até R$ 120.000 (cento e vinte mil reais), será determinada mediante a aplicação do percentual de 16% sobre a Receita Bruta auferida no período de apuração. Conforme dispositivo legal (art. 519, RIR/1999), esta hipótese não se aplica às Pessoas Jurídicas que prestam serviços hospitalares e de transporte, bem como às sociedades prestadoras de serviços de profissões legalmente regulamentadas.

A base de cálculo da CSLL, em cada trimestre, será determinada mediante a aplicação do percentual de 12% sobre a Receita Bruta auferida no período de apuração, exceto para as atividades de prestação de serviços, que se submetem ao percentual de 32%.

Um exemplo prático pode ilustrar a metodologia de cálculo dos tributos neste regime de apuração. A empresa Beta, cuja atividade é a revenda de cosméticos, faturou R$ 2.800.000 no 4º trimestre de X1. Desta forma, pode-se calcular:

- base de cálculo do IRPJ: R$ 2.800.000 × 8% = R$ 224.000
- base de cálculo da CSLL: R$ 2.800.000 × 12% = R$ 336.000
- IRPJ a pagar = 33.600 (= 224.000 × 15%)
- Adicional IRPJ = 16.400 [= (224.000 – 60.000) × 10%]
- CSLL = 30.240,00 (= 336.000 × 9%)

Se a atividade da empresa Ômega fosse a prestação de serviços de arquitetura, a base de cálculo do IRPJ e da CSLL seria calculada da seguinte forma:

- R$ 28.000.000 × 32% = R$ 8.960.000

Vale destacar que nesse caso, será aplicado o mesmo percentual para a base de cálculo do IRPJ e para a da CSLL.

A CSLL e o IRPJ, apurados trimestralmente, serão pagos em quota única, até o último dia útil do mês subsequente ao do encerramento do período de apuração. Conforme a opção da pessoa jurídica, a CSLL e o IRPJ devidos poderão ser pagos em até três quotas mensais, iguais e sucessivas, vencíveis no último dia útil dos três meses subsequentes ao de encerramento do período de apuração a que corresponder, desde que nenhuma das três quotas tenha valor inferior a R$ 1.000,00. Esse montante mínimo será considerado separadamente, ou seja, o valor total a pagar da CSLL dividido por três tem que ser maior que R$ 1.000,00 e o mesmo aplica-se ao IRPJ. Caso o resultado dessa divisão resultar em um valor menor que R$ 1.000,00, o mesmo será pago em quota única.

Exemplo: A Cia. Alfa & Gama prestadora de serviços de consultoria, obteve no 1º trimestre de X1, uma Receita Bruta de R$ 480.000. Desta forma, o IRPJ e a CSLL foram apurados da seguinte forma:

Receita Bruta do 1º trimestre: R$ 480.000

Base de cálculo: 480.000 × 32% = R$ 153.600

⇨ Alíquota do IRPJ: 15% –> IRPJ a pagar: 153.600 × 15% = R$ 23.040
⇨ Adicional: 10%   –> IRPJ a pagar: (153.600-60.000) × 10% = R$ 9.360
⇨ IRPJ total   –> R$ 32.400
⇨ Alíquota da CSLL: 9% –> CSLL a pagar: 153.600 × 9% = R$ 13.824

Ambos podem ser pagos em três cotas: de R$ 10.800,00 para IRPJ, que é exatamente o resultado de R$ 32.400 dividido por três, e de R$ 4.608 para a CSLL.

2.4.2.2 Contabilização

No Lucro Presumido a tributação é considerada definitiva, não existindo a possibilidade de ajustes posteriores. Utilizando o exemplo abaixo pode-se realizar os lançamentos contábeis da seguinte forma:

Suponha que a Cia. Alfa apresentou no 4º trimestre de X1 um faturamento de R$ 25.000.000 referente à receita de serviços de engenharia consultiva.

Desta forma, o IRPJ e CSLL seriam os seguintes:

- Percentual aplicado para a atividade: 32%
  - Base de cálculo para o IRPJ: 25.000.000 × 32% = R$ 8.000.000
  - IRPJ devido 15% = 1.200.000

Neste caso, haverá incidência do adicional do IRPJ, pois a base ultrapassou o limite de R$ 60.000 no trimestre.

- Adicional 10%: [8.000.000 – (20.000 × 3)] × 10% = R$ 794.000
  - ⇨ Total IRPJ a pagar: R$ 1.994.000 (= 1.200.000 + 794.000)
  - ⇨ CSLL devido 9%: R$ 720.000 (8.000.000 × 9%)

A contabilização seria apresentada assim:

D – Provisão para o Imposto de Renda (Conta de Resultado)
C – IRPJ a Pagar (Passivo Circulante)   1.994.000

e

D – Provisão para a CSLL (Conta de Resultado)
C – CSLL a Pagar (Passivo Circulante)   720.000

2.4.2.3 Escrituração fiscal

Para a apuração dos tributos inerentes à opção pelo Lucro Presumido não existem livros fiscais exigidos pela legislação. No entanto, são necessários alguns procedimentos relacionados aos aspectos comerciais e contábeis, além da entrega das declarações cabíveis para essa forma de tributação.

A pessoa jurídica que optar pela tributação com base no Lucro Presumido deverá manter:

- a escrituração contábil nos termos da legislação comercial ou Livro-Caixa, no qual deverá estar escriturada toda a movimentação financeira, inclusive bancária;
- b Livro Registro de Inventário, no qual deverão constar registrados os estoques existentes no término do ano-calendário abrangido pelo regime de tributação simplificada; e
- c Livro de Apuração do Lucro Real, quando tiver lucros diferidos de períodos-base anteriores, inclusive saldo de lucro inflacionário a tributar.

A documentação relativa aos atos negociais que os contribuintes praticarem ou em que intervierem, bem como os livros de escrituração obrigatória por legislação fiscal específica e todos os demais papéis e documentos que serviram de base para a escrituração comercial e fiscal, deverão ser conservados em boa ordem e guarda, enquanto não decorrido o prazo decadencial do direito de a Fazenda Pública constituir os créditos tributários relativos.

2.4.2.4 Lucros Distribuídos – Presumido

A parcela dos lucros ou dividendos que exceder ao valor da base de cálculo do imposto, diminuída do Imposto de Renda da Pessoa Jurídica, inclusive adicional, quando devido, da CSLL, da Contribuição para Financiamento da Seguridade Social (COFINS) e das contribuições ao PIS/PASEP, poderá ser distribuída sem a incidência do Imposto de Renda da Pessoa Física.

A empresa poderá distribuir valor maior do que o acima especificado, desde que demonstre, por meio de escrituração contábil feita com observância da lei comercial, que o lucro efetivo é maior que o determinado segundo as normas para apuração do lucro presumido.

Exemplo: A Cia. Alfa, cuja a atividade principal é a atividade rural, em dez./X1 apresentou um faturamento de R$ 30.000.000,00 referente à receita da atividade agrícola. O IRPJ e CSLL seriam:

- ✓ Percentual aplicado para a base de cálculo: 8%
- ✓ Base de cálculo para o IRPJ: $30.000.000 \times 8\% = R\$ 2.400.000$
- ✓ IRPJ devido 15%: R$ 360.000
- ✓ Adicional 10%: $[2.400.000 - (20.000 \times 12)] \times 10\% = R\$ 216.000$
  - ⇨ Total IRPJ a pagar: R$ 576.000 (= 360.000 + 216.000)
  - ⇨ CSLL devido 9%: R$ 216.000 ($2.400.000 \times 9\%$)

O PIS e a COFINS (estes conceitos serão abordados posteriormente) seriam apurados conforme abaixo:

PIS – $R\$ 30.000.000 \times 0,65\%$ = R$ 195.000

COFINS – $R\$ 30.000.000 \times 3\%$ = R$ 900.000

Baseado nesses valores tem-se o seguinte cálculo do Lucro Passível de Distribuição:

- Base de cálculo do IRPJ: R$ 2.400.000
- Total dos impostos (IRPJ, CSLL, PIS e COFINS): R$ 1.887.000 (576.000 + 216.000 + 195.000 + 900.000)

74 Contabilidade Tributária • Andrade, Lins e Borges

- Lucro Presumido Passível de Distribuição: 2.400.000 – 1.887.000 = 513.000 (isento de Imposto de Renda na declaração dos sócios)

Nesta hipótese, mesmo que a empresa não tivesse escrituração comercial regular, poderia distribuir aos sócios o valor máximo de R$ 513.000, sem tributação.

No entanto, supondo que a Cia. Alfa tivesse apurado um Lucro Contábil de R$ 4.000.000 no mesmo período. Esse seria o valor máximo que poderia ser distribuído. Se já tivesse distribuído R$ 513.000 conforme acima, poderia distribuir um complemento, a saber:

- Saldo do lucro passível de distribuição: 4.000.000 – 513.000 = R$ 3.487.000

Desta forma, o montante de R$ 3.487.000 pode ser distribuído sem a incidência de Imposto de Renda, sendo lançado na declaração dos sócios como Rendimento Isento.

2.4.3 Casos especiais

Esse tópico abordará algumas situações relativas ao Lucro Real que possuem peculiaridades relevantes. Assim, foram destacados alguns casos especiais e descritas as suas principais características.

2.4.3.1 Depreciação Acelerada Incentivada

A depreciação é a diminuição do valor dos bens em decorrência do desgaste pelo uso, perda de utilidade ou obsolescência. A depreciação acelerada contábil é a diminuição do valor dos bens utilizando-se taxas maiores, devido à sua utilização durante um tempo maior do que o turno operacional de oito horas.

A depreciação acelerada fiscal é registrada apenas no LALUR, com características de benefício fiscal. Portanto, há dois tipos de depreciação acelerada: a depreciação calculada com base nas horas de operação diária, que é resultante do desgaste pela operação acima do período considerado normal de oito horas, é registrada contabilmente e dedutível para efeito de IRPJ/CSLL. Um exemplo seria uma indústria que trabalha em três turnos (24 horas contínuas).

Já a outra modalidade é aquela relativa à depreciação acelerada incentivada considerada como benefício fiscal e reconhecida, apenas, pela legislação tributária, para fins de apuração do Lucro Real. Nesse caso, há o incentivo de implantação, renovação e modernização dos bens. Dentre os incentivos fiscais relacionados à utilização de depreciação incentivada, destacam-se:

a   Incentivos à pesquisa e inovação

Conforme art.17 da Lei nº 11.196/2005 (atualizada pela Lei nº 11.774/2008 e Lei nº 12.350/2010), a pessoa jurídica poderá usufruir do incentivo fiscal da depreciação integral (depreciação acelerada, exclusão no LALUR), no próprio ano da aquisição, de máquinas, equipamentos, aparelhos e instrumentos, novos, destinados à utilização nas atividades de pesquisa tecnológica e desenvolvimento de inovação tecnológica, para efeito de apuração do IRPJ e da CSLL.

b   Atividade Rural

Conforme art. 314 do RIR/1999, os bens do ativo imobilizado, exceto a terra nua, adquiridos por Pessoa Jurídica que explore a atividade rural, para uso nessa atividade, poderão ser depreciados integralmente no próprio ano de aquisição.

Exemplo de depreciação acelerada incentivada em atividade rural:

• Valor de aquisição de imobilizado (veículos): R$ 100.000

• Valor da depreciação contabilizada no ano: R$ 20.000

• Valor da depreciação incentivada: R$ 100.000 – R$ 20.000 = R$ 80.000 (exclusão no LALUR)

• Total da depreciação contábil e incentivada: R$ 20.000 + R$ 80.000 = R$ 100.000.

Assim, ao usufruir deste benefício fiscal, a empresa agrícola poderá deduzir, no próprio ano da aquisição, 100% do valor do ativo adquirido, considerando que uma parte será contabilizada como despesa de depreciação pelo Regime de Competência e a outra parte será lançada apenas na Contabilidade Fiscal, como Depreciação Incentivada.

c   Programas Setoriais Integrados (PSI)

Às empresas industriais e agropecuárias que executarem Programas de Desenvolvimento Tecnológico Industrial (PDTI) e Programas de Desenvolvimento Tecnológico Agropecuário (PDTA), a legislação consolidada no art. 321 do RIR/1999 autoriza o benefício de depreciação acelerada, calculada pela aplicação da taxa de depreciação usualmente admitida, multiplicada por dois, sem prejuízo da depreciação normal, das máquinas, equipamentos, aparelhos e instrumentos, novos, destinados à utilização nas atividades de pesquisa e desenvolvimento tecnológico, industrial e agropecuário.

d   Benefícios Fiscais a Programas Especiais de Exportação (BEFIEX)

Conforme art. 322 RIR/1999, é permitido às empresas industriais titulares de Programas Befiex, com projetos aprovados até 3/6/93, sem

76 Contabilidade Tributária • Andrade, Lins e Borges

prejuízo da depreciação normal, usufruir do benefício da depreciação acelerada de máquinas, equipamentos, aparelhos e instrumentos, novos, de produção nacional, utilizados no processo de produção e em atividades de desenvolvimento tecnológico industrial, calculada pela aplicação:

1 da taxa de depreciação usualmente admitida, no caso de Programas BEFIEX aprovados até 28/12/89;

2 de 50% da taxa usualmente admitida, tratando-se de Programas BEFIEX aprovados a partir de 29/12/89;

3 fabricantes de veículos, autopeças e bens de capital. Existem algumas máquinas, aparelhos, instrumentos e equipamentos adquiridos para emprego em processo industrial e incorporados ao ativo imobilizado que terão direito à depreciação acelerada. A relação dos bens que poderão gozar deste benefício estão no Anexo I do Decreto nº 6.701/2008 listados de acordo com o respectivo código Nomenclatura do Comércio Mercosul (NCM).

3.1 Fabricantes de veículos e de autopeças

Para efeito de apuração do Imposto de Renda, as empresas industriais fabricantes de veículos e de autopeças terão direito à depreciação acelerada, calculada pela aplicação da taxa de depreciação usualmente admitida, multiplicada por quatro, sem prejuízo da depreciação normal das máquinas, equipamentos, aparelhos e instrumentos, novos, relacionados em regulamento, adquiridos entre 1º/5/08 e 31/12/10, destinados ao ativo imobilizado e empregados em processo industrial do adquirente.

A depreciação acelerada constituirá exclusão do lucro líquido, para fins de determinação do lucro real e será escriturada no livro fiscal de apuração do lucro real (LALUR). O total da depreciação acumulada, incluindo a normal e a acelerada, não poderá ultrapassar o custo de aquisição do bem.

A partir do período de apuração em que for atingido o limite de dedução, o valor da depreciação normal, registrado na escrituração comercial, será adicionado ao lucro líquido para efeito de determinação do Lucro Real.

Exemplo: Em janeiro de X1, determinada empresa tributada com base no lucro real anual adquiriu, por R$ 100.000, um equipamento sujeito à taxa de depreciação normal de 10%. Os seguintes cálculos deverão ser realizados:

a despesa de depreciação anual lançada na contabilidade: R$ 10.000 (10% de R$ 100.000);

b depreciação acelerada incentivada, excluída do lucro líquido na Parte "A" do LALUR => R$ 90.000 (= R$ 100.000 – R$ 10.000), ou seja, o valor total do bem, menos a despesa de depreciação de X1. Este valor deverá ser registrado em folha própria da Parte B do LALUR.

c a partir do ano-calendário de X2 e até X10 (vida útil):

c.1 despesa de depreciação, lançada anualmente na contabilidade: R$ 10.000 (10% de R$ 100.000);

c.2 adição ao lucro líquido, na Parte "A" do LALUR: R$ 10.000.

Este valor será anualmente baixado da Parte B do LALUR, que controla o valor excluído pelo incentivo em X1 e o valor adicionado nos anos seguintes, demonstrando, assim, que o benefício é temporário, anulando-se ao final da vida útil, mas antecipando seus efeitos para o ano da aquisição. A Escrituração Fiscal deste exemplo, utilizando apenas a depreciação contábil e incentivada, pode ilustrar os efeitos do incentivo.

PARTE A – REGISTRO DOS AJUSTES DO LUCRO LÍQUIDO DO PERÍODO DE APURAÇÃO

DATA	HISTÓRICO	DÉBITOS	CRÉDITOS
31-12-**X1**	Demonstração do lucro real em 31-12-X1		
	I – Lucro Líquido antes do IRPJ/CSLL	(10.000,00)	
	II – Adições:		0
	III – Exclusões:		
	Depreciação Acelerada	(90.000,00)	
	= Lucro Real	(100.000,00)	

PARTE A – REGISTRO DOS AJUSTES DO LUCRO LÍQUIDO DO PERÍODO DE APURAÇÃO

DATA	HISTÓRICO	DÉBITOS	CRÉDITOS
31-12-**X2**	Demonstração do lucro real em 31-12-X2		
	I – Lucro Líquido antes do IRPJ/CSLL	(10.000,00)	
	II – Adições:		
	Baixa da Depreciação Acelerada		10.000,00
	III – Exclusões:	0	
	= Lucro Real	0	

PARTE B – CONTROLE DE VALORES QUE CONSTITUIRÃO AJUSTE DO LUCRO LÍQUI-
DO DE EXERCÍCIOS FUTUROS

CONTA: Depreciação acelerada incentivada

Data	Histórico	Para efeitos de Correção Monetária			Controle de Valores			
		Mês de Ref.	Valor a Corrigir	Coef.	Débito	Crédito	Valor Corrigido	D/C
31/12/X1	Depreciação acelerada incentivada X1	12/X1				90.000,00	90.000,00	C
21/12/X2	Depreciação acelerada incentivada X1	12/X2			10.000,00		80.000,00	D
31/12/X3	Depreciação acelerada incentivada X1	12/X3			10.000,00		70.000,00	D

3.2 Fabricantes de Bens de Capital

Para efeito de apuração do Imposto de Renda, as pessoas jurídicas fabricantes de bens de capital, sem prejuízo da depreciação normal, terão direito à depreciação acelerada, calculada pela aplicação da taxa de depreciação usualmente admitida, multiplicada por quatro, das máquinas, equipamentos, aparelhos e instrumentos, novos, adquiridos entre 1º/5/08 e 31/12/10, destinados ao ativo imobilizado e empregados em processo industrial do adquirente.

4 Base de Cálculo do Incentivo – exclusão de coeficientes de aceleração

Conforme art. 312 do RIR/1999, a depreciação acelerada de que trata os itens anteriores deverá ser calculada antes da aplicação dos coeficientes de depreciação, conforme determinado a seguir:

- Um turno de oito horas =   1,0
- Dois turnos de oito horas = 1,5
- Três turnos de oito horas = 2,0

Exemplo:

- Empresa com três turnos de 8 horas (neste caso o coeficiente de aceleração implicaria em uma taxa de 20% ao ano)
- Custo de máquinas, equipamentos, aparelhos e instrumentos adquiridos em 10/1/20X1: R$ 100.000
- Depreciação normal, sem o coeficiente de aceleração, referente ao ano de 20X1: 100.000 × 10% = R$ 10.000.

- Valor a ser excluído do Lucro Real de 20X1, a título de Depreciação Acelerada Incentivada: 10.000 × 4 = R$ 40.000 (= taxa de depreciação usualmente admitida, multiplicada por quatro)

5 Depreciação acelerada incentivada – crédito da CSLL, PIS e COFINS

A Lei nº 11.051/2004 criou o direito ao crédito relativo à depreciação, para fins de cálculo da Contribuição para o PIS, para COFINS não cumulativas e para a CSLL. Os referidos benefícios aplicam-se tão somente às pessoas jurídicas tributadas com base no Lucro Real, respeitadas as regras a seguir mencionadas.

5.1 Crédito na CSLL

As pessoas jurídicas, tributadas com base no lucro real, poderão utilizar crédito relativo à CSLL, à razão de 25% sobre a depreciação contábil de máquinas, aparelhos, instrumentos e equipamentos, novos, relacionados em regulamento, adquiridos entre 1º/10/04 e 31/12/10, destinados ao ativo imobilizado e empregados em processo industrial do adquirente.

Os bens alvo do referido incentivo são aqueles relacionados na legislação vigente, conforme ato emitido pela Receita Federal do Brasil desde que tenham por finalidade principal operar em processo industrial, tais como caldeiras e compressores.

O crédito será deduzido do valor da CSLL apurada, no regime trimestral ou anual. Trata-se de um benefício temporário, pois no final do período seu efeito será revertido e o tributo recolhido, ou seja, ao término do período de gozo do benefício (4 anos), deverá ser adicionado à CSLL devida o valor utilizado a título de crédito.

Exemplo:

Depreciação de máquinas: valor contabilizado R$ 10.000

Crédito da CSLL = R$ 10.000 × 25% = R$ 2.500

CSLL apurada: R$ 4.000

CSLL a recolher: R$ 4.000 – R$ 2.500 = R$ 1.500

5.1.1 Limite

A utilização do crédito está limitada ao saldo da CSLL a pagar, não gerando a parcela excedente, em qualquer hipótese, direito à restituição, compensação, ressarcimento ou aproveitamento em períodos de apuração posteriores.

5.1.2 Estimativa mensal

Será admitida a utilização do crédito no pagamento mensal por estimativa.

O crédito a ser efetivamente utilizado está limitado à CSLL apurada no encerramento do período de apuração.

5.1.3 Vedação

É vedada a utilização do crédito da CSLL, tanto na apuração anual ou trimestral quanto no pagamento por estimativa, na hipótese da pessoa jurídica não compensar base de cálculo negativa de períodos anteriores existente ou o fizer em valor inferior ao admitido na legislação.

5.1.4 Período de vigência do crédito

As pessoas jurídicas poderão se beneficiar do crédito a partir do mês em que o bem entrar em operação até o final do quarto ano-calendário subsequente àquele a que se referir o mencionado mês.

5.1.5 Reversão

A partir do ano-calendário subsequente ao término do período de gozo do benefício, deverá ser adicionado à CSLL devida o valor utilizado a título de crédito em função dos anos-calendários de gozo do benefício e do regime de apuração da CSLL.

A parcela a ser adicionada será devida pelo seu valor integral, ainda que a pessoa jurídica apure, no período, base de cálculo negativa da CSLL.

Considerando o exemplo do item 5.1, considere que a depreciação tenha iniciado em X1, logo, em X4 a empresa terá findado o benefício do crédito. Desta forma, em X5 faremos a reversão da seguinte forma, usando os dados do exemplo anterior:

- Depreciação de máquinas: valor contabilizado R$ 10.000
- Crédito da CSLL em X1 = R$ 10.000 × 25% = R$ 2.500
- CSLL apurada em X5: R$ 6.000,00
- CSLL a recolher em X5: R$ 6.000 + R$ 2.500 = R$ 8.500,00

5.2 Crédito no PIS e COFINS não cumulativos

Conforme será visto em tópicos posteriores, o regime não cumulativo do PIS e da COFINS consiste em deduzir dos débitos apurados, os respectivos créditos previstos na Lei nº 10.833/2003 e demais legislações pertinentes. Um dos pontos tratados por esta legislação é o direito de apurar créditos sobre os encargos de depreciação dos equipamentos destinados ao ativo imobilizado, adquiridos ou produzidos para locação de terceiros, prestação de serviços ou produção de bens que se destinem à venda. Como forma de opção, e apenas no que se trata de PIS e da COFINS, pode-se calcular um crédito sobre o valor de aquisição dos equipamentos destinados ao ativo imobilizado, utilizando-se de modalidades diferentes para a apropriação. Vale lembrar que em todas as modalidades, o valor apurado será sempre o mesmo, sendo alterado, apenas, o prazo em que os créditos serão descontados, como explanado a seguir.

5.2.1 Crédito em 48 parcelas – Máquinas e equipamentos destinados ao ativo imobilizado

Conforme instituído pela Lei nº 10.865/2004, é permitido o desconto pelo prazo de quatro anos (48 meses), dos créditos do PIS e da COFINS não cumulativos, na hipótese de aquisição de máquinas, aparelhos, instrumentos e equipamentos, novos destinados ao ativo imobilizado.

Os créditos serão apurados mediante a aplicação, a cada mês, da alíquota de 7,6% para a COFINS e 1,65% para o PIS, sobre o valor correspondente a 1/48 (um quarenta e oito avos) do custo de aquisição do bem.

Exemplo:

- Custo de aquisição do bem incentivado: R$ 100.000
- Cálculo de créditos mensais:
  - Para o PIS: (R$ 100.000 × 1/48) × 1,65% = R$ 34,38
  - Para a COFINS: (R$ 100.000 × 1/48) × 7,6% = R$ 158,33

Contabilização do crédito de PIS e COFINS:

D – Desp. Equipamentos (conta de resultado)

C – Equipamentos (conta de ativo) 192,71

e

D – PIS a compensar (conta de ativo) 34,38

D – COFINS a compensar (conta de ativo) 158,33

C – Desp. Equipamentos (conta de resultado) 192,71

5.2.2 Crédito em 24 parcelas – Imobilizado industrial

Conforme instituído pela Lei nº 11.051/2004, é permitido o desconto pelo prazo de dois anos (24 meses), dos créditos do PIS e COFINS não cumulativos,

Contabilidade Tributária • Andrade, Lins e Borges

na hipótese de aquisição de máquinas, aparelhos, instrumentos e equipamentos, novos, relacionados em ato do Poder Executivo, adquiridos após 1º/10/04, destinados ao ativo imobilizado e empregados em processo industrial do adquirente.

Os créditos serão apurados mediante a aplicação, a cada mês, da alíquota de 7,6% para a COFINS e 1,65% para o PIS, sobre o valor correspondente a 1/24 (um vinte e quatro avos) do custo de aquisição do bem.

Exemplo:

- Custo de aquisição do bem incentivado: R$ 100.000
- Cálculo dos créditos mensais:
  - Para o PIS: (R$ 100.000 × 1/24) × 1,65% = R$ 68,75
  - Para a COFINS: (R$ 100.000 × 1/24) × 7,6% = R$ 316,67

Contabilização do crédito de PIS e COFINS:

D – Desp. Equipamentos (conta de resultado)
C – Equipamentos (conta de ativo) 385,42

e

D – PIS a compensar (conta de ativo) 68,75
D – COFINS a compensar (conta de ativo) 316,67
C – Desp. Equipamentos (conta de resultado) 385,42

5.2.3 Crédito em 12 parcelas – Aquisição de máquinas e equipamentos no período de maio/2008 a 2/8/11

De acordo com a Lei nº 11.774/2008, as pessoas jurídicas poderão optar pelo desconto, no prazo de doze meses, dos créditos do PIS e da COFINS na hipótese de aquisição de máquinas e equipamentos novos, destinados à produção de bens e serviços, adquiridos ou recebidos no período de maio de 2008 a 2/8/11, e de embalagens de vidro retornáveis, classificadas no código 7010.90.21 da TIPI, destinadas ao ativo imobilizado. Os créditos serão apurados mediante a aplicação, a cada mês, das alíquotas de 1,65% e 7,6% do PIS e COFINS respectivamente, sobre o valor correspondente a 1/12 do custo de aquisição do bem.

Exemplo:

- Custo de aquisição, realizada em 10/6/2009, do bem incentivado: R$ 100.000
- Cálculo dos créditos mensais:

o Para o PIS: (R$ 100.000 × 1/12) × 1,65% = R$ 137,50

o Para a COFINS: (R$ 100.000 × 1/12) × 7,6% = R$ 633,33

Contabilização do crédito de PIS e COFINS:

D – Desp. Equipamentos (conta de resultado)

C – Equipamentos (conta de ativo).. 770,83

e

D – PIS a compensar (conta de ativo)... 137,50

D – COFINS a compensar (conta de ativo) 633,33

C – Desp. Equipamentos (conta de resultado) 770,83

5.2.4 Crédito de 11 meses até o montante integral – Aquisição de máquinas e equipamentos no período de agosto/2011 a julho/2012

De acordo com o art 1º da Lei nº 12.546/2011, as pessoas jurídicas, nas hipóteses de aquisição no mercado interno ou de importação de máquinas e equipamentos destinados à produção de bens e prestação de serviços, poderão optar pelo desconto dos créditos do PIS e da COFINS da seguinte forma:

I – no prazo de 11 (onze) meses, no caso de aquisições ocorridas em agosto de 2011;

II – no prazo de 10 (dez) meses, no caso de aquisições ocorridas em setembro de 2011;

III – no prazo de 9 (nove) meses, no caso de aquisições ocorridas em outubro de 2011;

IV – no prazo de 8 (oito) meses, no caso de aquisições ocorridas em novembro de 2011;

V – no prazo de 7 (sete) meses, no caso de aquisições ocorridas em dezembro de 2011;

VI – no prazo de 6 (seis) meses, no caso de aquisições ocorridas em janeiro de 2012;

VII – no prazo de 5 (cinco) meses, nas aquisições ocorridas em fevereiro de 2012;

VIII – no prazo de 4 (quatro) meses, nas aquisições ocorridas em março de 2012;

IX – no prazo de 3 (três) meses, no caso de aquisições ocorridas em abril de 2012;

X – no prazo de 2 (dois) meses, no caso de aquisições ocorridas em maio de 2012;

XI – no prazo de 1 (um) mês, no caso de aquisições ocorridas em junho de 2012.

Exemplo:

- Custo de aquisição, realizada em 20/3/2012, do bem incentivado: R$ 100.000
- Prazo: conforme item VIII, prazo de 4 (quatro) meses, devido à data de aquisição
- Cálculo dos créditos mensais:
  - Para o PIS: (R$ 100.000 × 1/4) × 1,65% = R$ 412,50
  - Para a COFINS: (R$ 100.000 × 1/4) × 7,6% = R$ 1.900

Contabilização do crédito de PIS e COFINS:

D – Desp. Equipamentos (conta de resultado)
C – Equipamentos (conta de ativo)..2.312,50

e

D – PIS a compensar (conta de ativo)... 412,50
D – COFINS a compensar (conta de ativo) 1.900,00
C – Desp. Equipamentos (conta de resultado) 2.312,50

5.2.5 Crédito em montante integral, no mês de aquisição – Aquisição de máquinas e equipamentos a partir de julho/2012

De acordo com o art 1º da Lei nº 12.546/2011, as Pessoas Jurídicas poderão optar pelo desconto, imediatamente, dos créditos do PIS e da COFINS nos casos de aquisição de máquinas e equipamentos novos, destinados à produção de bens e serviços, ocorrida a partir de julho/2012. Os créditos serão apurados mediante a aplicação das alíquotas de 1,65% e 7,6% do PIS e COFINS respectivamente, sobre o valor de aquisição do bem.

Exemplo:

- Custo da aquisição realizada em 23/8/12, do bem incentivado: R$ 100.000
- Cálculo dos créditos:
  - Para o PIS: R$ 100.000 × 1,65% = R$ 1.650
  - Para a COFINS: R$ 100.000 × 7,6% = R$ 7.600

Contabilização do crédito de PIS e COFINS:

D – Desp. Equipamentos (conta de resultado)
C – Equipamentos (conta de ativo)... 9.250

D – PIS a compensar (conta de ativo).. 1.650
D – COFINS a compensar (conta de ativo) 7.600
C – Desp. Equipamentos (conta de resultado) 9.250

2.4.3.2 Juros sobre o Capital Próprio (JCP)

Preliminarmente deve-se ressaltar que os investimentos feitos pelos sócios na empresa podem ser remunerados por uma taxa de juros, visando compensar o que os sócios ganhariam se tivessem aplicado em outros ativos disponíveis no mercado.

Os juros sobre o capital próprio são calculados mediante aplicação da taxa de juros de longo prazo – TJLP, sobre os valores das Contas do Patrimônio Líquido, exceto o ajuste de variação patrimonial.

A Pessoa Jurídica poderá deduzir, para efeitos da apuração do Lucro Real, os juros pagos ou creditados individualizadamente a titular, sócios ou acionistas, a título de remuneração do capital próprio, calculado sobre as contas do Patrimônio Líquido e limitados à variação, *pro rata* dia, da TJLP.

O montante dos juros remuneratórios do patrimônio líquido, passível de dedução para efeitos de determinação do Lucro Real e da base de cálculo da contribuição social, limita-se ao maior dos seguintes valores:

I – 50% (cinquenta por cento) do Lucro Líquido do exercício antes da dedução desses juros; ou

II – 50% (cinquenta por cento) do somatório dos Lucros Acumulados e Reserva de Lucros, sem computar o resultado do período em curso.

Para os efeitos do limite referido no *item I*, o Lucro Líquido do exercício será aquele após a dedução da contribuição social sobre o Lucro Líquido e antes da dedução da provisão para o Imposto de Renda, sem computar, porém, os juros sobre o Patrimônio Líquido.

Esse fato se aplica tanto ao lucro apurado no balanço ou balancete de redução ou suspensão, quanto ao Lucro Apurado no encerramento do próprio período-base.

O Lucro Apurado passa a compor a base de cálculo do JCP a partir do ano-calendário seguinte, se não for distribuído a qualquer título.

Ao receber os juros sobre capital próprio, a tributação do sócio é com a alíquota de 15%, a título de IRRF. O pagamento dos JCP pode gerar uma economia de até 12,5% no Imposto de Renda da Pessoa Física, sócia da empresa, que teria seus rendimentos tributados à alíquota de 27,5%, se recebesse *pro-labore* ou remuneração por serviços prestados. Alguns exemplos podem esclarecer o tema.

Exemplo 1: A empresa VV apresenta o seguinte patrimônio líquido em dez/X1:

Patrimônio líquido (PL)	R$
Capital Social	2.000.000
Reserva de Lucros	800.000
Reserva de Capital	200.000
Total do Patrimônio líquido	3.000.000

Informações adicionais:

✓ Lucro líquido anual antes dos juros sobre o capital próprio: R$ 400.000

✓ Taxa de juros anual – TJLP: 12%

✓ PL utilizado como base de cálculo para os juros: R$ 3.000.000

Cálculos:

Juros: R$ 360.000 (3.000.000 × 12%)

O montante de juros s/capital próprio será passível de dedução como despesa operacional, limitando-se ao maior dos seguintes valores:

1º cinquenta por cento do Lucro Líquido do período de apuração;

2º cinquenta por cento dos saldos das Reservas de Lucros de períodos anteriores.

Desta forma, os juros s/capital próprio, seriam totalmente dedutíveis, pois correspondem a menos do que 50% da Reserva de Lucros, que no exemplo é R$ 800.000.

A empresa deve recolher 15% de IRRF sobre o montante de juros s/capital próprio.

Cálculo do IRRF incidente sobre os juros s/capital próprio:

✓ Juros s/capital próprio: 360.000

✓ Alíquota de IRRF aplicada: 15%

✓ IRRF: 360.000 × 15% = 54.000

Contabilização dos juros sobre capital próprio:

a Provisão dos juros sobre capital próprio

D – juros s/capital próprio (Despesas financeiras)	360.000
C – IRRF a recolher (Passivo circulante)	54.000
C – Juros s/capital próprio a pagar (Passivo)	306.000

b Pagamento dos juros sobre capital próprio

D – Juros s/capital próprio a pagar (Passivo)	
C – Banco (Ativo)	306.000

Após a contabilização dos juros, o lucro da Cia. passa a ser de R$ 40.000 (=400.000 – 360.000).

Quando o beneficiário for Pessoa Jurídica, os juros creditados correspondem à receita financeira e terão o seguinte tratamento:

✓ Se tributada pelo lucro real, o IRRF será considerado como antecipação do devido e compensado com o que houver retido por ocasião do pagamento ou crédito de juros, a título de remuneração do capital próprio, a seu titular, sócios ou acionistas;

✓ Se tributada pelo Lucro Presumido ou Arbitrado, o IRRF será considerada como antecipação do devido.

Nesse caso, um exemplo pode esclarecer como a empresa que recebeu juros sobre capital pode realizar a contabilização desta operação.

Contabilização do JCP na beneficiária, pessoa jurídica:

D – Juros sobre capital próprio a receber (Ativo circulante)	306.000
D – IRRF a compensar (Ativo circulante)	54.000
C – Juros sobre capital próprio recebidos (Resultado)	360.000

Adicionalmente pode-se evidenciar uma economia tributária decorrente do pagamento de JCP para sócio, pessoa física ou jurídica. Por exemplo: ao pagar R$ 10.000 ao sócio, a empresa poderá deduzir este valor como despesa e deixar de pagar R$ 3.400 de IRPJ e CSLL – este é o primeiro ganho. No entanto, a empresa precisará pagar R$ 1.500 de IRRF. Esse valor reduziria o ganho, mas o saldo de R$ 1.900 ainda seria relevante.

Economia relativa ao IRPJ e a CSLL: 34% (15% + 10% + 9%) × R$ 10.000	R$ 3.400
(–) Imposto na fonte pago sobre JCP (15% × R$ 10.000)	R$ 1.500
(=) Liquido economizado (lucro que pode ser distribuído a mais)	R$ 1.900

Neste exemplo não está sendo considerada a incidência de 20% da contribuição previdenciária patronal ao INSS, que também poderia ser considerada como um ganho, já que seria devida se o valor de R$ 10.000 fosse apropriado como remuneração pelo trabalho do sócio Pessoa Física (retirada de *pró-labore*).

Segue um resumo sobre como o montante de juros sobre capital próprio deve ser tratado pelos diferentes beneficiários:

Beneficiário	Juros sobre capital próprio	IRRF sobre juros capital próprio
Pessoa Física	Exclusivo na fonte	Não compensável
Pessoa Jurídica isenta	Tributação definitiva	Não compensável
Pessoa Jurídica Lucro Real (Trimestral ou Anual)	Tratado como receita financeira (Integra base de cálculo do IRPJ/CSLL)	Compensável com os tributos devidos
Lucro Presumido ou Arbitrado	Receita financeira tributada pelo IRPJ e CSLL (Não é base de cálculo para o PIS e COFINS)	Compensável na apuração

2.4.3.3 Ganhos e Perdas de Capital

A baixa de bens e direitos do ativo imobilizado pode ocasionar ganho ou perda caracterizado como resultado não operacional.

São ganhos ou perdas de capital os resultados obtidos na alienação, inclusive por desapropriação, na baixa por perecimento, extinção, desgaste, obsolescência ou exaustão ou na liquidação de bens ou direitos integrantes do ativo imobilizado. Esses ganhos ou perdas serão computados na determinação do Lucro Real segregadamente.

O resultado não operacional, ressalvadas as disposições especiais, será igual à diferença, positiva (ganho) ou negativa (perda/prejuízo), entre o valor pelo qual o bem ou direito houver sido alienado ou baixado (baixa por alienação ou perecimento) e o seu valor contábil.[7]

Os resultados não operacionais de todas as baixas ocorridas durante o período de apuração deverão ser computados englobadamente e, no respectivo período de ocorrência, os resultados positivos ou negativos integrarão o Lucro Real.

---

[7] Entende-se por valor contábil do bem aquele que estiver registrado na escrituração do contribuinte, diminuído, se for o caso, da depreciação, amortização ou exaustão acumulada.

Exemplo 1:

Uma empresa tributada pelo Lucro Real alienou o terreno de seu estacionamento, constante de seu ativo imobilizado, em 29/11/X6, pelo valor de R$ 200.000, sabendo-se que estava registrado na contabilidade por R$ 110.000.

As condições de pagamento contratadas foram: no ato da venda, o valor de R$ 50.000; em 29/11/X7, R$ 50.000; em 29/11/X8, R$ 100.000. Ressalte-se que esta última parcela será registrada no Realizável a Longo Prazo, no Ativo não circulante.

A contabilização, pela venda, será:

D – Caixa	50.000
D – Contas a Receber	150.000 (curto e longo prazos)
C – Receitas não operacionais	200.000

A contabilização da baixa será:

D – Despesas não operacionais	
C – Terreno	110.000

Outra forma de contabilização seria:

D – Caixa	50.000
D – Contas a Receber	150.000
C – Terrenos	110.000
C – Ganho na Alienação	90.000

O Lucro Contábil, decorrente da venda do terreno é de R$ 90.000 (= 200.000 – 110.000).

Porém, em vista da possibilidade do diferimento do lucro concedida pela legislação tributária, e considerando que no ano-base de X6 foi recebido o valor equivalente a 25% do preço de venda, para fins fiscais é possível excluir 75% do lucro da operação, adiando sua tributação para exercícios futuros.

Assim, excluir-se-á do lucro líquido de X6 o valor de R$ 67.500 (R$ 90.000 × 75%) para fins de determinação do Lucro Real. Tal valor será excluído na Parte A e controlado na parte B do LALUR, para depois ser apropriado em X7 e X8 na mesma proporção do recebimento.

> **Nota**
>
> De acordo com o Princípio Contábil da Competência, se a contabilidade já reconheceu uma receita ou lucro, a despesa de Imposto de Renda deve ser reconhecida nesse mesmo período, ainda que tais receitas e lucros tenham a sua tributação diferida para efeitos fiscais, ou seja, o Imposto de Renda incidente sobre elas será pago em períodos futuros.
>
> Para efeitos contábeis, a Lei nº 11.638/2007 restringiu o conceito do Ativo Diferido. A MP nº 449/2008, por sua vez, extinguiu esse subgrupo. Dessa forma, as entidades analisaram o saldo existente nesse subgrupo na data de 31/12/07 e, no caso de saldo remanescente, deveriam reclassificar da seguinte forma:
>
> *a* para o ativo imobilizado aqueles gastos vinculados ao processo de preparação e colocação em operação de máquinas e equipamentos. Tais gastos incluem todos os custos vinculados à sua aquisição ou construção e todos os demais, necessários para colocá-los em condições de funcionamento (transporte, seguro, tributos não recuperáveis, montagem, testes etc.);
>
> *b* para o intangível aqueles gastos que se enquadrarem nesse conceito, em conformidade com a NBC T 19.8 – Adoção Inicial da Lei nº 11.638/2007 e da Medida Provisória nº 449/2008; e
>
> *c* para o resultado do período os demais gastos pré-operacionais de treinamento de pessoal administrativo ou de pessoal de vendas ou outros que não se qualifiquem nas alíneas *a* e *b*.
>
> Após as reclassificações tratadas nas alíneas *a* e *b*, as entidades tiveram a opção de manter os saldos contabilizados até 31/12/07 dos gastos pré-operacionais (que se enquadrarem na alínea *c* acima) como ativo diferido, até a sua total amortização, ou de ajustar o referido saldo à conta Lucros ou Prejuízos Acumulados.
>
> Se a entidade optou pela manutenção do Diferido como Ativo, deve manter o subgrupo Ativo Diferido no grupo Ativo Não Circulante e dar seguimento ao processo de amortização.

No período-base que abrange o mês de novembro/X7, em vista do recebimento de mais 25% do preço de venda, será adicionado ao Lucro Líquido, para fins de apuração da base de cálculo do IRPJ/CSLL, o valor de R$ 22.500, correspondente a 25% do lucro da operação. Este valor será baixado na Parte B do LALUR, restando um saldo a tributar de R$ 45.000.

No ano de X8, quando a empresa receber os restantes R$ 100.000, oferecerá à tributação o Saldo do Lucro Diferido de R$ 45.000, registrado na Parte B do LALUR, como exemplificado a seguir.

PARTE A – REGISTRO DOS AJUSTES DO LUCRO LÍQUIDO DO EXERCÍCIO				
DATA	HISTÓRICO		ADIÇÕES	EXCLUSÕES
31/12/X6	NATUREZA DOS AJUSTES Possíveis adições: ...			
31/12/X6	Exclusões:			
	Ganho de capital na alienação de imobilizado em 29/11/X6 a receber em exercícios futuros			67.500,00
	TOTAL ADIÇÕES E EXCLUSÕES		–	67.500,00
31/12/X6	DEMONSTRATIVO DO LUCRO REAL			
	RESULTADO DO PERÍODO: ...	XXXXXXXX		
	ADIÇÕES: ...			
	EXCLUSÕES:			
	Ganho de capital na alienação de imobilizado em 29/11/X6 a receber em exercícios futuros			67.500,00
	LUCRO REAL: ...	XXXXXXX		
	31 de Dezembro de X6,			
		Contador CRC/RJ		

A adição de X7 na Parte A (R$ 22.500), serve de modelo para o que deve ser feito em X8 (R$ 45.000).

PARTE A – REGISTRO DOS AJUSTES DO LUCRO LÍQUIDO DO EXERCÍCIO				
DATA	HISTÓRICO		ADIÇÕES	EXCLUSÕES
31/12/X7	NATUREZA DOS AJUSTES Adições:			
31/12/X7	Baixa do ganho na alienação		22.500,00	
31/12/X7	Exclusões:...			
	Total de Adições e Exclusões		22.500,00	–
31/12/X7	DEMONSTRATIVO DO LUCRO REAL Resultado do Período	XXXXX		
	Adições:			
	Baixa do ganho na alienação		22.500,00	
	Exclusões:			XXXXX
	LUCRO REAL	XXXXXX		
	31 de Dezembro de X7			
		Contador CRC/RJ		

PARTE B – CONTROLE DE VALORES QUE CONSTITUIRÃO AJUSTE DO LUCRO LÍQUIDO DE EXERCÍCIOS FUTUROS

CONTA: Ganho na alienação de bens do ano X6

DATA	HISTÓRICO	Mês de Ref.	Valor a Corrigir	Coef.	Controle de Valores			D/C
					Débito	Crédito	Valor Corrigido	
29/11/X6	Ganho na alienação de bens em 29/11/X6 a receber em exercícios futuros	11/X6			67.500,00		67.500,00	D
29/11/X7	Baixa do ganho na alienação de bens referente ao exercício X7	11/X7				22.500,00	45.000,00	D
29/11/X8	Baixa do ganho na alienação de bens referente ao exercício X8	11/X8				45.000,00	0	

Exemplo 2:

Uma empresa tributada pelo Lucro Real sofreu a perda total de um veículo em 30/04/X1, adquirido pelo valor de R$ 80.000. Sabe-se que a depreciação acumulada até a data do acidente era de R$ 40.000,00, o valor do prêmio do seguro foi quitado e a indenização reconhecida pela Seguradora de R$ 50.000,00. Dessa forma, a contabilização seria:

a   Contabilização pela Perda Total do Bem:

D – Despesas não operacionais

C – Veículos   80.000

b   Contabilização da Baixa do Valor da Depreciação:

D – Depreciação acumulada

C – Despesas não operacionais   40.000

Valor contábil do bem: R$ 40.000 (= 80.000 – 40.000)

c   contabilização da indenização a receber da seguradora:

D – Indenizações por Sinistro a receber (Ativo Circulante)

C – Receita não operacional   50.000

Ganho de capital: R$ 10.000 (= 50.000 – (80.000 – 40.000))

2.4.3.4 Preços de Transferência em Operações com o Exterior

Preço de transferência, também conhecido como *"Transfer Pricing"* é o valor cobrado nas operações de compra ou venda com o exterior, de bens e serviços entre pessoas vinculadas. Presume-se que esses valores podem ser diferentes do valor cobrado nas operações entre pessoas independentes.

Quanto ao IRPJ e a CSLL, pode-se dizer que o preço de transferência é um ajuste referente às despesas e custos de uma importação realizada por uma empresa compradora, que tenha operações com empresas vinculadas, caso essas operações fossem realizadas com preços menores daqueles cobrados nas operações com uma empresa independente. Havendo diferença entre este preço e o preço praticado entre as controladas/coligadas (vinculadas), a referida diferença será adicionada na apuração do Lucro Real.

Quando se tratar de exportação para pessoa vinculada, o que será averiguado é se o montante das receitas auferidas com essa exportação condiz com operações similares, praticadas com compradores não vinculados.

Nota

Pessoas Vinculadas

Conforme a IN RFB nº 1.312/2012 e o art. 23 da Lei nº 9.430/1996, consideram-se vinculadas à pessoa jurídica domiciliada no Brasil:

a   a matriz desta, quando domiciliada no exterior;

b   a sua filial ou sucursal, domiciliada no exterior;

c   a pessoa física ou jurídica, residente ou domiciliada no exterior, cuja participação societária no seu capital social a caracterize como sua controladora ou coligada, na forma definida nos §§ 1º e 2º do art. 243 da Lei nº 6.404, de 15/12/76;

d   a pessoa jurídica domiciliada no exterior que seja caracterizada como sua controlada ou coligada, na forma definida nos §§ 1º e 2º do art. 243 da Lei nº 6.404/1976;

e   a pessoa jurídica domiciliada no exterior, quando esta e a empresa domiciliada no Brasil estiverem sob controle societário ou administrativo comum ou quando pelo menos dez por cento do capital social de cada uma pertencer a uma mesma pessoa física ou jurídica;

f   a pessoa física ou jurídica, residente ou domiciliada no exterior, que, em conjunto com a pessoa jurídica domiciliada no Brasil, tiverem participação societária no capital social de uma terceira pessoa jurídica, cuja soma as caracterize como controladoras ou coligadas desta, na forma definida nos §§ 1º e 2º do art. 243 da Lei nº 6.404/1976;

g   a pessoa física ou jurídica, residente ou domiciliada no exterior, que seja sua associada, na forma de consórcio ou condomínio, conforme definido na legislação brasileira, em qualquer empreendimento;

> h a pessoa física residente no exterior que for parente ou afim até o terceiro grau, cônjuge ou companheiro de qualquer de seus diretores ou de seu sócio ou acionista controlador em participação direta ou indireta;
>
> i a pessoa física ou jurídica, residente ou domiciliada no exterior, que goze de exclusividade, como seu agente, distribuidor ou concessionário, para a compra e venda de bens, serviços ou direitos;
>
> j a pessoa física ou jurídica, residente ou domiciliada no exterior, em relação à qual a pessoa jurídica domiciliada no Brasil goze de exclusividade, como agente, distribuidora ou concessionária, para a compra e venda de bens, serviços ou direitos.

O controle fiscal dos preços de transferência é realizado das seguintes maneiras conforme o caso:

- Nas importações

    1º Apuração do preço base (preço normal das compras);

    2º Comparação do preço base com o preço praticado (preço de transferência);

    3º Sendo o preço base menor que o preço praticado, será apurada a diferença e adicionada ao LALUR como um complemento do valor da operação.

    Exemplo:

    Preço base da Cia. A, empresa vendedora estrangeira: R$ 1.000.000

    Preço praticado com a Cia. brasileira B, empresa vinculada: R$ 1.200.000

    Diferença a ser adicionada no LALUR da Cia. B: R$ 200.000 a título de sobrepreço dos custos contabilizados.

    Nesse caso, a empresa A teve receitas superavaliadas e a empresa B, custos (ou estoques) também superavaliados.

- Nas exportações:[8]

    Um esquema prático de controle fiscal desenvolvido pela Fiscosoft através do Roteiro de Procedimentos IRPJ e CSLL – Preços de Transferência – Controle Fiscal emitido em 22/1/13 pode esclarecer os procedimentos nas exportações:

---

[8] Adaptado de <www.fiscosoft.com.br>.

1º Apuração do limite (90% do valor do preço médio praticado na venda dos bens, serviços ou direitos, idênticos ou similares, no mercado brasileiro, durante o mesmo período, em condições de pagamento semelhantes);

2º Verificação de enquadramento em algum dos itens do *safe harbours* (definido em tópico abaixo);

3º Não havendo enquadramento conforme item 2º, deve ser comparado o preço praticado na exportação com pessoa vinculada com o valor obtido no item 1º;

4º Sendo o caso, devem ser realizados os ajustes.

Exemplo:

Preço médio praticado pela Cia. Brasileira W na venda de bens no mercado interno: R$ 100.000

Limite do preço médio (90%): R$ 90.000

Preço praticado na exportação para a Cia. Estrangeira E, pessoa vinculada: R$ 50.000, muito abaixo do limite do preço médio.

Diferença a ser adicionada no LALUR da Cia. W: R$ 40.000 (= R$ 90.000 − R$ 50.000), representado a renúncia de receita na operação de exportação.

O preço de transferência é um dos assuntos mais complexos em matéria tributária. Para permitir uma melhor compreensão das metodologias empregadas atualmente, foram selecionados os aspectos mais relevantes do estudo elaborado pela FISCOSOFT e apresentados nos tópicos a seguir, que podem ser de muita utilidade para aqueles que desejarem se aprofundar neste tema.

2.4.3.4.1 Controle Fiscal dos Preços de Transferência nas Importações

Os custos, despesas e encargos relativos a bens, serviços e direitos, constantes dos documentos de importação ou de aquisição, nas operações efetuadas com pessoa vinculada, somente serão dedutíveis na determinação do Lucro Real até o valor que não exceda ao preço determinado por um dos seguintes métodos:

a Método dos Preços Independentes Comparados (PIC)

Esse método é definido como a média aritmética ponderada dos preços de bens e serviços, idênticos ou similares, apurados no mercado brasileiro ou de outros países, em operações de compra e venda, em condições de pagamento semelhantes.

Por esse método, os preços dos bens, serviços ou direitos, adquiridos no exterior, de uma empresa vinculada, serão comparados com os preços de bens, serviços ou direitos, idênticos ou similares:

1   vendidos pela mesma empresa exportadora, à pessoas jurídicas não vinculadas, residentes ou não residentes;

2   adquiridos pela mesma importadora, de pessoas jurídicas não vinculadas, residentes ou não residentes;

3   em operações de compra e venda praticadas entre outras pessoas jurídicas não vinculadas, residentes ou não residentes.

De acordo com a IN RFB nº 1.312/2012, a partir de 1º/1/13, para este método somente serão consideradas as operações de compra e venda praticadas entre compradores e vendedores não vinculados. As operações utilizadas para fins de cálculo devem:

a   representar, ao menos 5% (cinco por cento) do valor das operações de importação sujeitas ao controle de preços de transferência, empreendidas pela Pessoa Jurídica, no período de apuração, quanto ao tipo de bem, direito ou serviço importado, na hipótese em que os dados utilizados para fins de cálculo digam respeito às suas próprias operações; e

b   corresponder a preços independentes realizados no mesmo ano-calendário das respectivas operações de importações sujeitas ao controle de preços de transferência.

Não havendo operações que representem 5% (cinco por cento) do valor das importações sujeitas ao controle de preços de transferência no período de apuração, o percentual poderá ser complementado com as importações efetuadas no ano-calendário imediatamente anterior, ajustado pela variação cambial do período.

Da mesma forma, não havendo preço independente no ano-calendário da importação, poderá ser utilizado preço independente relativo à operação efetuada no ano-calendário imediatamente anterior ao da importação, ajustado pela variação cambial do período.

b   Método do Preço de Revenda menos Lucro (PRL)

Conforme "Roteiro de Procedimento IRPJ e CSLL – Preços de transferência – Controle fiscal" da FISCOSOFT, emitido em 22/1/13, a partir de 2013, a determinação do custo de bens, serviços ou direitos, adquiridos no exterior, dedutível na determinação do lucro real e na base de cálculo da CSLL, poderá, também, ser efetuada pelo método do Preço de Revenda menos Lucro (PRL), definido como a média aritmética ponderada dos preços de venda, no país, dos bens, direitos ou serviços importados, em condições de pagamento semelhantes e calculados conforme a metodologia a seguir:

a   preço líquido de venda – a média aritmética ponderada dos preços de venda do bem, direito ou serviço produzido, diminuídos dos descontos incondicionais concedidos, dos impostos e contribuições sobre as vendas e das comissões e corretagens pagas;

b   percentual de participação dos bens, direitos ou serviços importados no custo total do bem, direito ou serviço vendido – a relação percentual entre o custo médio ponderado do bem, direito ou serviço importado e o custo total médio ponderado do bem, direito ou serviço vendido, calculado em conformidade com a planilha de custos da empresa;

c   participação dos bens, direitos ou serviços importados no preço de venda do bem, direito ou serviço vendido – aplicação do percentual de participação do bem, direito ou serviço importado no custo total, apurada conforme a alínea *b*, sobre o preço líquido de venda calculado de acordo com a alínea *a*;

d   margem de lucro – a aplicação dos percentuais abaixo descritos, conforme setor econômico da pessoa jurídica sujeita ao controle de preços de transferência, sobre a participação do bem, direito ou serviço importado no preço de venda do bem, direito ou serviço vendido, calculado de acordo com a alínea *c*; e

e   preço parâmetro – a diferença entre o valor da participação do bem, direito ou serviço importado no preço de venda do bem, direito ou serviço vendido, calculado conforme a alínea *c*; e a "margem de lucro", calculada de acordo com a alínea *d*.

As margens, a que se referem a alínea *d*, serão aplicadas de acordo com o setor da atividade econômica da Pessoa Jurídica brasileira, sujeita aos controles de preços de transferência e incidirão, independentemente de submissão, a processo produtivo ou não no Brasil, nos seguintes percentuais:

I   40% (quarenta por cento), para os setores de:

a   produtos farmoquímicos e farmacêuticos;

b   produtos do fumo;

c   equipamentos e instrumentos ópticos, fotográficos e cinematográficos;

d   máquinas, aparelhos e equipamentos para uso odontomédico-hospitalar;

e   extração de petróleo e gás natural; e

f   produtos derivados do petróleo;

II 30% (trinta por cento) para os setores de:

   a   produtos químicos;

   b   vidros e de produtos do vidro;

   c   celulose, papel e produtos de papel; e

   d   metalurgia; e

III 20% (vinte por cento) para os demais setores.

Os preços de venda, a serem considerados, serão os praticados pela própria empresa importadora, em operações de venda a varejo e no atacado, com compradores, pessoas físicas ou jurídicas, que não sejam a ela vinculados.

Para efeito desse método, a média aritmética ponderada do preço será calculada considerando-se os preços praticados e os custos incorridos durante todo o período de apuração da base de cálculo do Imposto sobre a Renda e da CSLL a que se referirem os custos, despesas ou encargos.

Os preços médios de aquisição e venda serão ponderados em função das quantidades negociadas, sendo que na determinação da média ponderada dos preços, serão computados os valores e as quantidades relativos aos estoques existentes no início do período de apuração. O preço parâmetro deverá ser apurado considerando-se os preços de venda no período em que os produtos forem baixados dos estoques para resultado.

Na hipótese em que a pessoa jurídica desenvolva atividades enquadradas em mais de uma margem, deverá ser adotada para fins de cálculo do PRL a margem correspondente ao setor da atividade para o qual o bem importado tenha sido destinado.

No caso de um mesmo bem importado ser revendido e aplicado na produção de um ou mais produtos, ou na hipótese de o bem importado ser submetido a diferentes processos produtivos no Brasil, devem ser calculados, de forma individual, de acordo com suas respectivas destinações, os seguintes valores, sendo que o preço parâmetro final será a média ponderada dos valores encontrados na forma aqui descrita:

   I   o custo médio ponderado de venda;

   II   o percentual de participação dos bens, direitos ou serviços importados no custo total do bem direito ou serviço vendido, nos termos já descritos neste tópico;

   III   a participação dos bens, direitos ou serviços importados no preço de venda do bem, nos termos já descritos neste tópico;

   IV   o valor da margem de lucro, nos termos já descritos neste tópico, e

   V   o preço parâmetro, nos termos já descritos neste tópico.

c Método do Custo de Produção mais Lucro (CPL)

Conforme "Roteiro de Procedimento IRPJ e CSLL – Preços de transferência – Controle fiscal" da FISCOSOFT, emitido em 22/1/13, este método pode ser definido como o custo médio de produção de bens, serviços ou direitos, idênticos ou similares, no país onde tiverem sido originariamente produzidos, acrescido dos impostos e taxas cobrados pelo referido país na exportação e de Margem de Lucro de 20%, calculada sobre o Custo Apurado.

Na apuração de preço por esse método serão considerados exclusivamente os custos referidos abaixo, incorridos na produção do bem, serviço ou direito, excluídos quaisquer outros, ainda que se refiram a margem de lucro de distribuidor atacadista.

Poderão ser computados como integrantes do custo:

1. o custo de aquisição das matérias-primas, dos produtos intermediários e dos materiais de embalagem utilizados na produção do bem, serviço ou direito;

2. o custo de quaisquer outros bens, serviços ou direitos aplicados ou consumidos na produção;

3. o custo do pessoal, aplicado na produção, inclusive de supervisão direta, manutenção e guarda das instalações de produção e os respectivos encargos sociais incorridos, exigidos ou admitidos pela legislação do país de origem;

4. os custos de locação, manutenção e reparo e os encargos de depreciação, amortização ou exaustão dos bens, serviços ou direitos aplicados na produção;

5. os valores das quebras e perdas razoáveis, ocorridas no processo produtivo, admitidas pela legislação fiscal do país de origem do bem, serviço ou direito.

Sobre este método, podemos observar que sua utilização pode ser mais restrita, principalmente pela dificuldade na obtenção das informações requeridas (juntamente com a parte do exterior), bem como em decorrência da prova documental exigida.

d Método do Preço sob a Cotação na Importação (PCI)

Com a publicação da Lei nº 12.715/2012, conversão da MP nº 563/2012, foi inserido na Lei nº 9.430/1996 o art. 18-A, o qual introduz em nosso ordenamento o Método do Preço sob Cotação na Importação (PCI), definido como os valores médios diários da cotação de bens ou direitos sujeitos a preços públicos em bolsas de mercadorias e futuros internacionalmente reconhecidas.

Os preços dos bens importados e declarados por pessoas físicas ou jurídicas residentes ou domiciliadas no país serão comparados com os preços de cotação desses bens, constantes em bolsas de mercadorias e futuros internacionalmente reconhecidas, ajustados para mais ou para menos, do prêmio médio de mercado, na data da transação, nos casos de importação de:

a   pessoas físicas ou jurídicas vinculadas;

b   residentes ou domiciliadas em países ou dependências com tributação favorecida; ou

c   pessoas físicas ou jurídicas beneficiadas por regimes fiscais privilegiados.

Não havendo cotação disponível para o dia da transação, deverá ser utilizada a última cotação conhecida, e não havendo cotação dos bens em bolsas de mercadorias e futuros internacionalmente reconhecidas, os preços dos bens importados poderão ser comparados com os obtidos a partir de fontes de dados independentes fornecidas por instituições de pesquisa setoriais internacionalmente reconhecidas.

Na hipótese de ausência de identificação da data da transação, a conversão será efetuada considerando-se a data do registro da declaração de importação de mercadoria.

Consideram-se *commodities* para fins de aplicação do PCI, os produtos listados no **Anexo I**, bem como os demais produtos negociados nas bolsas de mercadorias e futuros listados no **Anexo II**, ambos da Instrução Normativa RFB nº 1.312/2012.

2.4.3.4.2 *Controle Fiscal dos Preços de Transferência nas Exportações*

A expressão *Safe Harbours* (ou "porto seguro" em tradução literal), pode ser conceituada, para fins dos preços de transferência, como parâmetros que, se obedecidos, dispensarão as transações da aplicação da legislação do controle fiscal dos preços de transferência.

O controle fiscal dos preços de transferência nas exportações, deve ser iniciado pela verificação do *safe harbours*. Após essa verificação, passa-se a calcular os métodos, para fins do ajuste fiscal. Desta forma, pode-se enumerar três itens a serem verificados, antes de proceder ao cálculo dos métodos:

a   preço de venda nas exportações igual ou superior a 90% do preço médio praticado na venda dos bens, serviços ou direitos, idênticos ou similares, realizada no mercado brasileiro durante o mesmo período, em condições de pagamento semelhantes (considerando os ajustes permitidos);

b lucro líquido, antes da provisão da CSLL e do Imposto de Renda, decorrente das Receitas de Vendas nas exportações para empresas vinculadas, em valor equivalente a, no mínimo, 5% do total dessas receitas, considerando a média anual do período de apuração e dos dois anos precedentes;

c receita líquida das exportações, no ano-calendário, não exceder a 5% do total da receita líquida no mesmo período.

As receitas auferidas nas operações efetuadas com pessoa vinculada ficam sujeitas a arbitramento quando o preço médio de venda dos bens, serviços ou direitos, nas exportações efetuadas durante o respectivo período de apuração da base de cálculo do Imposto de Renda e da CSLL, for inferior a 90% do preço médio praticado na venda dos bens, serviços ou direitos, idênticos ou similares, no mercado brasileiro, durante o mesmo período, em condições de pagamento semelhantes.

O preço médio referido acima será obtido pela multiplicação dos preços praticados, pelas quantidades relativas a cada operação e os resultados apurados serão somados e divididos pela quantidade total, determinando-se, assim, o preço médio ponderado.

Caso a pessoa jurídica não efetue operações de venda no mercado interno, a determinação dos preços médios será efetuada com dados de outras empresas que pratiquem a venda de bens, serviços ou direitos, idênticos ou similares, no mercado brasileiro.

Somente serão consideradas as operações de compra e venda praticadas, no mercado brasileiro, entre compradores e vendedores não vinculados.

Para efeito de comparação, o preço de venda:

a no mercado brasileiro, deverá ser considerado líquido dos descontos incondicionais concedidos, do ICMS, do ISS, das contribuições COFINS e PIS/PASEP, de outros encargos cobrados pelo Poder Público, do frete e do seguro, suportados pela empresa vendedora;

b nas exportações, será tomado pelo valor depois de diminuído dos encargos de frete e seguro, cujo ônus tenha sido da empresa exportadora.

2.4.3.5 Baixa no imobilizado e intangível

A baixa de um bem constante do ativo imobilizado somente poderá ser realizada na contabilidade, se ocorrer a efetiva retirada física do bem das dependências da empresa ou de local onde ela o tenha instalado. Assim, essa baixa somente será realizada se ocorrer a sua alienação, liquidação ou baixa por perecimento, extinção, desgaste, obsolescência ou exaustão, com a consequente retirada física do bem.

No caso do bem permanecer em quaisquer dos estabelecimentos da pessoa jurídica (ou de terceiros, por sua conta) após a baixa contábil do mesmo, não há como apresentar, em eventual fiscalização, um documento hábil que comprove o registro da retirada física do bem. Desta forma, caso não haja comprovação idônea de toda a rotina contábil-fiscal praticada, o custo da baixa do imobilizado será adicionado à apuração do Lucro Real e da base de cálculo da CSLL, conforme Decisão abaixo:

> *DECISÃO nº 3.784 em 29/4/2003*
>
> *Órgão: Delegacia da Receita Federal de Julgamento no Rio de Janeiro I/3ª Turma ALIENAÇÃO. BAIXA DE BENS DO ATIVO PERMANENTE. O custo das baixas do imobilizado por obsolescência ou por alienação só é dedutível se respaldado por documentação hábil [...]. (Data da Decisão: 29/4/03 – publicado no site da Secretaria Receita Federal)*

2.4.3.6 Distribuição Disfarçada de Lucro

Considera-se Distribuição Disfarçada de Lucros (DDL), os negócios realizados entre a Pessoa Jurídica e as pessoas a esta ligada que presumam intenção de favorecimento.

Para a legislação, são consideradas pessoas ligadas à Pessoa Jurídica: sócio ou acionista, mesmo quando outra Pessoa Jurídica; administrador ou o titular da pessoa jurídica; e cônjuge e os parentes até o terceiro grau, inclusive os afins, do sócio, pessoa física, bem como do administrador ou do titular.

Nesse sentido, um exemplo ilustrativo seria a alienação, por valor notoriamente inferior ao de mercado, de bem pertencente ao seu ativo imobilizado à pessoa ligada. Deverá ser adicionada ao Lucro Líquido a diferença entre o valor de mercado e o de alienação do respectivo bem, para fins de apuração do Lucro Real e da base de cálculo da CSLL.

Exemplo 1:

A empresa Gama, composta pelos sócios A, B, C e D adquiriu um veículo no valor de R$ 65.000. Pouco tempo depois, este bem foi vendido à empresa Delta, cujo sócio majoritário é cunhado de B, pelo valor de R$ 2.000.

Percebe-se que o valor de alienação é ostensivamente menor que o valor de mercado, logo, para efeito fiscal, a empresa Gama deverá adicionar o valor de R$ 63.000 ao Lucro Líquido para cálculo de IRPJ e CSLL. Esse valor terá efeito de uma receita que não teria sido apropriada corretamente no período.

Ressalte-se, ainda, que, quando ocorrer uma aquisição por valor notoriamente superior ao de mercado e o bem pertencer à pessoa ligada, a diferença entre o custo de aquisição do bem pela Pessoa Jurídica e o valor de mercado não constituirá custo ou prejuízo dedutível na posterior alienação ou baixa, inclusive por depreciação, amortização ou exaustão.

Exemplo 2:

A empresa *Gama*, composta pelos sócios A, B, C e D comprou da empresa *Eco*, cujo sócio é irmão de A, um equipamento de compressão no valor de R$ 500.000, embora seu valor de mercado fosse de R$ 40.000.

No momento em que Empresa Gama alienar este bem, pelo valor de mercado (R$ 40.000), ela não poderá registrar no LALUR como prejuízo o valor de R$ 460.000 (=500.000 – 40.000).

Esse montante será adicionado ao Lucro Líquido para efeito de IRPJ e CSLL.

O mesmo enfoque interpretativo será adotado em toda operação com pessoa ligada, quando houver beneficiamento explícito entre as partes. A diferença entre o valor praticado no mercado e o valor da "operação" será oferecido à tributação, sendo adicionado ao Lucro Líquido no LALUR.

Ocorrendo perda em decorrência do não exercício de direito à aquisição de bem arrendado e em benefício de pessoa ligada, ocorrendo pagamento de sinal, depósito em garantia ou importância paga para obter opção de aquisição, esta também deverá ser adicionada ao Lucro Líquido para efeito de apuração do Lucro Real e da base de cálculo da CSLL.

Exemplos:

- A transferência de direito à pessoa ligada, sem pagamento ou por valor inferior ao de mercado, de direito de preferência à subscrição de valores mobiliários de emissão da companhia, deverá ser adicionada ao Lucro Líquido. A parcela que compõe a adição será a diferença entre o valor de mercado e o de alienação.

- Pagamento a pessoa ligada de aluguéis, *royalties* ou assistência técnica em montante que excede notoriamente ao valor de mercado, também indica que houve a DDL. Dessa forma, todos os valores pagos a título de *royalties* serão adicionados, como já previsto na legislação vigente. Porém, para apuração da base de cálculo da CSLL deverá ser adicionada a diferença entre o valor pago de *royalties* e o valor de mercado.

- Realização com pessoa ligada de qualquer outro negócio em condições de favorecimento, assim entendidas condições mais vantajosas para a pessoa ligada do que as que prevaleçam no mercado ou que a pessoa jurídica contrataria com terceiros, deverão ser adicionadas na sua totalidade.

2.5 Imposto sobre Produtos Industrializados (IPI)

O IPI é o imposto, de competência da União, incidente sobre produtos industrializados, nacionais ou estrangeiros. Considera-se industrializado o produto que tenha sido submetido a qualquer operação que lhe modifique a natureza ou a finalidade, ou o aperfeiçoe para o consumo.

Todos os produtos tributados pelo IPI têm suas especificações constantes na Tabela de Incidência do Imposto sobre Produtos Industrializados (TIPI). O campo de incidência do imposto abrange todos os produtos com alíquota, ainda que igual a zero, relacionados na TIPI, observadas as disposições contidas nas respectivas notas complementares, exceto aqueles a que corresponde a notação Não Tributado (NT).

Além da CF/1988, este imposto tem suas regras estabelecidas no Regulamento do Imposto sobre Produtos Industrializados (RIPI) (Decreto nº 7.212/2010).

Constitucionalmente o IPI é definido como não cumulativo, seletivo e indireto nos seguintes termos:

- ✓ não cumulativo – o imposto acumulado de operações anteriores pode ser compensado nas operações seguintes, ficando o ônus com o consumidor final.
- ✓ seletivo – em função da essencialidade do produto, ou seja, produtos essenciais à manutenção da sobrevivência têm prioridade de alíquotas menores ou reduzidas a zero.
- ✓ indireto – incide sobre o preço do produto e não sobre o lucro da operação.

2.5.1 Industrialização

Produto industrializado é o resultante de qualquer operação definida no RIPI como industrialização, mesmo incompleta, parcial ou intermediária.

Caracteriza industrialização qualquer operação que modifique a natureza, o funcionamento, o acabamento, a apresentação ou a finalidade do produto ou o aperfeiçoe para consumo, tais como:

Operações	Exemplos
I – a que, exercida sobre matéria-prima ou produto intermediário, importe na obtenção de espécie nova (transformação)	Transformar tecido em roupa
II – a que importe em modificar, aperfeiçoar ou, de qualquer forma, alterar o funcionamento, a utilização, o acabamento ou a aparência do produto (beneficiamento)	Impermeabilização de tecido
III – a que consista na reunião de produtos, peças ou partes e de que resulte um novo produto ou unidade autônoma, ainda que sob a mesma classificação fiscal (montagem)	Montagem de veículos ou computadores
IV – a que importe em alterar a apresentação do produto, pela colocação da embalagem, ainda que em substituição da original, salvo quando a embalagem colocada se destine apenas ao transporte da mercadoria (acondicionamento ou reacondicionamento)	Reacondicionamento de 20 litros de cloro em embalagens de 2 litros
V – a que, exercida sobre produto usado ou parte remanescente de produto deteriorado ou inutilizado, renove ou restaure o produto para utilização (renovação ou recondicionamento)	Recondicionamento de motores e amortecedores

Ressalte-se que nas operações destacadas, para caracterizar industrialização, devem ser exercidas em produtos ou mercadorias pertencentes ao próprio industrializador ou encomendante.

Quando forem exercidas em produtos de terceiros (consumidor final), a tributação do IPI será afastadas, dando lugar à incidência do Imposto sobre Serviços (ISS), de competência dos Municípios, conforme será visto no capítulo IV (Tributos Municipais).

A industrialização será caracterizada pela análise do resultado que o processo exerce sobre o produto. Independentemente do processo, dos equipamentos e das instalações, o produto poderá ser considerado industrializado.

Nota

A maior parte das atividades poderiam ser enquadradas como industrialização, mas a legislação se encarregou de excluir algumas hipóteses, apesar de ser possível identificar características de processo industrial em cada uma delas. São exemplos de atividades que não são consideradas industrialização:

I   o preparo de produtos alimentares, não acondicionados em embalagem de apresentação:

   a   na residência do preparador ou em restaurantes, bares, sorveterias, confeitarias, padarias, quitandas e semelhantes, desde que os produtos se destinem a venda direta a consumidor;

   b   em cozinhas industriais, quando destinados a venda direta a corporações, empresas e outras entidades, para consumo de seus funcionários, empregados ou dirigentes;

II   o preparo de refrigerantes, à base de extrato concentrado, por meio de máquinas, automático ou não, em restaurantes, bares e estabelecimentos similares, para venda direta a consumidor;

III a confecção ou preparo de produto de artesanato;

IV   a confecção de vestuário, por encomenda direta do consumidor ou usuário, em oficina ou na residência do confeccionador;

V   o preparo de produto, por encomenda direta do consumidor ou usuário, na residência do preparador ou em oficina, desde que, em qualquer caso, seja preponderante o trabalho profissional;

VI   a manipulação em farmácia, para venda direta a consumidor, de medicamentos oficinais e magistrais, mediante receita médica;

VII a mistura de tintas entre si, ou com concentrados de pigmentos, sob encomenda do consumidor ou usuário, realizada em estabelecimento varejista, efetuada por máquina automática ou manual, desde que fabricante e varejista não sejam empresas interdependentes, controladora, controlada ou coligada.

Nesses exemplos, e em muitos outros casos, não haverá incidência do Imposto sobre Produtos Industrializados em obediência aos preceitos legais que regem a matéria, desde que as condições impostas pelas normas sejam integralmente atendidas pela empresa que desenvolver tais atividades.

2.5.2 *Fato Gerador*

Fato gerador é a ocorrência de uma situação ou evento, a partir do qual o tributo passa a ser devido. São exemplos de fatos geradores do IPI:

I – o desembaraço aduaneiro de produto de procedência estrangeira;

II – a saída de produto do estabelecimento industrial, ou equiparado a industrial.

Mas existem algumas situações que não constituem fato gerador do imposto, dentre outros:

1   o desembaraço aduaneiro de produto nacional que retorne ao Brasil, nos seguintes casos:

    a   quando enviado em consignação para o exterior e não vendido nos prazos autorizados;

    b   por defeito técnico que exija sua devolução, para reparo ou substituição;

    c   em virtude de modificações na sistemática de importação do país importador;

    d   por motivo de guerra ou calamidade pública;

    e   por quaisquer outros fatores alheios à vontade do exportador;

2   a saída de produtos por motivo de mudança de endereço do estabelecimento.

2.5.3 Contribuintes: industrial e equiparado

Contribuinte industrial é aquele cuja atividade principal é a industrialização e dela resulte produto tributado, mesmo que à alíquota zero ou com isenção. Já o contribuinte equiparado, como o próprio nome sugere, não tem como atividade principal o ato de industrializar, porém suas operações recebem o mesmo tratamento tributário que a industrialização. Pode-se tomar como exemplo da equiparação os estabelecimentos importadores que derem saída a produtos estrangeiros ou também os estabelecimentos, ainda que varejistas, que receberem, para comercialização, diretamente da repartição que os liberou, produtos importados por outro estabelecimento da mesma firma, conforme Decreto nº 7.212/2010.

São obrigados ao pagamento do IPI como contribuintes, porque incorreram no fato gerador:

I   o importador, em relação ao fato gerador decorrente do desembaraço aduaneiro de produto de procedência estrangeira;

II   o industrial, em relação ao fato gerador decorrente da saída de produto que industrializar em seu estabelecimento, bem assim quanto aos demais fatos geradores decorrentes de atos que praticar;

III   o estabelecimento equiparado a industrial, quanto ao fato gerador relativo aos produtos que dele saírem, bem assim quanto aos demais fatos geradores decorrentes de atos que praticar;

108 Contabilidade Tributária • Andrade, Lins e Borges

IV os que consumirem ou utilizarem em outra finalidade, ou remeterem a pessoas que não sejam empresas jornalísticas ou editoras, o papel destinado à impressão de livros, jornais e periódicos, quando alcançado pela imunidade.

2.5.3.1 Responsáveis

A legislação elegeu pessoas como responsáveis pelo pagamento do imposto, apesar de não praticarem o fato gerador correspondente.

São obrigados ao pagamento do imposto como responsáveis, dentre outros:

I o transportador, em relação aos produtos tributados que transportar, desacompanhados da documentação comprobatória de sua procedência;

II o possuidor ou detentor, em relação aos produtos tributados que possuir ou mantiver para fins de venda ou industrialização, nas mesmas condições do inciso anterior;

III os que desatenderem as normas e requisitos a que estiver condicionada a imunidade, a isenção ou a suspensão do imposto;

IV a pessoa física ou jurídica que não seja empresa jornalística ou editora, em cuja posse for encontrado o papel, destinado à impressão de livros, jornais e periódicos.

> **Nota**
>
> Estabelecimento industrial é o que executa qualquer das operações de industrialização, de que resulte produto tributado, ainda que de alíquota zero ou isento.

2.5.4 *Produtos imunes, com isenção, suspensão, diferimento e não incidência*

Existem alguns conceitos muito importantes quando o assunto é IPI. Conforme já comentado no Capítulo 1, segue abaixo um maior detalhamento desses conceitos, demonstrando-se a diferença entre eles.

✓ Imunidade: é uma hipótese de não incidência tributária constitucionalmente qualificada, ou seja, é uma proteção que a Constituição Federal confere aos contribuintes ou aos produtos nela especificados.

✓ Isenção: situação de não incidência legalmente qualificada, ou uma exclusão do crédito tributário, pois embora tenha acontecido o fato gerador do tributo (haja incidência), o ente tributante está impedido, por meio legal, de constituir e cobrar o crédito tributário.

✓ Suspensão: há incidência do imposto, porém ocorre a transferência do momento de incidência, ou seja, a cobrança do imposto é postergada sem alterar o sujeito passivo da obrigação tributária.

✓ Diferimento: a última pessoa que participa da cadeia de industrialização da mercadoria é quem paga o tributo integralmente, inclusive relativamente às operações anteriormente praticadas e/ou seus resultados.

✓ Não incidência: se dá quando ocorrem fatos não abordados na hipótese de incidência do tributo (fatos tributariamente irrelevantes). Muitas vezes, a legislação específica contempla as hipóteses de não incidência em seu texto, mas é apenas um reforço, pois a incidência só admite os fatos geradores definidos ou identificados expressamente.

2.5.4.1 Imunidade

São imunes da incidência do imposto:

I os livros, jornais, periódicos e o papel destinado à sua impressão (Constituição, art. 150, inciso VI, alínea *d*);

II os produtos industrializados destinados ao exterior (Constituição, art. 153, § 3º, inciso III);

III o ouro, quando definido em lei como ativo financeiro ou instrumento cambial (Constituição, art. 153, § 5º);

IV a energia elétrica, derivados de petróleo, combustíveis e minerais do País (Constituição, art. 155, § 3º).

Se a imunidade estiver condicionada à destinação do produto, e a este for dado destino diverso, ficará o responsável pelo fato sujeito ao pagamento do imposto e da penalidade cabível, como se a imunidade não existisse.

2.5.4.2 Isenções

As isenções do imposto se referem ao produto e não ao contribuinte ou adquirente. Se a isenção estiver condicionada à destinação do produto e a este for dado destino diverso do previsto, estará o responsável pelo fato sujeito ao pagamento do imposto e da penalidade cabível, como se a isenção não existisse.

São isentos do imposto, dentre outros:

110 Contabilidade Tributária • Andrade, Lins e Borges

I os produtos industrializados por instituições de educação ou de assistência social, quando se destinem, exclusivamente, a uso próprio ou a distribuição gratuita a seus educandos ou assistidos, no cumprimento de suas finalidades;

II as amostras de produtos para distribuição gratuita, de diminuto ou nenhum valor comercial, assim considerados os fragmentos ou partes de qualquer mercadoria, em quantidade estritamente necessária a dar a conhecer a sua natureza, espécie e qualidade;

III os pés isolados de calçados, conduzidos por viajante do estabelecimento industrial, desde que tenham gravada, no solado, a expressão "Amostra para Viajante";

IV as aeronaves de uso militar, e suas partes e peças, vendidas à União;

V os caixões funerários;

VI a bagagem de passageiros desembaraçada com isenção do Imposto de Importação na forma da legislação pertinente;

VII as embarcações, exceto as recreativas e as esportivas;

VIII os equipamentos, máquinas, aparelhos e instrumentos, bem assim os acessórios, sobressalentes e ferramentas que, em quantidade normal, acompanhem esses bens, destinados à pesquisa e ao desenvolvimento tecnológico, quando adquiridos por empresas industriais e agropecuárias nacionais que executarem Programas de Desenvolvimento Tecnológico Industrial (PDTI) e Programas de Desenvolvimento Tecnológico Agropecuário (PDTA).

2.5.4.3 Suspensão

Poderão sair com suspensão do imposto, por exemplo:

I os produtos remetidos pelo estabelecimento industrial, ou equiparado a industrial, diretamente a exposição em feiras de amostras e promoções semelhantes;

II os produtos remetidos pelo estabelecimento industrial, ou equiparado a industrial, a depósitos fechados ou armazéns-gerais, bem assim aqueles devolvidos ao remetente;

III os produtos, destinados à exportação, que saíam do estabelecimento industrial para:

a empresas comerciais exportadoras, com o fim específico de exportação;

b recintos alfandegados;

c outros locais onde se processe o despacho aduaneiro de exportação;

Tributos Federais **111**

IV os produtos remetidos, para industrialização ou comércio, de um para outro estabelecimento, industrial ou equiparado a industrial, da mesma firma;

V os bens do ativo imobilizado remetidos pelo estabelecimento industrial a outro estabelecimento, para serem utilizados no processo industrial de produtos encomendados pelo remetente, desde que devam retornar ao estabelecimento encomendante, após o prazo fixado para a fabricação dos produtos;

VI as partes e peças destinadas ao reparo de produtos com defeito de fabricação, quando a operação for executada gratuitamente por concessionários ou representantes, em virtude de garantia dada pelo fabricante.

2.5.5 Base de cálculo em operações internas e importações

O imposto será calculado mediante aplicação das alíquotas, constantes da TIPI, sobre o valor tributável dos produtos, o que não exclui outra modalidade de cálculo do imposto estabelecida em legislação específica. Salvo disposição em contrário, constitui valor tributável:

I dos produtos de procedência estrangeira

a o valor que servir ou que serviria de base para o cálculo dos tributos aduaneiros, por ocasião do despacho de importação, acrescido do montante desses tributos e dos encargos cambiais efetivamente pagos pelo importador ou dele exigíveis. Assim, em uma importação, a base de cálculo do IPI seria o valor do produto, acrescido do valor do frete e seguro (caso haja), convertidos pela taxa de câmbio registrada no momento da importação e acrescido com o valor do Imposto de Importação (II). Dessa forma, exemplifica-se com os valores abaixo:

Produto importado: US$ 40,000

Seguro: US$ 200

Frete: US$ 500

Imposto de Importação (II): 14%

IPI: 5%

Taxa de câmbio: 1,7234

Base de cálculo do IPI:

✓ Cálculo da conversão: (US$ 40,000 + 200 + 500) × 1,7234 = R$ 70.142,38

✓ Acréscimo do II: [70.142,38 + (70.142,38 × 14%)] = R$ 79.962,31

IPI apurado: 79.962,31 × 5% = R$ 3.998,11

b   o valor total da operação de que decorrer a saída do estabelecimento importador, equiparado a industrial;

II   dos produtos nacionais

O valor total da operação de que decorrer a saída do estabelecimento industrial ou equiparado a industrial. Assim, supondo que o valor de um compressor no registro de saída seja R$ 35.000, essa será a base de cálculo para o IPI.

Não podem ser deduzidos do valor da operação os descontos, diferenças ou abatimentos, concedidos a qualquer título, ainda que incondicionalmente.

2.5.6 Alíquotas (TIPI)

A Tabela de Incidência do IPI (TIPI) (Decreto nº 7.660/2011), visa unificar o tratamento dado à tributação do IPI, no que se refere à aplicação de alíquota para cada produto. Nela os produtos são separados por grupos e listados de acordo com o seu código Nomenclatura Comum do Mercosul (NCM), que corresponde à sua classificação fiscal. O agrupamento de produtos na tabela obedece a lógica da semelhança de uso ou de composição e características. São listados todos os produtos negociados, inclusive suas partes e componentes e a alíquota correspondente. A utilização da expressão "NT" significa "Não Tributado", indicando que o imposto não alcança o produto e as obrigações acessórias não serão exigidas. No entanto, quando for indicado que a alíquota é zero, o produto se submete a todas as regras do imposto.

A tabela completa pode ser consultada no sítio da Receita Federal na Internet, mas, apenas para ilustrar sua estrutura, alguns exemplos aparecem destacados a seguir.

NCM	DESCRIÇÃO	ALÍQUOTA (%)
0.01	Cavalos, asininos e muares, vivos	
0101.2	– Cavalos:	
0101.21.00	• Reprodutores de raça pura	NT
0101.29.00	• Outros	NT
0101.30.00	– Asininos	NT
0101.90.00	– Outros	NT
01.02	Animais vivos da espécie bovina	
0102.2	– Bovinos domésticos:	
0102.21	• Reprodutores de raça pura	

0102.21.10	Prenhes ou com cria no pé	NT
0102.21.90	Outros	NT
0102.29	• Outros	
0102.29.1	Para reprodução	
0102.29.11	Prenhes ou com cria no pé	NT
0102.29.19	Outros	NT
01102.29.90	Outros	NT

61.05	Camisas de malha, de uso masculino	
6105.10.00	– De algodão	0
6105.20.00	– De fibras sintéticas ou artificiais	0
6105.90.00	– De outras matérias têxteis	0
61.06	Camisas, blusas, blusas *chemisiers*, de malha, de uso feminino	
6106.10.00	– De algodão	0

6309.00	Artefatos de matérias têxteis, calçados, chapéus, e artefatos de uso semelhante, usados	
6309.00.10	Vestuário, seus acessórios, e suas partes	NT
6309.00.90	Outros	NT

73.24	Artefatos de higiene ou de toucador, e suas partes, de ferro fundido, ferro e aço	
7324.10.00	– Pias e lavatórios, de aço inoxidável	5
7324.2	– Banheiras:	
7324.21.00	• De ferro fundido, mesmo esmaltadas	10
7324.29.00	• Outras	10
7324.90.00	– Outros, incluindo as partes	10

92.01	Pianos, mesmo automáticos; cravos e outros instrumentos de cordas, com teclado	
9201.10.00	– Pianos verticais	0
9201.20.00	– Pianos de cauda	0
9201.90.00	– Outros	0

92.02	Outros instrumentos musicais de cordas (por exemplo, violões, violinos, harpas)	
9202.10.00	– De cordas, tocados com o auxílio de um arco	0
9202.90.00	– Outros	0
92.05	Instrumentos musicais de sopro (por exemplo, órgãos de tubos e teclado, acordeões, clarinetes, trompetes, gaitas de foles), exceto os órgãos mecânicos de feira e os realejos	
9205.10.00	– Instrumentos denominados "metais"	0
9205.90.00	– Outros	0

9303.10.00	– Armas de fogo	45
9303.20.00	– Outras espingardas e carabinas de caça ou de tiro ao alvo, com pelo menos um cano liso	45
9303.30.00	– Outras espingardas e carabinas de caça ou de tiro ao alvo	45
9303.90.00	– Outros	45
	Ex 01 – Pistolas de sinalização	30

9603.2	– Escovas de dentes, escovas e pincéis de barba, escovas para cabelos, para cílios ou para unhas e outras escovas de toucador de pessoas, incluindo as que sejam partes de aparelhos:	
9603.21.00	• Escovas de dentes, incluindo as escovas para dentaduras	0
9603.29.00	Outros	0

As alíquotas do imposto, presumidamente, incorporam o princípio de que a tributação deve ser proporcional à essencialidade do produto. Assim, os produtos mais essenciais, como alimentação e vestuário, devem ter alíquotas menores do que os produtos supérfluos, como perfumes e veículo de passeio.

Ressalte-se que o IPI é do tipo "imposto por fora", ou seja, seu valor deve ser somado ao valor da mercadoria para se obter o valor total da transação. Diferente do ICMS, que é um imposto "por dentro", ou seja, o preço do produto já embute seu valor.

Segundo o princípio da não cumulatividade, o IPI incidente sobre as saídas (i) poderá ser compensado com o IPI incidente nas entradas (ii) de mercadorias.

Se a diferença (i – ii) for positiva, haverá imposto a pagar, mas se for negativa, haverá imposto a ser recuperado nas operações de saída subsequentes.

> **Nota**
>
> As saídas tributadas geram débito do IPI. As entradas tributadas geram crédito do imposto. Entretanto, o direito ao crédito somente será permitido para as operações destinadas a aplicação no processo produtivo, como no caso de matéria-prima e produtos intermediários. Será vedado o aproveitamento do crédito das outras operações, tais como material de uso e consumo ou ativo imobilizado, mesmo que o imposto tenha sido destacado no documento fiscal.

2.5.7 Contabilização

Suponha uma empresa industrial que tenha adquirido no mercado nacional, para pagar em 60 dias, os produtos abaixo caracterizados que serão utilizados na produção de 500 unidades do produto "P", aos quais devem ser acrescidos R$ 12,00 de mão de obra e R$ 16,00 de gastos indiretos de fabricação, ambos com vencimento no mês seguinte, desprezados os efeitos tributários sobre a folha de pagamento.

Suponha, também, que a citada empresa tenha completado, no mesmo mês, toda a produção e vendido 100% dos produtos acabados, para receber em 30 dias. Descritas no quadro a seguir as informações do movimento do ano X1.

Data	Cliente/Forne-cedor/UF	NF nº	Produto	Valor da mercadoria	IPI	Obs.:
1º/5/X1	Forn. A/RJ	156	Ferro	12.500,00	12%	Mat.-prima
2/5/X1	Forn. B/PR	450	Latão	6.000,00	16%	Mat.-prima
3/5/X1	Forn. C/SP	1236	Solda	1.400,00	5%	Mat.-prima
Total das entradas				19.900,00		
4/5/X1	Cli. X/RJ	344	Prod. P	12.000,00	4%	120 unid.
5/5/X1	Cli. Y/SP	345	Prod. P	30.000,00	4%	300 unid.
6/5/X1	Cli. Z/RS	346	Prod. P	8.000,00	4%	80 unid.
Total das saídas				50.000,00		

Desprezados os demais aspectos contábeis e tributários que envolvem a questão, pode-se contabilizar os eventos da seguinte maneira:

116 Contabilidade Tributária • Andrade, Lins e Borges

– Pela aquisição dos insumos e a apropriação do IPI e ICMS:

D – Estoque de matéria-prima . . . 19.900 (= 12.500 + 6.000 + 1.400)

D – IPI a recuperar. . . . . 2.530 [= (12.500 × 12%) +
(6.000 × 16%) + (1.400 × 5%)]

C – Fornecedores 22.430

e

D – ICMS a recuperar

C – Estoque de matéria-prima   3.263 [(12.500 × 19%) + (6.000 × 12%)
+ (1.400 × 12%)]

Obs.: Os percentuais de ICMS acima são as alíquotas interestaduais ou praticadas internamente pelos Estados onde a matéria-prima foi comprada, conforme informado no enunciado do exemplo (RJ, PR, SP).

– Pela apropriação dos custos aos produtos em fabricação:

D – Produtos em Processo

C – Estoque de matéria-prima . . . . 16.637 (19.900 – 3.263)

D – Produtos em Processo

C – Salários a pagar (mão de obra) . . . . 6.000 (500 produtos × R$ 12)

D – Produtos em Processo

C – Contas a pagar (gastos indiretos) . . . 8.000 (500 produtos × R$ 16)

– Pela transferência dos produtos fabricados no período para o estoque:

D – Produtos Acabados

C – Produtos em Processo . . . . 30.637 (16.637 + 6.000 + 8.000)

– Pela venda dos produtos no período (apropriação do IPI e ICMS)[9]

D – Clientes 52.000

C – Receita com vendas . . . . 50.000 (12.000 + 30.000 + 8.000)

C – IPI a pagar . . . . 2.000 [(12.000 × 4%) + (30.000 ×
4%) + (8.000 × 4%)]

e

---

[9] No Estado do RJ a alíquota básica é de 18%, mas a legislação exige o acréscimo de 1% a título de fundo de combate a pobreza, perfazendo então um total de 19%, conforme detalhado no Capítulo 3.

D – ICMS sobre vendas

C – ICMS a pagar . . . . 6.840 [(12.000 × 19%) + (30.000
× 12%) + (8.000 × 12%)]

Obs.: Os percentuais acima são as alíquotas de ICMS praticadas nos Estados onde o produto foi vendido, conforme informado no enunciado do exemplo (RJ, SP, RS).

– Pela apropriação dos custos no resultado do período:

D – Custo do produto vendido (CPV)

C – Produtos Acabados 30.762

– Pela apuração do IPI e ICMS:

D – IPI a pagar

C – IPI a recuperar 2.000

e

D – ICMS a pagar

C – ICMS a recuperar 3.138

2.5.8 Escrituração Fiscal

Conforme Regulamento do IPI vigente, faz-se obrigatório a escrituração, dentre outros, dos livros fiscais de entrada, saída e apuração do IPI para os contribuintes do referido imposto. São registros que tem por objetivo demonstrar detalhadamente cada operação do imposto, bem como sua apuração consolidada por mês.

2.5.8.1 Livro de Entrada, Saída e Apuração

Nos livros fiscais,[10] algumas siglas são utilizadas com bastante frequência, como é o caso do Código Fiscal das Operações e Prestações (CFOP). Cada operação mercantil/industrial tem um código único em todo território nacional. Desta forma, a operação é indicada na nota fiscal e nos livros fiscais de acordo com o código informado, cuja relação completa pode ser consultada no *site* da Receita Federal, em <www.receita.fazenda.gov.br>.

---

[10] Os modelos oficiais dos Livros de Entradas, Saídas e Apuração estão disponíveis em <http://www.fazenda.gov.br/confaz>.

O CFOP, para caracterizar uma entrada de mercadorias, deverá iniciar pelos algarismos *1*, *2* ou *3*. Classificam-se, nestes grupos, as operações ou prestações em que o estabelecimento adquirente e o remetente estejam localizados em unidade da Federação igual, diversa ou em países diferentes, respectivamente.

O CFOP para caracterizar uma saída de mercadorias deverá iniciar pelos algarismos *5*, *6* e *7*. Classificam-se, nestes grupos, as operações ou prestações em que o estabelecimento remetente e o adquirente estejam localizados em unidade da Federação igual, diversa ou em países diferentes, respectivamente.

A seguir, alguns exemplos de CFOP, que serão complementados no capítulo de impostos estaduais. Resumidamente, destacam-se:

1.101 – Compra para industrialização (entrada do mesmo Estado)

Classificam-se neste código as compras de mercadorias a serem utilizadas em processo de industrialização. Também serão classificadas neste código as entradas de mercadorias em estabelecimento industrial de cooperativa, recebidas de seus cooperados ou de estabelecimento de outra cooperativa.

2.101 – Compra para industrialização (entrada de um Estado diferente)

Classificam-se neste código as compras de mercadorias a serem utilizadas em processo de industrialização. Também serão classificadas neste código as entradas de mercadorias em estabelecimento industrial de cooperativa recebidas de seus cooperados ou de estabelecimento de outra cooperativa.

5.101 – Venda de produção do estabelecimento (saída para o mesmo Estado)

Classificam-se neste código as vendas de produtos industrializados no estabelecimento. Também serão classificadas neste código as vendas de mercadorias por estabelecimento industrial de cooperativa destinadas a seus cooperados ou a estabelecimento de outra cooperativa.

6.101 – Venda de produção do estabelecimento (saída para um Estado diferente)

Classificam-se neste código as vendas de produtos industrializados no estabelecimento. Também serão classificadas neste código as vendas de mercadorias por estabelecimento industrial de cooperativa destinadas a seus cooperados ou a estabelecimento de outra cooperativa.

Abaixo segue um resumo das informações contidas no Livro registro de Apuração do IPI, com base no exemplo anterior. Na coluna "Isentas/Não Tributadas" serão lançados os valores totais das operações que não são atingidas pela tributação do imposto em função de isenção, suspensão, não incidência etc. Na coluna

"Outras" serão lançados os valores totais das operações que, mesmo tributadas, não admitem o aproveitamento do crédito, como é o caso de material de uso e consumo ou ativo imobilizado.

OPERAÇÕES DE ENTRADA					
CFOP	VC	BC	IPI crédito	ISENTAS/NT	OUTRAS
1101	14.000,00	12.500,00	1.500,00	–	v
2101	8.430,00	7.400,00	1.030,00	–	–
				–	
TOTAIS	22.430,00	19.900,00	2.530,00	–	–
OPERAÇÕES DE SAÍDAS					
CFOP	VC	BC	IPI débito	ISENTAS/NT	OUTRAS
5101	12.480,00	12.000,00	480,00	–	–
6101	39.520,00	38.000,00	1.520,00	–	–
TOTAIS	52.000,00	50.000,00	2.000,00	–	–
APURAÇÃO DOS SALDOS					
DÉBITO TOTAL					2.000,00
CRÉDITO TOTAL					2.530,00
SALDO DEVEDOR					–
SALDO CREDOR					530,00

Legenda:

VC – Valor contábil: somatório da base de cálculo e do IPI; corresponde ao valor total da Nota Fiscal.
BC – Base de cálculo: valor sobre o qual há a incidência do imposto.

O saldo credor indica que o IPI das entradas (crédito) foi maior do que o IPI das saídas. Assim, o saldo credor do imposto poderá ser utilizado nas operações do mês seguinte, abatendo os débitos das transações de saída subsequentes.

2.5.9 Outras Obrigações Acessórias

Além da escrituração fiscal nos livros próprios, existem outras obrigações acessórias exigidas pelas normas em vigor. Tais obrigações contemplam uma série de informações referentes às operações com incidência de IPI, demonstradas através de declarações específicas disponibilizadas no próprio *site* da RFB, através de *download* de programas.

As informações sobre pessoas jurídicas obrigadas, a periodicidade, o prazo de entrega bem como a atualização das declarações são obtidas através de instruções normativas emitidas da RFB, as quais sofrem alterações frequentes, principalmente nos prazos de entregas e nas atualizações dos programas. Dessa forma, como as normas legais são sujeitas a constantes alterações, serão informados neste tópico apenas o conceito destas obrigações acessórias, como por exemplo:

✓ Declaração Especial de Informações Fiscais (DIF) – Cigarros

Demonstrativo referente às informações de pessoas jurídicas fabricantes de cigarros, classificados no código 2402.20.00 da TIPI.

✓ DIF papel imune

Demonstrativo referente às informações de fabricante, distribuidores, importadores, empresas jornalísticas ou editoras e gráficas que realizem operações com papel destinado à impressão de livros, jornais e periódicos.

✓ Demonstrativo de Crédito Presumido (DCP)

Demonstrativo referente às informações de pessoa jurídica produtora e exportadora, que apure crédito presumido do IPI (vide nota a seguir).

✓ Declaração de Informações de Produtos de Higiene Pessoal, Cosméticos e Perfumaria

Demonstrativo referente às informações de estabelecimentos industriais de produtos de higiene pessoal, cosméticos e perfumaria, que, no ano-calendário anterior, auferiram Receita Bruta com a venda de produtos classificados no Capítulo 33 da TIPI, de valor igual ou superior a 100 milhões de reais.

✓ Previsão de Consumo Anual de Selo – IPI – Bebidas Alcoólicas

Demonstrativo referente às informações de estabelecimentos produtores, engarrafadores, cooperativas de produtores, estabelecimentos comerciais atacadistas e importadores de bebidas alcoólicas.

✓ Previsão de Consumo Anual de Selo – IPI – Cigarros

Demonstrativo referente às informações de Fabricantes e Importadores de Cigarros.

Nota

Crédito Presumido:

De acordo com a Lei nº 9.363/1996, o crédito presumido do IPI é o ressarcimento do PIS e da COFINS incidentes nas cadeias anteriores à efetiva saída do produto para o exterior (aquisição de matéria-prima, material de embalagem etc.) para as empresas produtoras e exportadoras de produtos industrializados nacionais.

Vale lembrar que o direito ao crédito presumido não é aplicado às empresas tributadas pelo Lucro Real, uma vez que o mesmo não contempla as receitas sujeitas à incidência do PIS e COFINS não cumulativos (o objetivo da não cumulatividade é justamente eliminar o efeito "cascata" dos tributos).

O crédito presumido será apurado ao final de cada mês em que houver ocorrido exportação ou venda à empresa comercial exportadora, com fim específico de exportação.

Ainda em conformidade com a Lei nº 9.363/1996, a base de cálculo do crédito presumido será determinada mediante a aplicação, sobre o valor total das aquisições de matérias-primas, produtos intermediários, material de embalagem adquiridos no mercado interno, do percentual correspondente à relação entre a Receita de Exportação e a Receita Operacional Bruta do Produtor Exportador.

O crédito fiscal será o resultado da aplicação do percentual de 5,37% sobre a base de cálculo.

Para efeito de determinação do crédito presumido correspondente a cada mês, o estabelecimento matriz da pessoa jurídica deverá:

I   apurar o total, acumulado desde o início do ano até o mês a que se referir o crédito, das matérias-primas, dos produtos intermediários e dos materiais de embalagem utilizados na produção;

II   apurar a relação percentual entre a receita de exportação e a receita operacional bruta, acumuladas desde o início do ano até o mês a que se referir o crédito;

III   aplicar a relação percentual, referida no *item II*, sobre o valor apurado de conformidade com o *item I*;

IV   multiplicar o valor apurado de conformidade com o inciso anterior por 5,37%, cujo resultado corresponderá ao total do crédito presumido acumulado desde o início do ano até o mês da apuração;

V   diminuir, do valor apurado de conformidade com o inciso anterior, o resultado da soma dos seguintes valores de créditos presumidos, relativos ao ano-calendário:

> a utilizados por intermédio de dedução do valor do IPI devido ou de ressarcimento;
>
> b com pedidos de ressarcimento já entregues à Receita Federal do Brasil (RFB).
>
> Exemplo:
>
> I Matéria-prima adquirida e acumulada no ano X1 = 2.000.000,00
>
> II Produtos intermediários adquiridos e acumulados em X1 = 300.000,00
>
> III Materiais de embalagens adquiridos e acumulados em X1 = 200.000,00
>
> IV Total do material adquirido no mercado interno em X1 = 2.500.000,00 (= 2.000.000,00 + 300.000,00 + 200.000,00)
>
> V Receita de exportação em X1 = 4.000.000,00
>
> VI Receita Operacional Bruta em X1 = 6.000.000,00
>
> VII Relação Percentual (V/VI) = 67%
>
> VIII Base de cálculo (IV × VII) = 1.675.000,00
>
> IX Crédito Fiscal Acumulado (VIII × 5,37%) = 89.947,50
>
> X Compensação de IPI já realizada no ano = 40.000,00 (valor hipotético para o exemplo)
>
> XI Valor do crédito presumido do mês = 49.947,50 (= 89.947,50 – 40.000,00)

2.5.9.1 Escrituração dos Créditos

Os créditos serão escriturados pelo beneficiário, em seus livros fiscais, à vista do documento que lhes confira legitimidade:

1 Nos casos dos créditos básicos, incentivados ou decorrentes de devolução ou retorno de produtos, na data da efetiva entrada dos produtos no estabelecimento industrial, ou equiparado a industrial.

2 No caso de entrada simbólica de produtos, quando do recebimento da respectiva nota fiscal, exceto no caso de produto adquirido mediante venda à ordem ou para entrega futura, quando o crédito somente poderá ser escriturado na efetiva entrada do mesmo no estabelecimento industrial, ou equiparado a industrial, à vista da nota fiscal que o acompanhar.

Tributos Federais **123**

3   Nos casos de produtos adquiridos para utilização ou consumo próprio ou para comércio, e depois destinados eventualmente a emprego como Matéria-Prima (MP), Produto Intermediário (PI) ou Material de Embalagem (ME), na industrialização de produtos para os quais o crédito seja assegurado, na data da sua redestinação.

4   Nos casos de produtos importados adquiridos para utilização ou consumo próprio, dentro do estabelecimento importador, eventualmente destinado a revenda ou saída a qualquer outro título, no momento da efetiva saída do estabelecimento.

Notas

1   Não deverão ser escriturados créditos relativos a matéria-prima (MP), Produto Intermediário (PI) e Material de Embalagem (ME) que, sabidamente, se destinem a emprego na industrialização de produtos não tributados, ou com suspensão/isenção, cujo estorno seja determinado por disposição legal.

2   Nos casos de apuração de créditos para dedução do imposto lançado de ofício, em auto de infração, serão considerados, também, como escriturados, os créditos a que o contribuinte comprovadamente tiver direito e que forem levantados até a data da impugnação.

2.5.10 Incentivos fiscais

Como já comentado anteriormente, os incentivos fiscais, também denominados benefícios fiscais, são reduções na carga tributária devida, conforme previsão e especificação legal. Cada esfera governamental é responsável pelos incentivos fiscais que reduzem o ônus do tributo por ela administrado. Serão destacados, a partir de agora, alguns incentivos fiscais que afetam os contribuintes de IPI.

Ressalte-se que para usufruir dos incentivos fiscais, todas as condições e exigências da legislação deverão ser atendidas completamente.

2.5.10.1 Aquisição da Amazônia Ocidental

São isentos de IPI os produtos nacionais consumidos ou utilizados na Amazônia Ocidental, desde que sejam ali industrializados por estabelecimentos com projetos aprovados pelo Conselho de Administração da SUFRAMA,[11] ou adquiri-

---

[11]   Superintendência da Zona Franca de Manaus (SUFRAMA) é uma autarquia vinculada ao Ministério do Desenvolvimento, Indústria e Comércio Exterior que administra a Zona Franca de Manaus

124 Contabilidade Tributária • Andrade, Lins e Borges

dos por intermédio da Zona Franca de Manaus ou de seus entrepostos na referida região, excluídos as armas e munições, perfumes, fumo, automóveis de passageiros e bebidas alcoólicas, classificados, respectivamente, nos Capítulos 93, 33 e 24, nas Posições 87.03 e 22.03 a 22.06 e nos Códigos 2208.20.00 a 2208.70.00 e 2208.90.00 (exceto o Ex 01) da TIPI.

Também estarão isentos do imposto os produtos de procedência estrangeira relacionados no Decreto nº 7.212/2010 tais como motores marítimos de centro e de popa e máquinas para construção rodoviária, além dos produtos elaborados com matérias-primas agrícolas e extrativas vegetais de produção regional, exclusive as de origem pecuária, por estabelecimentos industriais localizados na Amazônia Ocidental, cujos projetos tenham sido aprovados pelo Conselho de Administração da SUFRAMA, excetuados o fumo do Capítulo 24 e as bebidas alcoólicas, das Posições 22.03 a 22.06, dos Códigos 2208.20.00 a 2208.70.00 e 2208.90.00 (exceto o Ex. 01) da TIPI oriundos da Zona Franca de Manaus e que derem entrada na Amazônia Ocidental para ali serem consumidos ou utilizados.

Para fins da isenção, a remessa de produtos para a Amazônia Ocidental far-se-á com suspensão do imposto, devendo os produtos ingressarem na região por intermédio da Zona Franca de Manaus ou de seus entrepostos.

Conforme o Decreto nº 7.212/2010 e modificações posteriores, ficam extintos, a partir de 1º de janeiro de 2024, os referidos benefícios fiscais.

2.5.10.2 Zona de Processamento de Exportação (ZPE)

Às empresas autorizadas a operar em Zona de Processamento de Exportação fica assegurada a suspensão do imposto incidente sobre importações de equipamentos, máquinas, aparelhos e instrumentos, novos ou usados, e de matérias-primas, produtos intermediários e materiais de embalagem necessários à instalação industrial ou destinados a integrar o processo produtivo. Suspende ainda o imposto incidente sobre aquisições no mercado interno de bens necessários às atividades da empresa.

As matérias-primas, produtos intermediários e materiais de embalagem, importados ou adquiridos no mercado interno com suspensão, deverão ser integralmente utilizados no processo produtivo do produto final.

A suspensão do imposto, quando for relativa a máquinas, aparelhos, instrumentos e equipamentos, aplica-se a bens, novos ou usados, para incorporação ao ativo imobilizado da empresa autorizada a operar em Zona de Processamento de

---

(ZFM), com a responsabilidade de construir um modelo de desenvolvimento regional que utilize de forma sustentável os recursos naturais, assegurando viabilidade econômica e melhoria da qualidade de vida das populações locais.

Exportação (Lei nº 11.508/2007, art. 6º A, § 2º, e Lei nº 11.732/2008, art. 1º); e converte-se em alíquota zero depois de cumprido o compromisso de auferir e manter, por ano-calendário, a Receita Bruta decorrente de exportação para o exterior nos termos previstos na legislação específica e decorrido o prazo de dois anos da data de ocorrência do fato gerador.

Na hipótese da empresa não incorporar o bem ao ativo imobilizado ou revendê-lo antes da conversão em alíquota zero ou isenção, fica esta obrigada a recolher o imposto com a exigibilidade suspensa, acrescido de juros e multa de mora, contados a partir da data da Aquisição no Mercado Interno ou de Registro da Declaração de Importação correspondente.

2.5.10.3 Programa de Apoio ao Desenvolvimento Tecnológico da Indústria de Semicondutores (PADIS)

A pessoa jurídica que invista anualmente em pesquisa e desenvolvimento no país nas áreas de microeletrônica, de optoeletrônica e de ferramentas computacionais (*softwares*) de suporte a tais projetos e de metodologias de projeto e que esteja habilitada pela Secretaria da Receita Federal do Brasil como beneficiária do Programa de Apoio ao Desenvolvimento Tecnológico da Indústria de Semicondutores (PADIS) poderá usufruir da redução das alíquotas a zero na saída do estabelecimento industrial ou equiparado ou na importação de máquinas, aparelhos, instrumentos e equipamentos, até 22/1/22, quando da aquisição no mercado interno ou a importação.

Os projetos de pesquisa e desenvolvimento devem ser aprovados em ato conjunto do Ministério da Fazenda, do Ministério da Ciência e Tecnologia e do Ministério do Desenvolvimento, Indústria e Comércio Exterior, nos termos e condições estabelecidos pelo Poder Executivo.

A aprovação do projeto fica condicionada à comprovação da regularidade fiscal da pessoa jurídica interessada, em relação aos impostos e contribuições administrados pela Secretaria da Receita Federal do Brasil.

A pessoa jurídica beneficiária do PADIS deverá encaminhar ao Ministério da Ciência e Tecnologia, até 31 de julho de cada ano civil, os relatórios demonstrativos do cumprimento, no ano anterior, das obrigações e condições estabelecidas na legislação específica.

No caso dos investimentos em pesquisa e desenvolvimento não atingirem, em determinado ano, o percentual mínimo fixado nos termos da regulamentação específica, a pessoa jurídica beneficiária do PADIS deverá aplicar o valor residual no Fundo Nacional de Desenvolvimento Científico e Tecnológico (FNDCT) (CT-INFO ou CT – Amazônia), acrescido de multa de 20% e de juros equivalentes à taxa do Sistema Especial de Liquidação e de Custódia (SELIC), calculados desde 1º de janeiro do ano subsequente àquele em que não foi atingido o percentual até a data da efetiva aplicação.

2.5.10.4 Programa de Apoio ao Desenvolvimento Tecnológico da Indústria de Equipamentos para a TV digital (PATVD)

A pessoa jurídica que invista anualmente em pesquisa e desenvolvimento no país, conforme definido em legislação específica, que exerça as atividades de desenvolvimento e fabricação de equipamentos transmissores de sinais por radiofrequência para televisão digital, classificados no Código 8525.50.2 da TIPI e esteja habilitada pela Secretaria da Receita Federal do Brasil como beneficiária do Programa de Apoio ao Desenvolvimento Tecnológico da Indústria de Equipamentos para TV Digital (PATVD) poderá usufruir da redução das alíquotas a zero do imposto incidente na saída do estabelecimento industrial ou equiparado ou na importação de máquinas, aparelhos, instrumentos e equipamentos, novos, até 22/1/17.

A redução de alíquotas de que trata este artigo não se aplica, cumulativamente, com outras reduções ou benefícios relativos ao imposto.

Os projetos devem ser aprovados em ato conjunto do Ministério da Fazenda, do Ministério da Ciência e Tecnologia e do Ministério do Desenvolvimento, Indústria e Comércio Exterior, nos termos e condições estabelecidos pelo Poder Executivo.

A aprovação do projeto fica condicionada à comprovação da regularidade fiscal, da pessoa jurídica interessada, em relação aos impostos e contribuições administrados pela Secretaria da Receita Federal do Brasil.

A pessoa jurídica beneficiária do PATVD deverá encaminhar ao Ministério da Ciência e Tecnologia, até 31 de julho de cada ano civil, os relatórios demonstrativos do cumprimento, no ano anterior, das obrigações e condições estabelecidas na legislação específica.

No caso dos investimentos em pesquisa e desenvolvimento não atingirem, em determinado ano, o percentual mínimo fixado nos termos da regulamentação específica, a Pessoa Jurídica beneficiária do PATVD deverá aplicar o valor residual no FNDCT (CT-INFO ou CT-Amazônia), acrescido de multa de 20% e de juros equivalentes à taxa SELIC, calculados desde 1º de janeiro do ano subsequente àquele em que não foi atingido o percentual até a data da efetiva aplicação.

2.5.10.5 REPORTO

REPORTO é um regime temporário, com vigência até o final de 2015,[12] conforme Decreto 7.212/2010, que tem como característica principal a desoneração tributária da aquisição de máquinas e equipamentos destinados a investimentos nos portos.

---

[12] Esse regime vem sendo renovado ao longo dos últimos anos.

Os equipamentos adquiridos através do REPORTO serão desonerados da incidência de IPI, COFINS, PIS e Imposto de Importação (no caso de equipamentos sem similar nacional).

2.5.10.5.1 Beneficiários

São beneficiários do REPORTO o operador portuário, o concessionário de porto organizado, o arrendatário de instalação portuária de uso público e a empresa autorizada a explorar instalação portuária de uso privativo misto.

2.5.10.5.2 Suspensão do IPI, PIS, COFINS e Impostos de Importação (II)

As vendas de máquinas, equipamentos e outros bens, no mercado interno, ou a sua importação, quando adquiridos ou importados diretamente pelos beneficiários do REPORTO e destinados ao seu ativo imobilizado para utilização exclusiva em portos na execução de serviços de carga, descarga e movimentação de mercadorias, serão efetuadas com suspensão do Imposto sobre Produtos Industrializados (IPI), da Contribuição para o PIS/PASEP, da Contribuição para o Financiamento da Seguridade Social (COFINS) e, quando for o caso, do Imposto de Importação.

2.5.10.5.3 Conversão em isenção

A suspensão do Imposto de Importação e do IPI converte-se em isenção após o decurso do prazo de 5 (cinco) anos, contados da data da ocorrência do respectivo fato gerador.

2.5.10.5.4 Conversão em alíquota zero – PIS e COFINS

A suspensão da contribuição para o PIS/PASEP e da COFINS converte-se em isenção, (inclusive a importação sujeita a alíquota zero) após o decurso do prazo de 5 (cinco) anos, contados da data da ocorrência do respectivo fato gerador.

2.5.10.5.5 Condicionalidades

A aplicação dos benefícios fiscais, relativos ao IPI e ao Imposto de Importação, fica condicionada à comprovação, pelo beneficiário, da quitação de tributos e contribuições federais e, no caso do IPI vinculado à importação e do Imposto de Importação, à formalização de termo de responsabilidade em relação ao crédito tributário suspenso.

A suspensão do Imposto de Importação somente será aplicada a máquinas, equipamentos e outros bens que não possuam similar nacional.

2.5.10.5.6 Transferência dos bens

A transferência, a qualquer título, da propriedade dos bens adquiridos no mercado interno ou importados mediante aplicação do REPORTO, dentro do prazo de cinco anos, contado da data da ocorrência do respectivo fato gerador, deverá ser precedida de autorização da Secretaria da Receita Federal e do recolhimento dos tributos suspensos, acrescidos de juros e de multa de mora estabelecidos na legislação aplicável.

A transferência de bens, previamente autorizada pela Secretaria da Receita Federal, a adquirente, também enquadrada no REPORTO, será efetivada com dispensa da cobrança dos tributos suspensos desde que, cumulativamente:

I   o adquirente formalize novo termo de responsabilidade;

II assuma perante a Secretaria da Receita Federal a responsabilidade pelos tributos e contribuições suspensos, desde o momento de ocorrência dos respectivos fatos geradores.

2.5.10.5.7 Relação de bens

O Poder Executivo relaciona as máquinas, equipamentos e bens objetos de suspensão e outros benefícios. Essa relação pode ser consultada no anexo do Decreto nº 6.582/2008.

2.5.10.5.8 Crédito do PIS e COFINS

As vendas efetuadas com suspensão, isenção, alíquota zero ou não incidência da Contribuição para o PIS/PASEP e da COFINS não impedem a manutenção, pelo vendedor, dos créditos vinculados a essas operações.

2.5.10.6 Zona Franca de Manaus (ZFM)

A Zona Franca de Manaus, criada em 1967, é uma área de livre comércio de importação e de exportação e de incentivos fiscais especiais, implantados pelo governo brasileiro, objetivando viabilizar uma base econômica na Amazônia Ocidental e promover a melhor integração produtiva e social dessa região ao país, garantindo soberania nacional sobre suas fronteiras.

1 Isenção

São isentos do imposto:

I os produtos industrializados na ZFM, destinados, ao seu consumo interno, excluídos as armas e munições, fumo, bebidas alcoólicas e automóveis de passageiros;

II os produtos industrializados na ZFM, por estabelecimentos com projetos aprovados pelo Conselho de Administração da Superintendência da Zona Franca de Manaus – SUFRAMA, que não sejam industrializados pelas modalidades de acondicionamento ou reacondicionamento, destinados a comercialização em qualquer outro ponto do Território Nacional, excluídos as armas e munições, fumo, bebidas alcoólicas e automóveis de passageiros e produtos de perfumaria ou de toucador, preparados ou preparações cosméticas, salvo quanto a estes (posições 33.03 a 33.07 da TIPI) se produzidos com utilização de matérias-primas da fauna e flora regionais, em conformidade com processo produtivo básico; e

III os produtos nacionais entrados na ZFM, para seu consumo interno, utilização ou industrialização, ou ainda, para serem remetidos, por intermédio de seus entrepostos, à Amazônia Ocidental, excluídos as armas e munições, perfumes, fumo, automóveis de passageiros e bebidas alcoólicas, classificados, respectivamente, nos Capítulos 93, 33, 24, nas posições 87.03, 22.03 a 22.06 e nos códigos 2208.20.00 a 2208.70.00 e 2208.90.00 (exceto o Ex. 01) da TIPI.

A remessa dos produtos para a ZFM far-se-á com suspensão do imposto até a sua entrada na mesma, quando então se efetivará a isenção de que trata o inciso III do art. 81 do Decreto nº 7.212/2010.

2 Suspensão

Sairão com suspensão do imposto:

I os produtos nacionais remetidos à ZFM, especificamente para serem exportados para o exterior, atendidas as condições estabelecidas pelo Ministro da Fazenda; e

II os produtos que, antes de sua remessa à ZFM, forem enviados pelo seu fabricante a outro estabelecimento, para industrialização adicional, por conta e ordem do destinatário naquela área, atendida a ressalva do inciso III do art. 81 do Decreto nº 7.212/2010.

130 Contabilidade Tributária • Andrade, Lins e Borges

3 Produtos Importados

Os produtos de procedência estrangeira importados pela ZFM serão desembaraçados com suspensão do imposto, que será convertida em isenção quando os produtos forem ali consumidos ou utilizados na industrialização de outros produtos, na pesca e na agropecuária, na instalação e operação de indústrias e serviços de qualquer natureza, ou estocados para exportação para o exterior, excetuados as armas e munições, fumo, bebidas alcoólicas e automóveis de passageiros.

Não podem ser desembaraçados com suspensão do imposto, nem gozam da isenção, os produtos de origem nacional que, exportados para o exterior, venham a ser posteriormente importados através da ZFM.

Os produtos estrangeiros importados pela ZFM, quando desta saírem para outros pontos do Território Nacional, ficam sujeitos ao pagamento do imposto exigível na importação, salvo se tratar:

I de bagagem de passageiros;

II de produtos empregados como MP, PI e ME, na industrialização de produtos na ZFM; e

III de bens de produção e de consumo, produtos alimentares e medicamentos, importados, e referidos no inciso II do art. 95 do Decreto nº 7.212/2010, que se destinem à Amazônia Ocidental.

4 Manutenção do Crédito

Será mantido, na escrita do contribuinte, o crédito do imposto incidente sobre equipamentos adquiridos para emprego na industrialização de produtos que venham a ser remetidos para a ZFM, para seu consumo interno, utilização ou industrialização na referida Zona, segundo o Decreto nº 7.212/2010.

2.5.10.7 Áreas de Livre Comércio (ALC)

Área de livre comércio é um centro financeiro onde não são cobrados impostos de importação sobre os produtos comprados no exterior.

Criada também em 1967, além de contribuir para o desenvolvimento do comércio local, a isenção alfandegária favoreceu a formação de um expressivo distrito industrial junto à capital do Amazonas. A maioria de suas indústrias, contudo, é apenas montadora de produtos obtidos com tecnologia estrangeira.

2.5.10.7.1 Isenção e Suspensão do Imposto

A entrada de produtos estrangeiros nas Áreas de Livre Comércio far-se-á com suspensão do IPI, que será convertida em isenção, conforme normas estipuladas pelo Regulamento do IPI (RIPI). Os produtos nacionais ou nacionalizados, que entrarem nas Áreas de Livre Comércio estarão isentos do imposto.

As Áreas de Livre Comércio são as seguintes:

- ✓ Tabatinga – Amazonas: ALCT (Área de Livre Comércio em Tabatinga);
- ✓ Guajará-Mirim – Rondônia: ALCGM (Área de Livre Comércio em Guajará-Mirim);
- ✓ Pacaraíma – Roraima: ALCP (Área de Livre Comércio de Pacaraíma) e Bonfim ALCB (Área de Livre Comércio de Bonfim);
- ✓ Macapá e Santana – Alagoas: ALCMS (Área de Livre Comércio de Macapá e Santana);
- ✓ Brasileia – Acre: ALCB (Área de Livre Comércio da Brasileia) e Cruzeiro do Sul – Acre: ALCCS (Área de Livre Comércio de Cruzeiro do Sul), disposições constantes nos arts. 104 a 105 do RIPI/2002.

Notas

1 A entrada de produtos estrangeiros em ALC dar-se-á, obrigatoriamente, através de porto, aeroporto ou posto de fronteira, exigida consignação nominal do importador nela estabelecido.

2 Os produtos estrangeiros ou nacionais enviados às ALC serão, obrigatoriamente, destinados às empresas autorizadas a operarem nessas Áreas.

3 As obrigações tributárias suspensas se resolvem com o implemento da condição de isenção prevista em lei.

4 A bagagem acompanhada de passageiro procedente de ALC, no que se refere a produtos de origem estrangeira, será desembaraçada com isenção do imposto, observados os limites e condições correspondentes ao estabelecido para a ZFM.

5 A IN SRF 300 disciplina a saída temporária de mercadorias da Zona Franca de Manaus, das Áreas de Livre Comércio e da Amazônia Ocidental.

2.5.10.8 Bens de Informática

As empresas de desenvolvimento ou produção de bens e serviços de informática e automação, que invistam em atividades de pesquisa e desenvolvimento em tecnologia da informação, poderão pleitear isenção ou redução do imposto para bens de informática e automação, mas estas deverão investir, anualmente, em atividades de pesquisa e desenvolvimento em tecnologia da informação a serem realizadas no país, conforme definido em legislação específica.

As empresas beneficiárias deverão encaminhar anualmente ao Ministério da Ciência e Tecnologia demonstrativos do cumprimento, no ano anterior, das obrigações a que estão sujeitas, para gozo da isenção ou redução do imposto, mediante apresentação de relatórios descritivos das atividades de pesquisa e desenvolvimento previstas no projeto elaborado e dos respectivos resultados alcançados.

Os bens de informática e automação estão relacionados no art. 141 do Decreto nº 7.212/2010, tais como componentes eletrônicos a semicondutor, optoeletrônicos, equipamentos e dispositivos baseados em técnica digital, com funções de coleta, tratamento, estruturação, armazenamento, comutação, transmissão, recuperação ou apresentação da informação.

Este incentivo não se aplica aos produtos dos segmentos de áudio, áudio e vídeo, e lazer e entretenimento, ainda que incorporem tecnologia digital, conforme elencado no art. 141 do Decreto nº 7.212/2010.

Os microcomputadores portáteis (Códigos 8471.30.11, 8471.30.12, 8471.30.19, 8471.41.10 e 8471.41.90 da TIPI) e as unidades de processamento digitais de pequena capacidade, baseadas em microprocessadores (Código 8471.50.10 da TIPI), de valor até R$ 11.000,00 (onze mil reais), bem como as unidades de discos magnéticos e ópticos (Códigos 8471.70.11, 8471.70.12, 8471.70.21 e 8471.70.29 da TIPI), circuitos impressos com componentes elétricos e eletrônicos montados (Códigos 8473.30.41, 8473.30.42, 8473.30.43 e 8473.30.49 da TIPI), gabinetes (Código 8473.30.1 da TIPI) e fontes de alimentação (Código 8504.40.90 da TIPI), reconhecíveis como exclusiva ou principalmente destinados a tais produtos, os bens de informática e automação desenvolvidos no país:

I   quando produzidos na Região Centro-Oeste e nas regiões de influência da SUDAM e da SUDENE:

a   até 31/12/14, são isentos do imposto;

b   de 1º/1 até 31/12/15, as alíquotas do imposto ficam sujeitas à redução de 95%; e

c   de 1º/1/16 até 31/12/19, as alíquotas do imposto ficam sujeitas à redução de 85%;

II   quando produzidos em outros pontos do território nacional, as alíquotas do imposto ficam reduzidas nos seguintes percentuais:

a   noventa e cinco por cento, de 1º/1/04 até 31/12/14;

b   noventa por cento, de 1º/1 até 31/12/15; e

c   setenta por cento, de 1º/1/16 até 31/12/19.

O Poder Executivo poderá efetuar modificações dos valores antes mencionados para adequa-los às variações de mercado.

Devem sair do estabelecimento industrial com suspensão do imposto as matérias-primas, os produtos intermediários e os materiais de embalagem, quando adquiridos por estabelecimentos industriais fabricantes, preponderantemente, de bens que gozem do referido benefício e as matérias-primas, os produtos intermediários e os materiais de embalagem, importados diretamente por estabelecimento industrial fabricante, serão desembaraçados com suspensão do imposto.

O descrito acima não é aplicado ao estabelecimento industrial cuja Receita Bruta decorrente dos produtos ali referidos, no ano-calendário imediatamente anterior ao da aquisição, houver sido superior a 60% de sua Receita Bruta total no mesmo período.

2.6 PIS e COFINS

O Programa de Integração Social (PIS) e a Contribuição para Financiamento da Seguridade Social (COFINS) são tributos que têm como principal fato gerador o faturamento mensal, assim entendido o total das receitas auferidas pela Pessoa Jurídica, independentemente de sua denominação ou classificação contábil, salvo as exceções previstas na legislação vigente.

São contribuintes do PIS e da COFINS as pessoas jurídicas de direito privado e as que lhe são equiparadas pela legislação do Imposto de Renda, inclusive empresas prestadoras de serviços, empresas públicas e sociedades de economia mista e suas subsidiárias, excluídas as microempresas e as empresas de pequeno porte submetidas ao regime do Simples Nacional.

Para estas contribuições existem dois regimes de apuração: regime não cumulativo e regime cumulativo. A principal diferença entre eles é que o não cumulativo permite a possibilidade de compensação de créditos, no mesmo percentual de suas alíquotas, sobre as mercadorias e insumos utilizados na realização da atividade-fim da empresa. A não cumulatividade – neutralização do efeito cascata – pressupõem que as compras realizadas pela empresa tem em seu preço final o PIS e COFINS embutidos.

2.6.1 Regime Não Cumulativo

O Regime de incidência não cumulativa foi instituído para o PIS, em dezembro de 2002 através da Lei nº 10.637/2002. A COFINS acompanhou este regime a partir de 2004 com a Lei nº 10.833/2003.

O regime de incidência não cumulativa admite o direito a crédito relativo à entrada de mercadorias, bens e serviços no estabelecimento do contribuinte, além de permitir o desconto de créditos apurados com base em custos, despesas e encargos da Pessoa Jurídica, conforme dispositivos legais.

134 Contabilidade Tributária • Andrade, Lins e Borges

São contribuintes sob as regras deste regime as Pessoas Jurídicas de direito privado e as que lhe são equiparadas pela legislação do Imposto de Renda, desde de que apurem o IRPJ com base no Lucro Real, exceto: instituições financeiras, cooperativas de crédito, pessoas jurídicas que tenham por objeto a securitização de créditos imobiliários e financeiros, operadoras de planos de assistência à saúde, empresas particulares que explorem serviços de vigilância e de transporte de valores de que trata a Lei nº 7.102/1983, e sociedades cooperativas (exceto sociedades cooperativas de produção agropecuária e sociedades cooperativas de consumo).

2.6.1.1 Base de cálculo e conceito de Receita Bruta

No regime de incidência não cumulativa, a base de cálculo do PIS e da COFINS é o valor da receita bruta mensal, assim entendido o total das receitas auferidas pela pessoa jurídica (receita da venda de mercadorias, prestação de serviços, locação, financeira etc.), independentemente de sua denominação ou classificação contábil.

Para fins de determinação da base de cálculo, na incidência não cumulativa, podem ser excluídas da receita bruta total, quando o tenham integrado, os valores:

a   das receitas isentas ou não alcançadas pela incidência da contribuição ou sujeitas à alíquota zero;

b   das vendas canceladas;

c   dos descontos incondicionais concedidos;

d   do IPI;

e   do ICMS, quando destacado em nota fiscal e cobrado pelo vendedor dos bens ou prestador dos serviços na condição de substituto tributário (esta regra não se aplica ao ICMS incidente sobre operações da empresa, na condição de contribuinte);

f   das reversões de provisões e das recuperações de créditos baixados como perdas, que não representem ingresso de novas receitas;

g   dos resultados positivos da avaliação de investimentos pelo valor do patrimônio líquido;

h   dos lucros e dividendos derivados de investimentos avaliados pelo custo de aquisição, que tenham sido computados como receita;

i   das receitas não operacionais, decorrentes da venda de bens do ativo permanente;

j   das receitas de revenda de bens em que a contribuição já foi recolhida pelo substituto tributário;

k das receitas excluídas do regime de incidência não cumulativa, constantes do art. 10 da Lei nº 10.833/2003.

Exemplos de base de cálculo de PIS/COFINS regidos pela não cumulatividade:

1 Receita bruta de vendas em Abr./X1: R$ 750.000 (com IPI)

Vendas canceladas em Abr./X1: R$ 50.000

Débito de IPI em Abr./X1: R$ 75.000

Base de cálculo PIS/COFINS: (750.000 − 50.000 − 75.000) = R$ 625.000

2 Receita de Vendas em Out./X1: R$ 800.000

ICMS substituição tributária: R$ 90.000,00

ICMS empresa contribuinte: R$ 152.000 (embutido no preço)

Base de cálculo PIS/COFINS: R$ 800.000

Nota

O ICMS só será excluído, conforme a letra *e* acima, quando cobrado na condição de substituto tributário (esta informação aparece na Nota Fiscal), ou seja, atualmente vários produtos sujeitos ao ICMS, por atendimento à legislação vigente, tem a sua cobrança em fase anterior à circulação dos mesmos. Vale lembrar que o ICMS normal, embora destacado no documento fiscal, refere-se ao imposto que o estabelecimento vendedor está sujeito, e, neste caso, não é excluído da base de cálculo do PIS e da COFINS.

Exemplo com ICMS devido por substituição tributária (ST):

Valor do produto: R$ 10.000,00

IPI destacado: R$ 1.000,00

ICMS devido por substituição tributária: R$ 2.000,00

Valor total da nota fiscal: R$ 13.000,00

Base de cálculo do PIS e COFINS: R$ 10.000,00

2.6.1.2 Alíquotas

Em regra, as alíquotas do PIS e da COFINS, com a incidência não cumulativa, são, respectivamente, de 1,65% e 7,6% sobre a Receita Bruta.

Dos valores do PIS e COFINS apurados, por meio da aplicação destas alíquotas sobre a base de cálculo, a pessoa jurídica submetida à incidência não

136 Contabilidade Tributária • Andrade, Lins e Borges

cumulativa pode descontar créditos, calculados mediante a aplicação também das alíquotas 1,65% (PIS) e de 7,6% (COFINS) sobre os valores:

1 das aquisições de bens para revenda efetuadas no mês;

2 das aquisições, efetuadas no mês, de bens e serviços utilizados como insumos na fabricação de produtos destinados à venda ou na prestação de serviços, inclusive combustíveis e lubrificantes;

3 dos bens recebidos em devolução, no mês, cuja receita de venda tenha integrado o faturamento do mês ou de mês anterior, e tenha sido tributada no regime de incidência não cumulativa;

4 das despesas e custos incorridos no mês, relativos:

a à energia elétrica consumida nos estabelecimentos da pessoa jurídica;

b a aluguéis de prédios, máquinas e equipamentos, utilizados nas atividades da empresa;

c a contraprestação de operações de arrendamento mercantil pagas a pessoa jurídica não contribuinte do Simples;

d armazenagem de mercadoria e frete na operação de venda, quando o ônus for suportado pelo vendedor.

5 dos encargos de depreciação e amortização, incorridos no mês, relativos a máquinas, equipamentos e outros bens incorporados ao ativo imobilizado, adquiridos a partir de maio de 2004, para utilização na produção de bens destinados à venda, ou na prestação de serviços. Opcionalmente, o contribuinte pode calcular esse crédito, em relação a máquinas e equipamentos, no prazo de 4 anos, mediante a aplicação, a cada mês, das alíquotas de 7,6% (COFINS) e 1,65% (PIS) sobre o valor correspondente a 1/48 do valor de aquisição do bem;

6 dos encargos de depreciação e amortização, incorridos no mês, relativos a edificações e benfeitorias em imóveis próprios ou de terceiros, adquiridas ou realizadas a partir de maio de 2004, utilizados nas atividades da empresa.

Considere o seguinte exemplo:

Supondo que a Cia. ABC, prestadora de serviços de engenharia, apresente as seguintes operações na competência Maio/X1:

- Receita de Serviços: R$ 350.000

- Custo com aluguel do escritório cujo proprietário é uma pessoa jurídica: R$ 50.000

Tributos Federais **137**

- Custo com energia elétrica do estabelecimento: R$ 2.000
- Custo com água do estabelecimento: R$ 1.200

Baseado nas operações acima, a Cia. ABC poderia descontar créditos de 1,65% e 7,6% sobre o valor total de 52.000 (50.000 + 2.000) referentes ao aluguel do escritório pago à pessoa jurídica e à energia elétrica.

PIS e COFINS – débito:

Receita de Serviços: 350.000

- PIS: 350.000 × 1,65% = 5.775
- COFINS: 350.000 × 7,6% = 26.600

PIS e COFINS – créditos:

- PIS: 52.000 × 1,65% = 858
- COFINS: 52.000 × 7.6% = 3.952

Logo:

PIS a pagar: 4.917 (= 5.775 – 858)

COFINS a pagar: 22.648 (= 26.600 – 3.952)

2.6.1.3 Isenções e Reduções de alíquota

Conforme estabelecido pelo Decreto nº 5.164/2004, ficam reduzidas a zero as alíquotas do PIS e COFINS incidentes sobre as receitas financeiras auferidas pelas pessoas jurídicas sujeitas ao regime de incidência não cumulativa das referidas contribuições.

Em 2005, o Decreto nº 5.442 confirmou a redução à zero das alíquotas do PIS e da COFINS incidentes sobre as receitas financeiras, inclusive decorrentes de operações realizadas para fins de *hedge*.

Outra receita isenta do PIS e da COFINS é a receita de exportação de mercadorias, bem como dos serviços prestados à Pessoa Física ou Jurídica, residentes ou domiciliadas no exterior, cujo pagamento represente ingresso de divisas.

2.6.1.4 Contabilização

Como já comentado, o regime não cumulativo permite o desconto de créditos de determinadas operações observadas no tópico anterior. Desta forma, segue abaixo um exemplo da contabilização do PIS e COFINS apurados no regime não cumulativo.

138   Contabilidade Tributária • Andrade, Lins e Borges

Vale lembrar, conforme visto no tópico 2.6.1.1, que existe dispositivo legal excluindo determinadas receitas da base de cálculo do PIS/COFINS. Desta forma, no momento da apuração dos tributos, o valor destas receitas deverá ser expurgado.

- A empresa ZYS, cuja atividade é a venda de cosméticos, efetuou em junho/X1 as seguintes operações:

  o Receita total.. R$ 2.147.000

    o Receita de Vendas de produtos . . . . R$ 2.000.000

    o Receita de Exportação . . . . .R$ 30.000

    o Recuperação de créditos baixados. . R$ 10.000

    o Recebimento de dividendos. . . . . . . R$ 7.000

    o Receita de Serviços – consultoria . . R$ 100.000

    o Compra de insumos para produção .... R$ 140.000

    o Devolução de vendas .... R$ 64.000

Receitas tributadas = 2.100.000 (= 2.000.000 + 100.000)

Receitas isentas ou não tributadas = 47.000 (= 30.000 + 10.000 + 7.000)

Receita bruta total = 2.147.000

Base de cálculo = 2.147.000 – 47.000 – 64.000 = 2.036.000

Cálculo do Débito

✓ PIS = 33.594 (2.036.000 × 1,65%)

✓ COFINS = 154.736 (2.036.000 × 7,6%)

Cálculo dos créditos – insumos e devolução

✓ PIS = 3.366 (= 140.000 + 64.000=204.000 × 1,65%)

✓ COFINS = 15.504 (= 140.000 + 64.000 = 204.000 × 7,6%)

Cálculo do valor a pagar

Descrição	Débito (R$)	Crédito (R$)	A pagar (R$)
Apuração do valor para pagamento – PIS	33.594	3.366	30.228
Apuração do valor para pagamento – COFINS	154.736	15.504	139.232

Contabilização do crédito

D – PIS a recuperar (Ativo)	3.366
C – Estoque de mercadoria	2.310
C – Devolução de vendas (despesa)	1.056

e

D – COFINS a recuperar (Ativo)	15.504
C – Estoque de mercadoria	10.640
C – Devolução de vendas (despesa)	4.864

Contabilização da despesa de PIS e COFINS

D – Despesa com PIS (Resultado)	
C – PIS a pagar (passivo)	33.594
D – Despesa com COFINS (Resultado)	
C – COFINS a pagar (passivo)	154.736

Apuração e recolhimento de PIS e COFINS:

1 Compensação (com créditos):

D – PIS a pagar (passivo)	
C – PIS a recuperar (Ativo)	3.366
D – COFINS a pagar (passivo)	
C – COFINS a recuperar (Ativo)	15.504

2 Recolhimento de PIS e COFINS:

D – PIS a pagar (passivo)	
C – Banco (ativo)	30.228
D – COFINS a pagar (passivo)	
C – Banco (ativo)	139.232

2.6.1.5 Escrituração Fiscal

Até 2009 não havia nenhuma escrituração obrigatória, prevista em lei, para apuração do PIS e COFINS.

140 Contabilidade Tributária • Andrade, Lins e Borges

No entanto, em 2010 foi publicada a Instrução Normativa nº 1.052, alterada pela IN 1.161/2011, que instituiu a Escrituração Fiscal Digital da Contribuição para o PIS/PASEP e da Contribuição para o Financiamento da Seguridade Social (COFINS) – (EFD – PIS/COFINS).

A EFD – PIS/COFINS deve ser transmitida, pelas pessoas jurídicas a ela obrigadas, ao Sistema Público de Escrituração Digital (Sped), instituído pelo Decreto nº 6.022, de 22/1/07, e será considerada válida após a confirmação de recebimento do arquivo que a contém.

Ficam obrigadas a adotar a EFD – PIS/COFINS, nos termos do art. 2º do Decreto nº 6.022/2007:

I em relação aos fatos geradores ocorridos a partir de 1º/1/12, as pessoas jurídicas sujeitas à tributação do Imposto sobre a Renda com base no Lucro Real;

II em relação aos fatos geradores ocorridos a partir de 1º/7/12, as demais pessoas jurídicas sujeitas à tributação do Imposto sobre a Renda com base no Lucro Presumido ou Arbitrado.

Fica facultada a entrega da EFD – PIS/COFINS às demais pessoas jurídicas não obrigadas, em relação aos fatos contábeis ocorridos a partir de 1º/4/11.

As declarações e demonstrativos, relativos a tributos administrados pela Secretaria da Receita Federal do Brasil (RFB), como o demonstrativo de apuração das contribuições sociais (DACON), exigidos das pessoas jurídicas que tenham apresentado a EFD – PIS/COFINS, em relação ao mesmo período, serão simplificados, com vistas a eliminar eventuais redundâncias de informação.

A EFD – PIS/COFINS será transmitida mensalmente até o 10º dia útil do 2º mês subsequente a que se refira a escrituração, inclusive nos casos extinção, incorporação, fusão e cisão total ou parcial.

A não apresentação da EFD – PIS/COFINS no prazo fixado acarretará a aplicação de multa no valor de R$ 5.000 (cinco mil reais) por mês-calendário ou fração.

2.6.1.6 Obrigações Acessórias

O extinto DACON era uma obrigação acessória direcionada à demonstração da apuração do PIS e COFINS, porém com o advento do EFD – Contribuições, tornou-se redundante, motivo pelo qual foi extinto pela Receita Federal do Brasil.

Já a Declaração de Débitos e Créditos Tributários Federais (DCTF) é uma confissão de dívidas, onde o contribuinte é obrigado a declarar o valor devido de

PIS e COFINS, bem como a forma de pagamento dos mesmos (DARF, Declaração de compensação etc.) mensalmente.

2.6.2 Regime Cumulativo

A incidência cumulativa é um regime obrigatório às empresas que apuram IRPJ e CSLL pelo Lucro Presumido e sua principal característica é a impossibilidade da dedução dos créditos.

2.6.2.1 Base de cálculo e conceito de Receita Bruta

A base de cálculo do PIS e COFINS é a receita bruta, que deve ser tomada sem o IPI, mas o ICMS destacado (embutido), integra a Receita Bruta.

Como regra geral, as receitas devem ser consideradas por regime de competência, ou seja, independentemente de sua realização financeira.

A base de cálculo inclui todas as receitas auferidas, independentemente da denominação ou classificação contábil, como definida na legislação fiscal.

2.6.2.2 Isenções e Alíquotas

Quanto às isenções, dá-se o mesmo tratamento que no regime não cumulativo, aplicando-se a mesma legislação.

As alíquotas do PIS e da COFINS, com a incidência cumulativa, são, respectivamente, de 0,65% e 3%, incidentes sobre a Receita Bruta apurada mensalmente.

2.6.2.3 Contabilização

Suponha que uma empresa comercial tributada pelo Lucro Presumido tenha apresentado as seguintes receitas:

Receita de Vendas: R$ 1.000.000

Venda de um Terreno: R$ 40.000

Base de cálculo: R$ 1.000.000 (as receitas com venda do ativo imobilizado não são base de cálculo para PIS e COFINS)

- PIS a pagar (1.000.000 × 0,65%) = R$ 6.500
- COFINS a pagar (1.000.000,00 × 3%) = R$ 30.000

Contabilização da despesa de PIS e COFINS:

D – Despesa de PIS (Resultado)
C – PIS a pagar (passivo)   6.500
D – Despesa de COFINS (Resultado)
C – COFINS a pagar (passivo)   30.000

Contabilização do pagamento do PIS e COFINS:

D – PIS a Pagar (Passivo)
C – Banco (Ativo)   6.500
D – COFINS a Pagar (Passivo)
C – Banco (Ativo)   30.000

2.6.2.4 Escrituração Fiscal e Obrigações Acessórias

Dá-se o mesmo tratamento que o regime não cumulativo, aplicando-se a mesma legislação tanto para escrituração fiscal, quanto para obrigações acessórias. Então, teremos como principais obrigações acessórias a DCTF, EFD – PIS/COFINS (SPED das contribuições), e DACON, já comentados anteriormente.

2.7 Simples Nacional

O Simples Nacional é um regime tributário diferenciado, simplificado e favorecido, aplicável às Microempresas e às Empresas de Pequeno Porte, a partir de 1º/7/07, previsto na Lei Complementar nº 123/2006 e posteriormente na Lei Complementares nos 139/2011 e 147/2014.

Esse regime estabeleceu normas gerais no âmbito dos poderes da União, dos Estados, do Distrito Federal e dos Municípios, abrangendo não só o regime tributário diferenciado (Simples Nacional), como também aspectos relativos às licitações públicas, às relações de trabalho, ao estímulo ao crédito, à capitalização, à inovação, ao acesso à justiça, dentre outros.

Considera-se microempresa (ME), para efeito do Simples Nacional, o empresário, a pessoa jurídica, ou a ela equiparada, que aufira, em cada ano-calendário, Receita Bruta igual ou inferior a R$ 360.000,00.

Considera-se empresa de pequeno porte (EPP), para efeito do Simples Nacional, o empresário, a pessoa jurídica, ou a ela equiparada, que aufira, em cada ano-calendário, Receita Bruta superior a R$ 360.000,00 e igual ou inferior a R$ 3.600.000,00.

A partir de 2012 haverá um limite extra para exportação de mercadorias no valor de R$ 3.600.000,00 (três milhões e seiscentos mil reais). Dessa forma, a EPP poderá auferir Receita Bruta até R$ 7.200.000,00 (sete milhões e duzentos mil reais), desde que não extrapole, no mercado interno ou em exportação de mercadorias, o limite de R$ 3.600.000,00 (três milhões e seiscentos mil reais). A partir de 2015 esse limite extra também compreende exportação de serviços.

> **Nota**
>
> Para fins de enquadramento na condição de ME ou EPP, deve-se considerar o somatório das receitas de todos os estabelecimentos (matriz e filiais), de qualquer Estado da Federação.

O Simples Nacional implica no recolhimento mensal, mediante documento único de arrecadação, dos seguintes tributos:

- Imposto sobre a Renda da Pessoa Jurídica (IRPJ);
- Imposto sobre Produtos Industrializados (IPI);
- Contribuição Social sobre o Lucro Líquido (CSLL);
- Contribuição para o Financiamento da Seguridade Social (COFINS);
- Contribuição para o PIS/PASEP;
- Contribuição Patronal Previdenciária (CPP);
- Imposto sobre Operações Relativas à Circulação de Mercadorias e Sobre Prestações de Serviços de Transporte Interestadual e Intermunicipal e de Comunicação (ICMS);
- Imposto sobre Serviços de Qualquer Natureza (ISS).

Assim, apesar das alíquotas reduzidas e diferenciadas do Simples Nacional, as ME's e EPP's não são isentas destes tributos que, em alguns casos, podem ter alíquota igual a zero, como se observa nas tabelas de incidência anexada à Lei Complementar nº 123/2006.

2.7.1 Base de Cálculo e Alíquota

A base de cálculo do Simples Nacional é a receita bruta do contribuinte. Considera-se Receita Bruta o produto da venda de bens e serviços nas operações de

144 Contabilidade Tributária • Andrade, Lins e Borges

conta própria, o preço dos serviços prestados e o resultado nas operações em conta alheia, excluídas as vendas canceladas e os descontos incondicionais concedidos.

O valor devido mensalmente pelas ME's e EPP's optantes pelo Simples Nacional é determinado mediante aplicação das alíquotas constantes nas tabelas dos anexos da Lei Complementar nº 147, de 7/8/2014.

Para efeito de determinação da alíquota, o sujeito passivo utilizará a Receita Bruta acumulada nos 12 (doze) meses anteriores ao do período de apuração (não confundir com o ano civil). Já o valor devido mensalmente a ser recolhido pela ME ou EPP, será o resultante da aplicação da alíquota correspondente sobre a Receita Bruta mensal auferida.

2.7.2 Contribuinte

Os contribuintes do Simples Nacional são todas as ME's e EPP's que tiveram suas inscrições confirmadas através do Termo de Deferimento no *site* oficial do Simples Nacional, divulgado no mês de janeiro do ano subsequente ao pedido de ingresso no regime em questão.

Vale lembrar que pode optar pelo Regime do Simples Nacional as ME e EPP que não incorram em nenhuma das vedações previstas na Lei Complementar nº 139/2011. Dentre as vedações destacam-se, auferir Receita Bruta no ano-calendário imediatamente anterior superior a R$ 3.600.000 e que se dedique às atividades vedadas pelo regime.

Por outro lado, podem optar, caso se dediquem à prestação de serviços que não estejam vedados, bem como exerçam as atividades listadas abaixo, desde que não as exerçam em conjunto com outras atividades impeditivas:

1 academias de atividades físicas, desportivas, de natação e escolas de esportes;

2 academias de dança, de capoeira, de ioga e de artes marciais;

3 administração e locação de imóveis de terceiros;

4 agência de viagem e turismo;

5 agência lotérica;

6 agência terceirizada de correios;

7 centro de formação de condutores de veículos automotores de transporte terrestre de passageiros e de carga;

8 construção de imóveis e obras de engenharia em geral, inclusive sob a forma de subempreitada, execução de projetos e serviços de paisagismo, bem como decoração de interiores;

9 creche, pré-escola e estabelecimento de ensino fundamental, escolas técnicas, profissionais e de ensino médio, de línguas estrangeiras, de

artes, cursos técnicos de pilotagem, preparatórios para concursos, gerenciais e escolas livres;

10 elaboração de programas de computadores, inclusive jogos eletrônicos, desde que desenvolvidos em estabelecimento do optante;

11 empresas montadoras de estandes para feiras;

12 escolas livres, de línguas estrangeiras, artes, cursos técnicos e gerenciais;

13 escritórios de serviços contábeis;

14 laboratórios de análises clínicas ou de patologia clínica;

15 licenciamento ou cessão de direito de uso de programas de computação;

16 planejamento, confecção, manutenção e atualização de páginas eletrônicas, desde que realizados em estabelecimento do optante;

17 produção cinematográfica e de artes cênicas;

18 produção cultural e artística;

19 serviço de vigilância, limpeza ou conservação;

20 serviços de instalação, de reparos e de manutenção em geral, bem como de usinagem, solda, tratamento e revestimento em metais;

21 serviços de prótese em geral;

22 serviços de tomografia, diagnósticos médicos por imagem, registros gráficos e métodos ópticos, bem como ressonância magnética;

23 transporte municipal de passageiros;

24 produções cinematográficas, audiovisuais, artísticas e culturais, sua exibição ou apresentação, inclusive no caso de música, literatura, artes cênicas, artes visuais, cinematográficas e audiovisuais;

25 fisioterapia;

26 corretagem de seguros;

27 serviços advocatícios;

28 administração e locação de imóveis de terceiros;

29 medicina, inclusive laboratorial e enfermagem;

30 medicina veterinária;

31 odontologia;

32 psicologia, psicanálise, terapia ocupacional, acupuntura, podologia, fonoaudiologia, clínicas de nutrição e de vacinação e bancos de leite;

33 serviços de comissaria, de despachantes, de tradução e de interpretação;

34 arquitetura, engenharia, medição, cartografia, topografia, geologia, geodésia, testes, suporte e análises técnicas e tecnológicas, pesquisa, *design*, desenho e agronomia;

35 representação comercial e demais atividades de intermediação de negócios e serviços de terceiros;

36 perícia, leilão e avaliação;

37 auditoria, economia, consultoria, gestão, organização, controle e administração;

38 jornalismo e publicidade;

39 agenciamento, exceto de mão de obra;

40 outras atividades do setor de serviços que tenham por finalidade a prestação de serviços decorrentes do exercício de atividade intelectual, de natureza técnica, científica, desportiva, artística ou cultural, que constitua profissão regulamentada ou não.

Até 31 de dezembro de 2014, para ser permitida aos optantes do Simples Nacional, a administração e locação de imóveis de terceiros deveriam ser prestadas cumulativamente. A partir de 1º de janeiro de 2015, isso deixou de ser exigível.

Está impedida de optar pelo Regime do Simples Nacional a Microempresa (ME) ou a Empresa de Pequeno Porte (EPP) em função da Lei Complementar nº 147, de 7/8/2014:[13]

1 de cujo capital participe outra pessoa jurídica;

2 que seja filial, sucursal, agência ou representação, no país, de Pessoa Jurídica com sede no exterior;

3 de cujo capital participe pessoa física que seja inscrita como empresário ou seja sócia de outra empresa que receba tratamento jurídico diferenciado nos termos da Lei Complementar nº 139, desde que a Receita Bruta global ultrapasse o limite de R$ 3.600.000,00;

4 cujo titular ou sócio participe com mais de 10% do capital de outra empresa não beneficiada pela Lei Complementar nº 139, desde que a receita bruta global ultrapasse o limite de R$ 3.600.000,00;

5 cujo sócio ou titular seja administrador ou equiparado de outra Pessoa Jurídica com fins lucrativos, desde que a Receita Bruta global ultrapasse o limite de R$ 3.600.000,00;

6 constituída sob a forma de cooperativas, salvo as de consumo;

7 que participe do capital de outra Pessoa Jurídica;

8 que exerça atividade de banco comercial, de investimentos e de desenvolvimento, de caixa econômica, de sociedade de crédito, financiamento e investimento ou de crédito imobiliário, de corretora ou de distribuidora de títulos, valores mobiliários e câmbio, de empresa de arrendamento

---

[13] Disponível em: <http://www.receita.fazenda.gov.br/pessoajuridica/simples/simples.htm>.

mercantil, de seguros privados e de capitalização ou de previdência complementar;

9 resultante ou remanescente de cisão ou qualquer outra forma de desmembramento de Pessoa Jurídica que tenha ocorrido em um dos cinco anos-calendário anteriores;

10 constituída sob a forma de sociedade por ações;

11 cujos titulares ou sócios guardem, cumulativamente, com o contratante do serviço, relação de pessoalidade, subordinação e habitualidade;

12 que explore atividade de prestação cumulativa e contínua de serviços de assessoria creditícia, gestão de crédito, seleção e riscos, administração de contas a pagar e a receber, gerenciamento de ativos (*asset management*), compras de direitos creditórios resultantes de vendas mercantis a prazo ou de prestação de serviços (*factoring*);

13 que tenha sócio domiciliado no exterior;

14 de cujo capital participe entidade da administração pública, direta ou indireta, federal, estadual ou municipal;

15 que possua débito com o Instituto Nacional do Seguro Social (INSS), ou com as Fazendas Públicas Federal, Estadual ou Municipal, cuja exigibilidade não esteja suspensa;

16 que seja geradora, transmissora, distribuidora ou comercializadora de energia elétrica;

17 que exerça atividade de importação ou fabricação de automóveis e motocicletas;

18 que exerça atividade de importação de combustíveis;

19 que exerça atividade de produção ou venda no atacado de:

a cigarros, cigarrilhas, charutos, filtros para cigarros, armas de fogo, munições e pólvoras, explosivos e detonantes.

  i alcoólicas;

  ii cervejas sem álcool.

20 que realize cessão ou locação de mão de obra;

21 que se dedique ao loteamento e à incorporação de imóveis; e

22 que realize atividade de locação de imóveis próprios, exceto quando se referir a prestação de serviços tributados pelo ISS.

2.7.3 Exclusão do Simples Nacional

A exclusão do Regime será feita de ofício ou mediante comunicação da própria ME ou EPP que, espontaneamente, desejar deixar de ser optante pelo Simples Na-

148 Contabilidade Tributária • Andrade, Lins e Borges

cional (exclusão por opção). Deverá ser feita por comunicação quando a ME ou a EPP tiver ultrapassado o limite proporcional de EPP no ano de início de atividade ou ainda tiver incorrido em alguma situação de vedação prevista no art. 12 da Resolução CGSN[14] nº 4 de 2007 (casos de exclusão obrigatória, listados acima).

Será efetuada de ofício, quando verificada a falta de comunicação de exclusão obrigatória ou quando verificada a ocorrência de alguma das situações que vedam o ingresso do Simples Nacional, situações estas já mencionadas no tópico 2.7.2 deste capítulo.

A exclusão do Simples Nacional deverá ser efetuada pela ME ou EPP, obrigatoriamente, quando incorrer:

1   na hipótese de ultrapassar o limite permitido em vigor, ou seja, tiver auferido, no ano-calendário imediatamente anterior, Receita Bruta superior a R$ 3.600.000,00;

2   na hipótese de ultrapassar o limite proporcional de EPP no ano de início de atividade (R$ 300.000,00 multiplicados pelo número de meses compreendido entre o início da atividade e o final do respectivo ano-calendário, consideradas as frações de meses como um mês inteiro);

3   nas hipóteses impeditivas já informadas no tópico 2.7.2 deste capítulo.

A exclusão das ME e das EPP do Simples Nacional produzirá efeitos:

1   a partir de 1º de janeiro do ano-calendário subsequente, na hipótese de exclusão por opção, a menos que a exclusão seja efetuada durante o mês de janeiro, hipótese em que os efeitos da exclusão dar-se-ão a partir de 1º de janeiro desse mesmo ano-calendário;

2   a partir de 1º de janeiro do ano-calendário subsequente ao do que tiver ocorrido o excesso, na hipótese de ter auferido, no ano-calendário imediatamente anterior, Receita Bruta superior a R$ 3.600.000;

3   retroativamente ao início de suas atividades quando tiver ultrapassado o limite proporcional de EPP no ano de início de atividade, exceto no caso de a ME ou a EPP no ano de início de atividade, não ultrapassar em mais de 20% (vinte por cento) o limite proporcional quando o valor acumulado da receita bruta no ano-calendário de início da atividade for superior a R$ 200.000,00 multiplicados pelo número de meses desse período (nesse caso, os efeitos da exclusão dar-se-ão a partir de 1º de janeiro do ano-calendário subsequente);

4   a partir do mês seguinte ao da ocorrência da situação impeditiva, nas hipóteses de vedação já informadas no tópico 2.7.2 deste capítulo;

---

14   Comitê Gestor do Simples Nacional (CGSN).

5 a partir do ano-calendário subsequente ao da comunicação pelo contribuinte ou, no caso de exclusão de ofício, ao da ciência da exclusão, na hipótese de possuir débito com o INSS, ou com as Fazendas Públicas Federal, Estadual ou Municipal, cuja exigibilidade não esteja suspensa;

6 a partir do próprio mês em que incorridas situações que desabone a boa prática da atividade empresarial, como falta de comunicação de exclusão obrigatória, resistência à fiscalização, quando a empresa comercializar mercadorias objeto de contrabando ou descaminho, quando houver falta de escrituração do Livro-Caixa ou não permitir a identificação da movimentação financeira;

7 a partir da data dos efeitos da opção pelo Simples Nacional, quando for constatada declaração inverídica a propósito da inclusão no regime ou que havia alguma das hipóteses de vedação;

8 na hipótese de descumprimento das obrigações;

9 cujo o sócio ou titular seja administrador de outra empresa que tenha ultrapassado o limite permitido.

Na hipótese prevista no item 5 acima, será permitida a permanência da ME e da EPP como optante pelo Simples Nacional mediante a comprovação da regularização do débito no prazo de até 30 (trinta) dias contado a partir da ciência da exclusão.

A ME ou a EPP excluída do Simples Nacional sujeitar-se-á, a partir do período em que se processarem os efeitos da exclusão, às normas de tributação aplicáveis às demais pessoas jurídicas.

Conforme §17 do art. 18 da Lei Complementar nº 128/2002, na hipótese do Estado adotar sublimite, caso a receita bruta auferida durante o ano-calendário de início de atividades ultrapasse o sublimite proporcional (R$ 100.000,00 ou R$ 150.000,00 conforme o caso, multiplicados pelo número de meses compreendido entre o início de atividade e o final do respectivo ano-calendário, consideradas as frações de meses como um mês inteiro), o estabelecimento da ME ou EPP neles localizado estará impedido de recolher o ICMS e o ISS na forma do Simples Nacional.

2.7.4 *Contabilização*

Considere-se o seguinte exemplo: A empresa Gama, com atividade comercial, optante pelo Simples Nacional, na categoria de ME, apresentou a seguinte situação:

- Receita Bruta de jul./X1: R$ 25.000
- Receita Bruta acumulada de jan. a jul./X1: R$ 135.000
- Receita Bruta dos últimos 12 meses de jul./X0 a jul./X1: R$ 220.000

De acordo com o Anexo I da Lei Complementar nº 123/2006 (por se tratar de uma empresa comercial), que segue abaixo, tem-se o faturamento dos últimos 12 meses na faixa de R$ 180.000 a R$ 360.000. Desta forma, aplica-se a alíquota de 5,47%, conforme abaixo:

Receita Bruta em 12 meses (R$)	Alíquota	IRPJ	CSLL	COFINS	PIS/PASEP	CPP	ICMS
Até 180.000,00	4,00%	0,00%	0,00%	0,00%	0,00%	2,75%	1,25%
De 180.000,01 a 360.000,00	5,47%	0,00%	0,00%	0,86%	0,00%	2,75%	1,86%

Logo

R$ 25.000 × 5,47% = R$ 1.367,50 = Valor do Simples a pagar

No registro do tributo pelo regime de competência:

D – Despesa Simples Nacional (Resultado)

C – Simples Nacional a pagar (Passivo)   1.367,50

No pagamento no mês seguinte à apuração:

D – Simples Nacional a pagar (Passivo)

C – Banco (Ativo)   1.367,50

O estabelecimento contribuinte do ICMS optante do Simples Nacional deverá efetuar o pagamento da diferença de alíquotas entre a operação interna e a interestadual nas aquisições interestaduais de:

I   material de uso ou consumo; e

II   ativo permanente.

Desta forma, além do documento único de arrecadação do Simples, o contribuinte ficará obrigado, também, ao recolhimento do imposto (ICMS – diferencial) na entrada de mercadoria destinada a uso e consumo e ativo fixo.

Complementando o exemplo anterior, acrescentem-se as seguintes informações:

- A empresa Gama está estabelecida no Estado do Rio de Janeiro;
- A empresa Gama adquiriu R$ 1.500,00 de material de escritório de uma empresa situada no Estado de São Paulo

Com base nestas informações adicionais, conclui-se que a empresa Gama além do pagamento do valor de R$ 1.367,50 referente ao Simples Nacional, apurado e evidenciado anteriormente, terá que pagar também o diferencial de

Tributos Federais **151**

alíquota de ICMS na operação de aquisição de material para uso e consumo de fornecedor localizado em outro Estado.

Teremos então:

Valor da aquisição de material de escritório: R$ 1.500,00

ICMS calculado pela alíquota interna: R$ 285,00 (1.500 × 19%)

ICMS calculado pela alíquota interestadual: R$ 180,00 (1.500 × 12%)

ICMS diferencial de alíquota devido: R$ 105,00 (285,00 – 180,00)

O valor deverá ser recolhido por meio de Guia de Arrecadação Estadual até a data de vencimento, que poderá ser diferente da data de vencimento do Simples Nacional.

Vale lembrar, no entanto, que no Estado do Rio de Janeiro foi instituído o Fundo de combate à pobreza e às desigualdades sociais (FECP) de 1% para este tipo de operação, que é calculado junto com a alíquota do ICMS que é de 18% neste caso (19% no total). Assim, a comparação com a alíquota interestadual de 12% deve considerar o FECP, ou seja, o diferencial de alíquota será 19% (–) 12% = 7%, sendo que o recolhimento deve ser discriminado. Portanto, do valor devido de 105,00, faz-se a seguinte segregação:

- Diferencial de alíquota: R$ 90,00 (=> 6% = 18% – 12%)
- FECP: R$ 15,00 (1%)

Atualmente os dois valores são recolhidos em uma mesma guia, unificados no mesmo código. A Secretaria de Fazenda, ao emitir a guia, emite também um relatório fazendo a devida distinção entre os valores.

2.7.5 Escrituração Fiscal

As ME e EPP optantes pelo Simples Nacional deverão adotar para os registros e controles das operações e prestações por elas realizadas, os seguintes livros:

- Livro-Caixa, no qual deverá estar escriturada toda a sua movimentação financeira, inclusive bancária (este livro não substitui os Livros Contábeis – Diário e Razão, exigidos pelas normas dos Conselhos Federal e Regional de Contabilidade);
- Livro Registro de Inventário, no qual deverão constar registrados os estoques existentes no término de cada ano-calendário, quando contribuinte do ICMS e/ou IPI;
- Livro Registro de Entradas, modelo 1 ou 1-A, destinado à escrituração dos documentos fiscais relativos às entradas de mercadorias ou bens e

às aquisições de serviços de transporte e de comunicação efetuadas a qualquer título pelo estabelecimento, quando contribuinte do ICMS;

- Livro Registro dos Serviços Prestados, destinado ao registro dos documentos fiscais relativos aos serviços prestados sujeitos ao ISS, quando contribuinte do ISS;

- Livro Registro de Serviços Tomados, destinado ao registro dos documentos fiscais relativos aos serviços tomados sujeitos ao ISS;

- Livro de Registro de Entrada e Saída de Selo de Controle, caso exigível pela legislação do Imposto sobre Produtos Industrializados (IPI);

- Livro Registro de Impressão de Documentos Fiscais, pelo estabelecimento gráfico para registro dos impressos que confeccionar para terceiros ou para uso próprio;

- Livros específicos, quando contribuintes que comercializem combustíveis.

2.7.6 Outras obrigações acessórias

A partir de 1º/1/12, as empresas deverão declarar mensalmente os valores relativos a tributos abrangidos pelo Simples Nacional mediante o aplicativo PG-DAS-D (este aplicativo está disponível no portal do Simples Nacional e serve para que o contribuinte efetue o cálculo dos tributos devidos mensalmente na forma do Simples Nacional e imprima o Documento de Arrecadação (DAS), e apresentarão, anualmente, a Declaração de Informações Socioeconômicas e Fiscais (DE-FIS) que será entregue à Secretaria da Receita Federal do Brasil (RFB), por meio da Internet, até o último dia do mês de março do ano-calendário subsequente ao de ocorrência dos fatos geradores dos impostos e contribuições previstos no Simples Nacional. A exigência de declaração única não desobriga a prestação de informações relativas a terceiros.

Relativamente aos tributos devidos, não abrangidos pelo Simples Nacional, a ME e a EPP deverão observar a legislação dos respectivos entes federativos quanto à prestação de informações e entrega de declarações.

As ME e as EPP optantes pelo Simples Nacional ficam obrigadas à entrega da Declaração Eletrônica de Serviços, quando exigida pelo Município, que servirá para a escrituração mensal de todos os documentos fiscais emitidos e documentos recebidos referentes aos serviços prestados, tomados ou intermediados de terceiros.

2.8 Resumo

O capítulo apresentou os principais tributos e contribuições federais: IRPJ, CSLL, IPI, PIS, COFINS e SIMPLES. Inicialmente foram apresentados os principais conceitos relativos a apuração do Lucro Tributável, nos quais foram destacadas as despesas dedutíveis e não dedutíveis, bem como os procedimentos de elaboração do LALUR, com exemplos de lucro real e presumido. Foram apresentados, também, os elementos essenciais dos tributos e contribuições federais, tais como fato gerador, alíquotas, base de cálculo e suas contabilizações.

Finalmente foram discutidos os conceitos relativos ao Simples Nacional aplicáveis a microempresas e empresas de pequeno porte.

2.9 Exercícios e Estudos de Casos

1   Em que situações as empresas estão obrigadas a utilização do Regime de Tributação com base no Lucro Real?

2   Relacione as colunas abaixo:

(1) Adicionados na apuração do lucro real

(2) Excluídos na apuração do lucro real

( ) os custos, despesas, encargos, perdas, provisões, participações e quaisquer outros valores deduzidos na apuração do Lucro Líquido que, de acordo com o Regulamento, não sejam dedutíveis na determinação do lucro real.

( ) os resultados, rendimentos, receitas e quaisquer outros valores incluídos na apuração do Lucro Líquido que, de acordo com o Regulamento, não sejam computados no Lucro Real.

( ) os resultados, rendimentos, receitas e quaisquer outros valores não incluídos na apuração do Lucro Líquido que, de acordo com o Regulamento, devam ser computados na determinação do Lucro Real.

( ) o prejuízo fiscal apurado em períodos de apuração anteriores, limitado a 30% (trinta por cento) do Lucro Líquido ajustado pelas adições e exclusões previstas no Regulamento, desde que a pessoa jurídica mantenha os livros e documentos, exigidos pela legislação fiscal, comprobatórios do prejuízo fiscal utilizado para compensação.

3   Considere as seguintes informações abaixo e determine o Lucro Real do período:

Receitas totais: R$ 10.020.000

Despesas Totais: R$ 8.800.000

Composição das receitas

De vendas: R$ 10.000.000

Financeiras: R$ 20.000

Composição das despesas

Flores e anel de brilhantes para a secretária: R$ 5.000

Multas de trânsito: R$ 2.500

Depreciação do imobilizado: R$ 1.200.000

Hospedagem, aluguel de carros e refeições para potenciais clientes: R$ 10.000

Demais custos e despesas: R$ 7.582.500

4 Com base no exercício anterior, determine o valor total do IRPJ.

5 Considere as seguintes informações abaixo e determine o valor do IRPJ a recolher por estimativa em cada mês e compare com os respectivos balancetes de suspensão:

a Apuração anual

b Não há prejuízo fiscal anterior

c Janeiro X11:

Receita Bruta: R$ 7.000.000,00

Lucro líquido antes do IRPJ: R$ 2.000.000

Adições: R$ 50.000

Exclusões: R$ 250.000

d Apuração fev./X11:

Receita Bruta: R$ 5.500.000,00

Lucro líquido de março antes do IRPJ: R$ 2.200.000

e Apuração mar./X11:

Receita Bruta: R$ 5.000.000,00

Prejuízo fiscal

6 Com as informações abaixo, faça o que se pede:

Receita de Vendas: R$ 5.000.000

Despesas operacionais: R$ 1.650.000

Multa por Auto de Infração: R$ 500.000

Despesa com Brindes: R$ 50.000

Gastos com cartão de crédito da família do diretor-presidente: R$ 100.000

Pede-se:

a Elabore a DRE

b Apure o Lucro Real

c Apure o IRPJ e a CSLL do trimestre

d Efetue as respectivas contabilizações e escrituração do LALUR

e Considere PIS/COFINS e ICMS (12%) sobre a Receita Bruta

7 A construtora Minas Gerais Ltda., tributada pelo Lucro Presumido, apresentou um faturamento no ano de R$ 21.000.000. Determine o IRPJ e CSLL.

8 Com base nas informações abaixo determine o PIS e COFINS apurados no regime não cumulativo e as respectivas contabilizações:

Receita de Vendas mercado interno R$ 2.100.000; Receita de Serviços: R$ 50.000; Receita de Exportação: R$ 20.000; Recebimento de dividendos: R$ 7.000; Compra de insumos para produção: R$ 200.000; Devolução de vendas: R$ 30.000.

9 A empresa comercial Santos optante pelo Simples Nacional apresentou a seguinte situação:

Receita Bruta de Julho/X11: R$ 30.000

Receita Bruta acumulada de janeiro a julho/X1: R$ 150.000

Receita Bruta dos últimos 12 meses: R$ 300.000

Pede-se: Determine o valor do tributo a ser recolhido e efetue as contabilizações devidas.

2.9.1 *Exercícios de Concursos Públicos*

1 (Auditor Fiscal da Receita Federal – 2009) Sobre a Contribuição Social para o Lucro Líquido (CSLL), instituída pela Lei nº 7.689/1988, julgue os itens abaixo, classificando-os como verdadeiros (**V**) ou falsos (**F**). Em seguida, escolha a opção adequada às suas respostas:

I a sua base de cálculo é a mesma do Imposto de Renda das pessoas físicas, sendo que as deduções e compensações admissíveis para a apuração de um correspondem àquelas admitidas para fins de apuração da base de cálculo do outro;

II a sua base de cálculo é o valor do resultado do exercício antes da provisão para o Imposto de Renda;

III a CSLL poderá incidir sobre o resultado presumido ou arbitrado, quando tal seja o regime de apuração a que a Pessoa Jurídica se submete relativamente ao Imposto de Renda.

a Estão corretos os itens I e II.

b Estão corretos os itens I e III.

c Estão corretos os itens II e III.

d Todos os itens estão corretos.

e Todos os itens estão errados.

2 (Prefeitura Municipal de Maraial/PE – Fiscal de Tributos 2010) São impostos federais, EXCETO:

a Imposto sobre a Renda e proventos de qualquer natureza.

b Imposto sobre a Propriedade de Veículos Automotores.

c Imposto sobre Produtos Industrializados.

d Imposto sobre a Propriedade Territorial Rural.

e Impostos Extraordinários de Guerra.

3 (Auditor Fiscal da Receita Federal – 2002) Assinale a resposta correta.

(i) O imposto sobre produtos industrializados (IPI) incide sobre produtos industrializados estrangeiros?

(ii) O campo de incidência do IPI abrange os produtos com alíquota zero?

a (i) Sim, porque para efeito de IPI não há distinção em relação à procedência dos bens. (ii) Não, porque alíquota zero equivale à ausência de alíquota.

b (i) Sim, porque se o produto é industrializado esse imposto substitui o de importação. (ii) Sim, porque alíquota zero não impede que o produto siga o regime geral do imposto.

c (i) Sim. A lei assim o diz. (ii) Sim, porque a lei determina que seu campo de incidência abrange todos os produtos com alíquota.

d (i) Não, porque haveria *bis in idem*, já que sobre eles incide o Imposto de Importação. (ii) Sim, porque o campo de incidência desse imposto abrange todos os Produtos Industrializados.

e (i) Não, porque o IPI não é um tributo aduaneiro. (ii) Não, porque o campo de incidência advém da Constituição e esta não previu a hipótese.

4 (Prefeitura Municipal de Maraial/PE – Fiscal de Tributos 2010) Contribuições sociais é a espécie de tributo cuja cobrança é autorizada pela CF, quando necessária a intervenção do Estado no domínio econômico e de interesse

das categorias profissionais ou econômicas, como instrumento de atuação em suas áreas, e que não se subordinam às normas legais relativas ao orçamento. Suas alíquotas são de ____, calculados sobre o Lucro no Exercício, e de ____ relativamente ao COFINS.

a   12% e 6%

b   10% e 4%

c   12% e 2%

d   12% e 4%

e   10% e 2%

3

Tributos Estaduais – ICMS

Objetivo do Capítulo:

O objetivo deste capítulo é apresentar os conceitos e os principais aspectos da instituição e cobrança do Imposto sobre Circulação de Mercadorias e Serviços (ICMS) e as regras de sua escrituração fiscal e contábil.

Ao final do capítulo será possível compreender a sua aplicabilidade, obrigações acessórias, contabilização e escrituração dos livros fiscais relativos ao ICMS e reconhecer as características gerais de instituição e cobrança deste tributo.

3.1 Introdução

A Constituição Federal de 1988 (CF/1988), em seu art. 155, lista os seguintes impostos estaduais:

> "*Art. 155 Compete aos Estados e ao Distrito Federal instituir impostos sobre:*
>
> I *transmissão causa mortis e doação, de quaisquer bens ou direitos;*
>
> II **operações relativas à circulação de mercadorias e sobre prestações de serviços de transporte interestadual e intermunicipal e de comunicação, ainda que as operações e as prestações se iniciem no exterior;** *(grifo nosso)*
>
> III *propriedade de veículos automotores.*"

Apesar da relevância dos demais tributos na arrecadação das receitas estaduais, este capítulo será dedicado exclusivamente ao Imposto sobre a Circulação de Mercadorias e Serviços (ICMS), conforme previsto no artigo acima citado.

O ICMS destaca-se frente aos demais impostos estaduais por requerer das empresas contribuintes de médio e grande porte, a implementação de uma Contabilidade Tributária que se encarregará de realizar os controles necessários para cumprimento das obrigações tributárias.

> **Nota**
>
> **Evolução histórica**
>
> Na Constituição de 1922, o ICMS chamava-se Imposto sobre Vendas Mercantis (IVC), com alíquota fixa que incidia sobre todas as operações. A Reforma Constitucional de 1965 instituiu o principio da não cumulatividade e o IVC foi substituído pelo Imposto sobre Circulação de Mercadoria (ICM), apurado pela confrontação de débitos e créditos.
>
> Posteriormente, a Constituição de 1988 incorporou a prestação de serviço de transporte, comunicação, energia elétrica, combustíveis, lubrificantes, ao ICM, que passou a ser denominado Imposto sobre Circulação de Mercadoria e Serviços (ICMS), como é conhecido atualmente.
>
> Além da CF/1988, o Decreto nº 406/1968, a Lei Complementar nº 87 de 13/9/96 (Lei Complementar 87/1996), o Código Tributário Nacional (CTN), dentre outros atos legais, regulam o ICMS.

No Estado do Rio de Janeiro temos o Regulamento do Imposto sobre Circulação de Mercadorias e Serviços (RICMS/2000), a Lei nº 2.657/1996, convênios, resoluções, portarias e outras normas que disciplinam o imposto nesta unidade da federação e que serviram de base para todos os exemplos deste capítulo.

3.2 Contribuintes e Responsáveis

De acordo com Código Tributário Nacional (CTN), o sujeito passivo da obrigação principal é a pessoa obrigada ao pagamento do tributo ou da penalidade pecuniária. Classificam-se como sujeito passivo da obrigação principal:

I contribuinte, quando tenha relação pessoal e direta com a situação que constitua o respectivo fato gerador; e

II responsável, quando, sem revestir a condição de contribuinte, sua obrigação decorra de disposição expressa em lei.

3.2.1 Contribuinte do ICMS

Contribuinte é qualquer pessoa, física ou jurídica, que realize, com habitualidade ou em volume que caracterize intuito comercial, operação de circulação de mercadoria ou prestação de serviço, descritas como fato gerador do ICMS. Incluem-se entre os contribuintes do imposto:

1 o comerciante, o industrial, o produtor e o extrator;

2 o industrializador, no retorno da mercadoria ao estabelecimento do encomendante;

3 o fornecedor de alimentação, bebida ou outra mercadoria em qualquer estabelecimento;

4 o prestador de serviço não compreendido na competência tributária dos municípios e que envolva fornecimento de mercadoria;

5 o prestador de serviço compreendido na competência tributária dos municípios e que envolva fornecimento de mercadoria, com ressalva de incidência do imposto de competência estadual definida em Lei Complementar;

6 o importador ou qualquer pessoa, física ou jurídica, de direito público ou privado, que promova importação de mercadoria ou bem do exterior, ainda que não seja contribuinte habitual do imposto, qualquer que seja a sua finalidade, inclusive quando destinados a uso e consumo ou a ativo imobilizado;

7 o destinatário de serviço prestado no exterior ou cuja prestação se tenha iniciado no exterior;

8 o arrematante ou qualquer pessoa, física ou jurídica, de direito público ou privado, que adquira em licitação mercadorias ou bens apreendidos ou abandonados;

9 o prestador de serviços de transporte interestadual ou intermunicipal e de comunicação;

10 dentre outros.

3.2.2 Responsável

Segundo o CTN, a lei pode atribuir de modo expresso a responsabilidade pelo Crédito Tributário a uma terceira pessoa, vinculada ao fato gerador da respectiva obrigação, excluindo a responsabilidade do contribuinte ou atribuindo-a a este em caráter supletivo do cumprimento total ou parcial da referida obrigação.

Nos casos de impossibilidade de exigência do cumprimento da obrigação principal pelo contribuinte, os terceiros descritos na legislação respondem solidariamente com este, nos atos em que intervierem ou pelas omissões de que forem responsáveis.

A responsabilidade pelo pagamento do ICMS e dos acréscimos legais não pagos pelo contribuinte pode ser atribuída a terceiros, quando os atos ou omissões destes concorrerem para o não recolhimento do tributo.

São responsáveis pelo pagamento do imposto

I o leiloeiro, em relação ao imposto devido sobre a saída de mercadoria decorrente de arrematação em leilão, quando o imposto não for pago pelo arrematante;

II o síndico, comissário, inventariante ou liquidante, em relação ao imposto devido sobre a saída de mercadoria decorrente de sua alienação em falência, concordata, inventário ou dissolução de sociedade, respectivamente;

III o armazém geral e o estabelecimento depositário congênere:

1 na saída de mercadoria depositada por contribuinte de outro Estado;

2 na transmissão de propriedade de mercadoria depositada por contribuinte de outro Estado;

3 no recebimento para depósito ou na saída de mercadoria sem documentação fiscal ou com documentação fiscal inidônea;

IV o transportador, em relação à mercadoria:

1 proveniente de outro Estado para entrega, em território deste Estado, a destinatário não designado;

2 negociada em território deste Estado durante o transporte;

3 que aceitar para despacho ou transportar sem documentação fiscal, ou acompanhada de documento fiscal inidôneo;

4 que entregar a destinatário ou em local diverso do indicado na documentação fiscal.

V o estabelecimento industrial ou comercial que promover a saída de mercadoria sem documentação fiscal ou com documentação fiscal inidônea, em relação ao imposto devido pela operação subsequente com a mercadoria;

VI qualquer possuidor ou detentor de mercadoria desacompanhada de documento fiscal ou acompanhada de documento fiscal inidôneo.

3.3 Fato Gerador e Base de Cálculo do ICMS

Fato gerador é a situação definida em lei como necessária e suficiente à ocorrência da obrigação tributária, que pode ser principal ou acessória.

162 Contabilidade Tributária • Andrade, Lins e Borges

A obrigação principal tem por objeto o pagamento de tributo ou de penalidade pecuniária (multa).

A obrigação acessória tem por objeto a prática ou a abstenção de ato no interesse da arrecadação ou da fiscalização dos tributos. A obrigação acessória, pelo simples fato da sua inobservância, converte-se em obrigação principal relativamente à penalidade pecuniária.

Base de Cálculo é o valor sobre o qual incidirá a alíquota do tributo. Será sempre definida na lei que instituir o tributo. Nos termos da Lei Complementar nº 87/1996, integra a base de cálculo do ICMS o montante do próprio imposto, constituindo o respectivo destaque mera indicação para fins de controle.

3.3.1 Fato Gerador

O ICMS tem como fato gerador a operação relativa à circulação de mercadoria e à prestação de serviço de transporte interestadual e intermunicipal e de comunicação, ainda que a operação ou a prestação se inicie no exterior. O fato gerador do imposto ocorre:

I   na saída de mercadoria, a qualquer título, do estabelecimento do contribuinte, ainda que para outro estabelecimento do mesmo titular;

II   na saída de estabelecimento industrializador, em retorno ao do encomendante, ou para outro por ordem deste, de mercadoria submetida a processo de industrialização que não implique prestação de serviço compreendido na competência tributária municipal, ainda que a industrialização não envolva aplicação ou fornecimento de qualquer insumo;

III no fornecimento de alimentação, bebida ou outra mercadoria por qualquer estabelecimento;

IV   no fornecimento de mercadoria com prestação de serviço:

   1   não compreendido na competência tributária dos municípios;

   2   compreendido na competência tributária dos municípios, e com indicação expressa de incidência do imposto de competência estadual, como definido em legislação aplicável.

V   no desembaraço aduaneiro de mercadoria ou bem importados do exterior;

VI   na entrada no estabelecimento do contribuinte de mercadoria proveniente de outra unidade da Federação, destinada a consumo ou a ativo fixo;

VII na utilização, por contribuinte, de serviço cuja prestação se tenha iniciado em outra unidade da Federação e não esteja vinculada a operação ou prestação subsequente alcançada pela incidência do imposto;

VIII na aquisição, em licitação promovida pelo Poder Público, de mercadoria ou bem importados do exterior apreendidos ou abandonados;

IX no início de execução do serviço de transporte interestadual e intermunicipal de qualquer natureza;

X no ato final de transporte iniciado no exterior;

XI na prestação onerosa de serviços de comunicação, feita por qualquer meio, inclusive a geração, a emissão, a recepção, a transmissão, a retransmissão, a repetição e a ampliação de comunicação de qualquer natureza;

XII dentre outros.

Nota

Devem ser observadas, ainda, as seguintes situações:

a Considera-se saída do estabelecimento a mercadoria constante do estoque final, na data do encerramento da atividade;

b Considera-se saída do estabelecimento a mercadoria que nele tenha entrado desacompanhada de documento fiscal ou acompanhada de documento fiscal inidôneo ou, ainda, cuja entrada não tenha sido regularmente escriturada;

c Considera-se posta em circulação neste Estado a mercadoria em trânsito, desacompanhada de documento fiscal ou acompanhada de documentação inidônea e a proveniente de outra unidade da Federação sem destinatário certo;

d Na venda à ordem ou para entrega futura, considera-se ocorrido o fato gerador na data em que se efetivar a saída da mercadoria.

O imposto incide também sobre a entrada de bem ou mercadoria importados do exterior por pessoa física ou jurídica, ainda que não seja contribuinte habitual do imposto, qualquer que seja sua finalidade.

3.3.2 Base de Cálculo

A base de cálculo é, conforme o caso:

I o valor da operação de que decorrer a saída da mercadoria;

II o valor total da operação, compreendendo o fornecimento da mercadoria e a prestação do serviço;

III no desembaraço aduaneiro, a soma das seguintes parcelas:

1 o valor da mercadoria ou bem constante dos documentos de importação;

2 Imposto de Importação;

3 Imposto sobre Produtos Industrializados;

4 Imposto sobre Operações de Câmbio;

5 quaisquer despesas aduaneiras, assim entendidos os valores pagos ou devidos à repartição alfandegária até o momento do desembaraço da mercadoria, tais como taxas e os decorrentes de diferenças de peso, erro na classificação fiscal ou multa por infração;

6 PIS e COFINS s/importação.

IV o valor da operação de que decorrer a entrada da mercadoria destinada a uso ou consumo ou ativo fixo, sendo o imposto a pagar resultante da aplicação, sobre a base de cálculo, do percentual equivalente à diferença entre a alíquota interna e a interestadual.

Integra a Base do Cálculo do Imposto:

I o montante do próprio imposto, constituindo o respectivo destaque mera indicação para fins de controle;

II o valor correspondente a:

1 seguro, juro e qualquer importância paga, recebida ou debitada, bem como descontos concedidos sob condição;

2 frete, quando o transporte for efetuado pelo próprio remetente ou por sua conta e ordem, e seja cobrado em separado.

Nota

Não integra a base de cálculo do ICMS o montante do imposto federal sobre produtos industrializados, quando a operação, realizada entre contribuintes do ICMS e relativas a produto destinado à industrialização ou à comercialização, configure fato gerador de ambos os impostos. Exceto esta hipótese, o valor do IPI integra a base de cálculo do ICMS, como no caso de operação com não contribuinte.

Exemplo

Considerando que o valor do produto é R$ 1.000 e IPI de R$ 100; se o adquirente for contribuinte, a base de cálculo será R$ 1.000; se a operação for com não contribuinte dos tributos, a base de cálculo será R$ 1.100.

Para efeito de fixação da base de cálculo, na saída de mercadoria para estabelecimento do mesmo titular, deve ser observado o seguinte:

I destinatário localizado em outra unidade da Federação:

1 o preço de aquisição mais recente, quando o remetente for estabelecimento comercial;

2 o valor de custo da mercadoria produzida, assim entendido a soma da matéria-prima, material secundário, mão de obra e acondicionamento, quando o remetente for estabelecimento industrial;

II destinatário localizado no Estado: o preço médio praticado nas vendas a outros contribuintes.

Exemplo de composição de Base de Cálculo (BC)

Suponha que uma empresa comercial estabelecida no RJ realize as seguintes operações:

a compras no exterior de mercadorias para revenda, no valor de R$ 20.000; e

b venda para contribuinte varejista localizado em SP, no valor de R$ 32.000 + frete de R$ 600.

Considere ainda os seguintes gastos relativos à operação de compra:

– Imposto de Importação de R$ 3.000
– Despesas Aduaneiras de R$ 1.800
– IPI de R$ 2.976

A Base de Cálculo do ICMS para as entradas será composta pelos seguintes encargos, exemplificados no quadro a seguir:

Itens	Valor
Valor da mercadoria	20.000
Imposto de Importação	3.000
Despesas Aduaneiras	1.800
IPI	2.976
Base de Cálculo do ICMS	**27.776**

No caso da venda, a Base de Cálculo será composta dos seguintes itens:

Itens	Valor
Valor da mercadoria	32.000
Frete	600
Base de Cálculo do ICMS	**32.600**

Observa-se que a Base de Cálculo, segundo os preceitos legais, deve incorporar não só o valor da mercadoria, mas todos os valores cobrados pelo remetente do destinatário, incluindo todos os gastos necessários para colocar o produto disponível para venda.

Considerando agora alguns campos da nota fiscal de compra de uma empresa comercial do ERJ (ICMS=12%):

Cálculo do imposto

Base de Cálculo ICMS	Valor ICMS	Base de Cálculo ICMS ST	Valor ICMS ST	Total Produtos
10.000,00	1.200,00	0,00	0,00	10.000,00
Valor Frete	Valor Seguro	Outras Desp.	Valor IPI	Total da Nota
0,00	0,00	0,00	800,00	**10.800,00**

Neste caso, o valor líquido do estoque seria R$ 9.600, haja vista que se trata de uma empresa comercial e o IPI não pode ser compensado, compondo, neste caso, o custo do produto.

Contabilização:

D = Estoque 9.600,00

D = ICMS a recuperar 1.200,00

C = Fornecedores 10.800,00

3.4 Imunidade, Não Incidência, Isenção, Suspensão e Diferimento

Esses institutos permitem o não pagamento de tributo. São benefícios fiscais que visam, por diferentes motivos e instrumentos jurídicos, evitar que o imposto seja pago pelo contribuinte ou responsável.

A imunidade surge por meio de previsão constitucional, a isenção por meio de lei (ordinária ou complementar) e a suspensão por meio de norma tributária. Já a não incidência, o ordenamento jurídico simplesmente não previu aquele fato como gerador da obrigação tributária.

3.4.1 Imunidade

Imunidade tributária é a limitação imposta pela Constituição Federal à instituição de tributos sobre determinados objetos ou sujeitos. Trata-se de uma não incidência constitucional. São exemplos de objetos ou sujeitos imunes: produção de livros, jornais, periódicos e o papel destinado a sua impressão ou sobre templos de qualquer culto religioso.

3.4.2 Não Incidência

A não incidência pode ser definida como a situação em que a norma jurídica de tributação não se aplica em virtude do tipo de operação. O sujeito ou objeto não estão definidos nas normas vigentes em nenhuma das hipóteses de incidência.

Segundo o RICMS/2000, o ICMS não incide sobre:

I   operação (circulação) com livro, jornal, periódico e o papel destinado à sua impressão;[1]

II   operação e prestação que destine ao exterior mercadoria ou serviço;

---

[1]   Não se aplica às operações relativas a circulação das seguintes mercadorias:1 livro em branco ou simplesmente pautado, bem como o utilizado para escrituração de qualquer natureza; 2 agenda ou similar; 3 catálogo, guia, lista, inclusive telefônica, e outros impressos que contenham propaganda comercial, que serão tributados normalmente.

> **Nota**
>
> Equipara-se às operações para o exterior a saída de mercadoria realizada com o fim específico de exportação para o exterior, destinada a:
>
> 1   empresa comercial exportadora, inclusive *tradings* ou outro estabelecimento da mesma empresa;
>
> 2   armazém alfandegado ou entreposto aduaneiro.
>
> A operação será considerada tributável, na data da saída original, ficando o contribuinte obrigado a recolher o imposto relativo à mesma, com os acréscimos e penalidades cabíveis, se for verificado, a qualquer tempo, que a mercadoria:
>
> a   não chegou ao destino indicado após decorrido o prazo de 180 (cento e oitenta) dias contado da data da saída do estabelecimento remetente;
>
> b   foi perdida ou danificada, independentemente da causa;
>
> c   foi reintroduzida no mercado interno.

III   operação que destine a outro Estado ou ao Distrito Federal energia elétrica e petróleo, inclusive lubrificante e combustível líquido e gasoso dele derivados, quando destinados à industrialização ou à comercialização;

IV   operação com ouro, quando definido em lei como ativo financeiro ou instrumento cambial;

V   operação com mercadoria em virtude de alienação fiduciária em garantia, na:

     1   transmissão de domínio feita pelo devedor fiduciante em favor do credor fiduciário;

     2   transferência da posse da mercadoria objeto da garantia, em favor do credor fiduciário, em virtude de inadimplemento do fiduciante;

     3   transmissão do domínio do credor para o devedor, em virtude da extinção, pelo pagamento, da garantia.

VI   operação com mercadoria de terceiro, na saída de estabelecimento de empresa de transporte ou de depósito, por conta e ordem desta;

VII operação com mercadoria, na saída para estabelecimento localizado neste Estado ou na transmissão de sua propriedade, decorrente da transferência de estoque de uma sociedade para outra, em virtude de:

1 transformação, fusão, cisão ou incorporação;

2 aquisição do estabelecimento;

VIII operação com mercadoria, na saída para estabelecimento localizado neste Estado ou na transmissão de sua propriedade, decorrente de transferência de estoque, de uma empresa individual para outra ou para uma sociedade, em virtude de aquisição do estabelecimento;

IX operação com mercadoria na saída decorrente da transferência de estoque, dentro do Estado, ou na transmissão de sua propriedade, de firma individual ou de sociedade, para integralização do capital de outra sociedade;

X operação com mercadoria componente do estoque do estabelecimento, de um lugar para outro dentro do Estado, em decorrência da mudança de sua localização;

XI operação com mercadoria destinada a armazém geral situado neste Estado, para depósito em nome do remetente;

XII operação com mercadoria destinada a depósito fechado do próprio contribuinte, localizado neste Estado;

XIII operação de retorno, ao estabelecimento depositante, de mercadoria dos estabelecimentos referidos nos incisos XI e XII;

XIV operação de saída de peça, ferramenta, máquina, veículo, equipamento e outros utensílios, integrados ao Ativo Fixo, desde que devam retornar ao estabelecimento de origem ou a outro do mesmo titular;

XV operação com impresso personalizado, promovida por estabelecimento da indústria gráfica diretamente a usuário final, pessoa física ou jurídica;[2]

XVI operação com artigo funerário, quando promovida por empresa do ramo concomitantemente com a prestação de serviço funerário;

XVII operação com mercadoria, em decorrência de locação ou comodato;

XVIII operação de fornecimento, pelo estabelecimento prestador dos serviços compreendidos na competência tributária municipal, de mercadoria a ser ou que tenha sido utilizada na prestação de tais serviços, ressalvados os casos de incidência do imposto estadual definidos em Lei Complementar;

---

[2] Não se aplica à saída de impresso destinado à propaganda e publicidade, sem personalização.

170 Contabilidade Tributária • Andrade, Lins e Borges

XIX operação de fornecimento de medicamento e refeição, em seu próprio recinto, por hospital, sanatório, casa de saúde e de recuperação ou repouso sob orientação médica, extensivo ao acompanhante, desde que incluído seu valor na respectiva conta de prestação de serviço;

XX operação de arrendamento mercantil, não compreendida a venda do bem arrendado ao arrendatário;

XXI operação de transferência de bens móveis salvados de sinistro para companhias seguradoras.

XXII a aquisição de veículo novo por taxista, devida e comprovadamente sindicalizado e inscrito no órgão municipal competente, para uso específico como táxi, limitado a um veículo por beneficiário, e desde que o mesmo não tenha adquirido veículo com isenção ou não incidência do ICMS em prazo inferior a 3 (três) anos;

XXIII a aquisição de veículo novo por portador de deficiência motora devidamente atestada pelo órgão competente, para seu uso pessoal limitado a um veículo por beneficiário, e desde que o mesmo não tenha adquirido veículo com isenção ou não incidência do ICMS em prazo inferior a 3 (três) anos.

As leis e regulamentos estaduais ocupam-se de apresentar detalhadamente diversas e diferentes hipóteses de não incidência do imposto, esclarecendo as formalidades que garantem este benefício fiscal.

3.4.3 Isenção

A isenção é sempre decorrente de lei que especifica as condições e requisitos exigidos para a sua concessão, os tributos a que se aplica e, sendo o caso, o prazo de sua duração. Pode ser restrita a determinada área do território da entidade tributante, em função de condições a ela peculiares. Salvo se concedida por prazo certo e em função de determinadas condições, pode ser revogada ou modificada por lei, a qualquer tempo. Na isenção ocorre a exclusão do crédito tributário, impedindo o ente tributante de cobrar o tributo.

Quando a isenção depender de condição a ser atendida pelo beneficiário, e não sendo esta satisfeita, o imposto será considerado devido no momento em que ocorreu a operação ou a prestação e será cobrado pelo seu valor monetariamente corrigido, com os acréscimos cabíveis.

> **Nota**
>
> A outorga de isenção não importa em dispensa do cumprimento de obrigação acessória dependente da obrigação principal. Por exemplo, mesmo sendo isenta a saída de produtos como legumes, verduras e ovos, o estabelecimento remetente deve emitir a Nota Fiscal.

A isenção corresponde a uma norma aditiva, que no caso do ICMS são os convênios, celebrados e ratificados pelos Estados, que modificam a norma básica, fazendo com que o imposto, em regra, devido, não o seja em certas circunstâncias.

Os convênios são normas complementares e são temporários, devendo ser renovados para continuar a vigorar. Por seu caráter temporário, em muitos casos se referem a situações transitórias e específicas, como por exemplo, para o RJ:

Manual de Diferimento, Ampliação de Prazo de Recolhimento, Suspensão e de Incentivos e Benefícios de Natureza Tributária
Letra H

Assunto	Natureza	Descrição	Fonte

Hortifrutigranjeiros	Isenção	(Redação atual dada pela Portaria ST nº 514/2008)
		
		Isenta as saídas, promovidas por qualquer estabelecimento, dos seguintes produtos:
		
		I Hortifrutícolas em estado natural:
		  a abóbora, abobrinha, acelga, agrião, aipim, aipo, alface, almeirão, alcachofra, araruta, alecrim, arruda, alfavaca, alfazema, aneto, anis, azedim;
		  b batata, batata-doce, berinjela, bertalha, beterraba, brócolis;
		  c camomila, cará, cardo, catalonha, cebola, cebolinha, cenoura, chicória, chuchu, coentro, couves, couve-flor, cogumelo, cominho;
		  d erva-cidreira; erva-doce, erva-de-santa--maria, ervilha, espinafre, escarola, endívia, aspargo;
		  e flores, frutas frescas nacionais ou provenientes dos países membros da ALADI, exceto amêndoa, avelã, castanha, noz, peras e maçãs;
		  f gengibre, inhame, jiló, losna;
		  g mandioca, milho verde, manjericão, manjerona, maxixe, moranga, macaxeira;
		  h nabo e nabiça;
		  i palmito, pepino, pimentão, pimenta;
		  j quiabo, repolho, rabanete, rúcula, raiz--forte, ruibarbo, salsa, salsão, segurelha;
		  l taioba, tampala, tomate, tomilho e vagem;
		  m broto de vegetais, cacateira, cambuquira, gobo, hortelã, mostarda, repolho-chinês e demais folhas usadas na alimentação humana;
		
		II ovos e pintos de um dia
		III caprino e produtos comestíveis resultantes de sua matança.
		
		A isenção não se aplica aos produtos mencionados quando destinados à industrialização.
			Convênio ICM 44/1975 e suas alterações, incorporado pelo Decreto nº 944/1976.
			Revigorado pelo Convênio ICMS 68/1990, efeitos de 5/10/90 a 30/4/91 (de 1º/1/90 a 4/10/90 não houve o benefício)
			Convênio ICM 7/1980 exclui produtos da lista.
			Convênio ICM 24/1985, alterado pelo Convênio ICM 17/1993 (incorporado pela Resolução SEEF nº 2.305/1993), acrescenta produtos à lista.
			Convênio ICM 28/1987 autoriza a revogar a isenção concedida às saídas de aves.
			Decreto nº 15.651/1990, alterado pelo Decreto nº 15.865/1990.
			Prorrogado pelo Convênio ICM 9/1991 e pelos Convênios ICMS 28/91, 78/1991 e 124/1993 (prazo indeterminado).

Como se observa no quadro acima, para usufruir da isenção será preciso atender integralmente as condições, impostas pelas normas, visto que, quando a remessa se destinar à indústria, o imposto será devido.

3.4.4 Suspensão

Suspensão é a postergação temporária da exigibilidade do tributo, por meio de norma tributária. Não se verificando a condição ou o requisito que legitima a suspensão, torna-se exigível o imposto com base na data da respectiva saída da mercadoria, corrigido monetariamente e com os acréscimos cabíveis.

Gozam de suspensão do imposto, segundo o RICMS/2000:

I   a saída e o respectivo retorno de mercadoria destinada a conserto, reparo ou industrialização;

> **Notas**
>
> 1   Não se aplica à saída para fora do Estado de sucata e produto primário de origem animal ou vegetal, salvo se a remessa e o retorno se fizerem nos termos de acordo firmado entre o Estado do Rio de Janeiro e demais Estados interessados;
> 2   É condicionada ao retorno da mercadoria ao estabelecimento de origem no prazo de 180 (cento e oitenta) dias, contado da data da respectiva saída, prorrogável por mais 180 (cento e oitenta) dias, pela repartição fiscal, a requerimento do interessado, admitindo-se, excepcionalmente, uma segunda prorrogação de igual prazo.

II   a saída e o respectivo retorno de mercadoria para fim de demonstração, quando o destinatário estiver localizado neste Estado e revestir a qualidade de contribuinte do imposto, excluída a saída de mostruário e a remessa para estabelecimento do mesmo titular ou de terceiro, para fim de simples exposição.[3]

No quadro a seguir é demonstrado um exemplo do benefício fiscal de suspensão, concedido no Rio de Janeiro que consta no *Manual de Diferimento, Ampliação de Prazo de Recolhimento, Suspensão e de Incentivos e Benefícios de Natureza Tributária* (Decreto nº 27.815/2001)

---

[3]   Condicionada ao retorno da mercadoria ao estabelecimento de origem, no prazo de 30 (trinta) dias, prorrogável por até igual período, a critério da repartição fiscal.

Assunto	Natureza	Descrição	Fonte
Equino de qualquer raça	Suspensão	Na saída do equino de qualquer raça que tenha controle genealógico oficial, com idade superior a 3 (três) anos, para outra unidade da Federação, para cobertura ou participação em provas de treinamento, e cujo imposto ainda não tenha sido pago, seu recolhimento fica suspenso, desde que emitida a nota fiscal respectiva e o retorno do animal ocorra dentro do prazo de 60 (sessenta) dias, prorrogável, uma única vez, por período igual ou menor, a critério da repartição fiscal a que estiver vinculado o remetente.	Decreto nº 27.427/2000, Livro XV, Título II. Prazo indeterminado. (Acrescentado pela Portaria SET nº 746/2002).

Verifica-se, também neste exemplo, que são impostas condições para que o benefício seja usufruído em sua plenitude.

3.4.5 Diferimento

Também conhecida como *Diferimento*, na Substituição Tributária Antecedente, a responsabilidade pelo recolhimento do tributo é atribuída a quem receber mercadoria, cujo fato gerador tenha ocorrido em transação anterior, ainda não tributada.

O diferimento não é um benefício fiscal no sentido restrito da expressão, visto que o direito do fisco de receber o imposto permanece e apenas foi retardado, diferido, postergado para um momento posterior à transação propriamente dita. Reconhece-se, no entanto, que a pessoa que praticou o Fato Gerador Antecedente fica desonerada do pagamento do tributo e, em seu lugar, surge um outro sujeito passivo, o contribuinte substituto.

Na hipótese de responsabilidade tributária em relação às operações ou prestações antecedentes, o imposto devido pelas referidas operações ou prestações será pago pelo responsável, quando:

1 da entrada ou recebimento da mercadoria ou do serviço;

2 da saída subsequente por ele promovida, ainda que isenta ou não tributada;

3 ocorrer qualquer saída ou evento que impossibilite a ocorrência do fato determinante do pagamento do imposto.

No quadro a seguir é apresentado um exemplo de diferimento concedido no Rio de Janeiro e que consta no *Manual de Diferimento, Ampliação de Prazo de Recolhimento, Suspensão e de Incentivos e Benefícios de Natureza Tributária* (Decreto nº 27.815/2001).

Assunto	Natureza	Descrição	Fonte
Estabelecimento industrial	Diferimento	Difere o pagamento do ICMS incidente sobre máquinas, equipamentos, peças, partes e acessórios quando adquiridos por estabelecimento industrial localizado no Estado do Rio de Janeiro e destinados a integrar o seu ativo imobilizado, nas hipóteses de importação, aquisição interna e relativo ao diferencial de alíquota. O diferimento aplica-se às aquisições efetuadas no período compreendido entre a data da publicação deste Decreto nº 31/12/14.	Decreto nº 41.557/2008

Fonte: Receita estadual.

Nesse caso, observa-se uma postergação do imposto incidente nas aquisições de bens do imobilizado, nacionais ou importados, por um período determinado.

3.5 Alíquotas, Apuração e Escrituração Fiscal

Os critérios de apuração do ICMS envolvem a identificação da alíquota aplicável a cada operação e a escrituração dos livros fiscais. A seguir são descritas as principais características destes procedimentos.

3.5.1 Alíquotas

A alíquota do ICMS pode ser:

a Interestadual, quando destinatário e remetente estiverem localizados em Unidades da Federação distintas;

b De Exportação, quanto destinatário estiver localizado no exterior;

c Interna, quando destinatário e remetente estiverem localizados na mesma Unidade da Federação.

A Resolução nº 22/1989 do Senado Federal estabeleceu as alíquotas aplicáveis às operações e prestações interestaduais e de exportação.

Em relação às operações e prestações que destinem bens e serviços a consumidor final localizado em outro Estado, deve-se adotar:

a   alíquota interestadual, quando o destinatário for contribuinte do imposto;

b   alíquota interna, quando o destinatário não for contribuinte dele (consumidor final não contribuinte).

Os Estados têm autonomia para estabelecer as alíquotas internas, correspondentes às operações e prestações em que destinatário e remetente estejam situados em seu território. No entanto, o Senado Federal tem competência para estabelecer alíquotas mínimas nas operações internas e para fixar alíquotas máximas nas mesmas operações, para resolver conflito específico que envolva interesse dos Estados.

> **Nota**
>
> As alíquotas internas, nas operações relativas à circulação de mercadorias e nas prestações de serviços, não poderão ser inferiores às previstas para as operações interestaduais, salvo deliberação em contrário firmada pelos Estados e Distrito Federal através de convênios para este fim específico.

A aplicação da alíquota sobre a base de cálculo faz surgir o valor fiscal do imposto, tanto nas operações de entrada quanto nas operações de saída do estabelecimento. Como o imposto é não cumulativo, os valores assim calculados serão confrontados entre si, apurando-se o imposto devido/a recolher ou a recuperar. Os mecanismos de apuração do ICMS serão detalhados em tópico específico, no qual serão apresentados os critérios para apuração dos débitos, créditos e do saldo mensal. Na sequência, serão descritas as regras gerais de escrituração desses valores nos Livros Fiscais que compõem uma das principais obrigações acessórias deste tributo.

As alíquotas, aplicáveis sobre as bases de cálculo antes especificadas, encontram variações e particularidades na legislação em vigor. No entanto, destacamos aquelas que têm maior frequência nas operações internas das empresas estabelecidas no Rio de Janeiro:

I   em operação ou prestação interna: 18%[4] (dezoito por cento);

II   em operação com energia elétrica:

---

[4]   No RJ a alíquota básica é 18%, a qual é acrescida de 1% a título de Fundo de Combate à Pobreza, incidindo assim num total de 19%. Este tema será abordado mais adiante neste capítulo.

Tributos Estaduais – ICMS **177**

a 18% (dezoito por cento), até o consumo de 300 *quilowatts*/hora mensais;

b 25% (vinte e cinco por cento), quando acima do consumo de 300 *quilowatts*/hora mensais;

c 6% (seis por cento), quando utilizada no transporte público eletrificado de passageiros.

III em operação interna, interestadual destinada a consumidor final não contribuinte, e de importação, com os produtos abaixo especificados: 37% (trinta e sete por cento):

a arma e munição, suas partes e acessórios;

b perfume e cosmético;

c bebida alcoólica, exceto cerveja, chope e aguardente de cana e de melaço;

d peleteria e suas obras e peleteria artificial;

e embarcações de esporte e de recreio.

IV na prestação de serviços de comunicação: 25%

V em operações com produtos de informática e automação, que estejam beneficiados com redução do Imposto sobre Produtos Industrializados e sejam fabricados por estabelecimento industrial que atenda ao disposto no artigo 4º, da Lei Federal nº 8.248/1991[5] e alterações posteriores: 7%, estornando-se o crédito superior a 7%, obtido na operação anterior, seja operação interna ou interestadual.

VI em operações com arroz, feijão, pão e sal: 12%;

VII em operações com gado, ave e coelho, bem como os produtos comestíveis resultantes de sua matança, em estado natural, resfriado ou congelado: 12%;

VIII no fornecimento de alimentação, incluídos os serviços prestados, promovido por restaurante, lanchonete, bar, café e similares: 12%;

IX em operação com cigarro, charuto, cigarrilha, fumo e artigo correlato: 35%;

X em operação com gasolina, álcool carburante e querosene de aviação: 30%; Nas operações internas com Querosene de Aviação (QAV), a alíquota do ICMS é de 12%;

---

5 Art. 4º As empresas de desenvolvimento ou produção de bens e serviços de informática e automação que investirem em atividades de pesquisa e desenvolvimento em tecnologia da informação farão jus aos benefícios de que trata a Lei nº 8.191/1991 (redação dada pela Lei nº 10.176/2001).

178 Contabilidade Tributária • Andrade, Lins e Borges

XI na operação de extração de petróleo: 18%;

XII em operação com cerveja e chope: 17%;

XIII em operação com refrigerante: 16%;

XIV em operação com aguardente: 17%.

Nas operações e prestações interestaduais e de importação,[6] as alíquotas praticadas no Estado do Rio de Janeiro são:

I em operação ou prestação interestadual que destine bem ou serviço a consumidor final não contribuinte: 18% (dezoito por cento);

II em operação ou prestação interestadual quando o destinatário for contribuinte do imposto localizado:

    a nas regiões Norte, Nordeste, Centro-Oeste e no Estado do Espírito Santo: 7%

    b nas demais regiões: 12%

III em operação de importação, na prestação de serviço que se inicie no exterior ou quando o serviço seja prestado no exterior: 15% (quinze por cento). Quando a operação de importação for realizada através de aeroportos internacionais do Estado do Rio de Janeiro a alíquota será de 13% (treze por cento).

O Senado Federal, através da Resolução SF nº 13/2012, fixou a alíquota interestadual do ICMS sobre produtos importados em 4%. O artigo 1º da referida Resolução cita:

A alíquota do Imposto sobre Operações Relativas à Circulação de Mercadorias e sobre Prestação de Serviços de Transporte Interestadual e Intermunicipal e de Comunicação (ICMS), nas operações interestaduais com bens e mercadorias importados do exterior, será de 4% (quatro por cento).

---

[6] Desde 1º/1/2013, no caso de venda de mercadoria importada para contribuinte situado em outro Estado, ocorrem duas operações: importação e interestadual. A importação utilizará a alíquota de ICMS determinada pelo Estado sujeito ativo da obrigação tributária. Já a operação subsequente (interestadual) utilizará uma alíquota de 4%. Esta alíquota de 4%, conforme definido pela Resolução do Senado Federal nº 13/2012, será aplicada apenas para as operações interestaduais com bens e mercadorias importados, que após seu desembaraço aduaneiro não tenham sido submetidos a processo de industrialização ou, ainda que submetidos a este processo, resultem em mercadorias ou bens com Conteúdo de Importação superior a 40% (quarenta por cento). Não se aplica a alíquota do ICMS de 4% nas operações interestaduais com bens e mercadorias importadas que não tenham similar nacional, produzidos em conformidade com os processos produtivos básicos e gás natural.

§ 1º O disposto neste artigo aplica-se aos bens e mercadorias importados do exterior que, após seu desembaraço aduaneiro:

a   não tenham sido submetidos a processo de industrialização;

b   ainda que submetidos a qualquer processo de transformação, beneficiamento, montagem, acondicionamento, reacondicionamento, renovação ou recondicionamento, resultem em mercadorias ou bens com Conteúdo de Importação superior a 40% (quarenta por cento).

O disposto no § 1º não se aplica:

I   aos bens e mercadorias importados do exterior que não tenham similar nacional, a serem definidos em lista a ser editada pelo Conselho de Ministros da Câmara de Comércio Exterior (Camex) para os fins desta Resolução;

II   aos bens produzidos em conformidade com os processos produtivos básicos de que tratam o Decreto-lei nº 288, de 28 de fevereiro de 1967, e as Leis nᵒˢ 8.248, de 23 de outubro de 1991, 8.387, de 30 de dezembro de 1991, 10.176, de 11 de janeiro de 2001, e 11.484, de 31 de maio de 2007.

Nota

Nas operações tributadas pelo ICMS, deve-se considerar sempre as alíquotas de acordo com o destino da mercadoria.

Exemplo de aplicação das alíquotas

Suponha que a Empresa Comercial EX Ltda., estabelecida no RJ, realize as seguintes operações:

a   Compra de mercadorias para revenda no valor de R$ 10.000, cujo fornecedor é estabelecido em SP;

b   Compra de mercadorias para revenda no valor de R$ 15.000, cujo fornecedor é estabelecido no RJ;

c   Venda de mercadorias para cliente estabelecido em MG, pelo valor de R$ 22.000;

d   Venda de mercadorias por R$ 29.000 para cliente estabelecido no RJ;

e   Venda de mercadoria para cliente da PB, por R$ 7.000.

No quadro abaixo aparecem os cálculos do ICMS para cada operação:

Item	Operação	Origem	Destino	BC[6]	Alíquota	Vr. ICMS
a	Compra	SP	RJ	10.000	12%	1.200
b	Compra	RJ	RJ	15.000	18%	2.700
c	Venda	RJ	MG	22.000	12%	2.640
d	Venda	RJ	RJ	29.000	18%	5.220
e	Venda	RJ	PB	7.000	7%	490

Observe-se que na hipótese de operações internas, quando destinatário e remetente estão estabelecidos no mesmo Estado, foi utilizada a alíquota básica de 18%, atribuída à maioria dos produtos. Mas existem outras alíquotas previstas na legislação, não aplicáveis a este exemplo.

Nos casos em que as operações são interestaduais, quando destinatário e remetente estão estabelecidos em Estados diferentes, foram utilizadas as alíquotas atribuídas a cada região do país. Assim, a operação (c) tinha como destino o Estado de MG, na Região Sudeste, à qual é atribuída a alíquota de 12%. Da mesma forma, quando o destino é RJ, também na Região Sudeste, aplicou-se 12%. A operação destinada à PB, na Região Nordeste, foi tributada com a alíquota de 7%.

3.5.2 Apuração e Escrituração Fiscal

A escrituração fiscal consiste no conjunto de procedimentos e técnicas, estabelecidos pela legislação tributária, relacionados com as atividades empresariais das entidades, sobre as quais incidam impostos indiretos que devam ser apurados e recolhidos pelo próprio contribuinte.

A apuração do ICMS é o procedimento no qual o contribuinte realiza a escrituração dos débitos, decorrentes das operações de saídas tributadas e dos créditos do imposto, decorrentes das operações de entradas tributadas, destacados nos documentos fiscais, confrontando-os e apurando o imposto a pagar ou a recuperar em determinado período.[8]

Os documentos fiscais são caracterizados e definidos na legislação federal e estadual. A Nota Fiscal (NF) é o documento fiscal mais utilizado, mas existem

---

[7] BC = Base de Cálculo.

[8] Não confundir Débito/Crédito Tributário (livros do governo) com Débito/Crédito Contábil (livros da empresa).

outros documentos relevantes como o conhecimento de transporte e as contas de água e energia. Nesses documentos constam as informações necessárias para a escrituração fiscal do ICMS.

No Rio de Janeiro estão previstos os seguintes documentos fiscais:

I   Nota Fiscal, *modelo 1 ou 1-A*;

II   Cupom Fiscal ECF, Cupom Fiscal PDV ou Cupom Fiscal de Máquina Registradora;

III   Nota Fiscal de Venda a Consumidor, *modelo 2*;

IV   Nota Fiscal de Produtor, *modelo 4*;

V   Nota Fiscal Avulsa;

VI   Nota Fiscal/Conta de Energia Elétrica, *modelo 6*;

VII   Nota Fiscal de Serviço de Comunicação, *modelo 21*;

VIII   Nota Fiscal de Serviço de Telecomunicações, *modelo 22*;

IX   Nota Fiscal de Serviço de Transporte, *modelo 7*;

X   Conhecimento de Transporte Rodoviário de Cargas, *modelo 8*;

XI   Conhecimento de Transporte Aquaviário de Cargas, *modelo 9*;

XII   Conhecimento Aéreo, *modelo 10*;

XIII   Conhecimento de Transporte Ferroviário de Cargas, *modelo 11*;

XIV   Despacho de Transporte, *modelo 17*;

XV   Ordem de Coleta de Cargas, *modelo 20*;

XVI   Manifesto de Carga, *modelo 25*;

XVII   Autorização de Carregamento e Transporte, *modelo 24*;

XVIII   Bilhete de Passagem Rodoviário, *modelo 13*;

XIX   Bilhete de Passagem Aquaviário, *modelo 14*;

XX   Bilhete de Passagem e Nota de Bagagem, *modelo 15*;

XXI   Bilhete de Passagem Ferroviário, *modelo 16*;

XXII   Resumo de Movimento Diário, *modelo 18*;

XXIII   Documento de Excesso de Bagagem;

XXIV   Nota Fiscal/Conta de Fornecimento de Água;

XXV   Nota Fiscal/Conta de Fornecimento de Gás;

XXVI   Nota Fiscal – Ordem de Serviço;

XXVII   Nota Fiscal Eletrônica (NF-e);

XXVIII   Conhecimento de Transporte Eletrônico (CT-e), *modelo 57*.

Os elementos necessários para a escrituração dos documentos fiscais e apuração do imposto aparecem descritos a seguir, destacando-se os Códigos Fiscais de Operações e Prestações (CFOP), as regras que tratam do direito ao crédito e da obrigação dos débitos.

3.5.2.1 Códigos Fiscais de Operações e Prestações (CFOP)

Os CFOP visam aglutinar as operações e prestações realizadas pelos contribuintes do ICMS em grupos homogêneos, nos documentos e livros fiscais, nas guias de informações e em todas as análises de dados.

A codificação é estruturada de forma a separar as operações ocorridas dentro do Estado, entre diferentes Estados e com o exterior. Os códigos têm quatro dígitos, mas o que os diferenciam é o primeiro deles. Os três seguintes especificam o tipo de operação/prestação, como por exemplo, "Compra para industrialização ou produção rural". Assim, o Quadro 1 sintetiza a estrutura dos CFOPs:

Quadro 1 – Estrutura dos CFOPs

Operações/prestações	Origem	Inicia com	Exemplo
	Do Estado	1	1.101
de Entrada	De outro Estado	2	2.101
	Do Exterior	3	3.101
Operações/prestações	Destino	Inicia com	Exemplo
	Para o Estado	5	5.101
de Saída	Para outro Estado	6	6.101
	Para o Exterior	7	7.101

Os CFOPs, padronizados em todo o território nacional, são utilizados nas Notas Fiscais, Livros e demais documentos previstos nas normas em vigor, para evidenciar a origem ou destino e o tipo da operação/prestação.

Exemplo de aplicação do CFOP

Suponha uma adaptação para o exemplo anterior, ou seja, que a Empresa Comercial EX Ltda., estabelecida no RJ, realize as seguintes operações:

a   Compra de mercadorias para revenda no valor de R$ 10.000, cujo fornecedor (fabricante) é estabelecido em SP;

b   Compra de mercadorias para revenda no valor de R$ 15.000, cujo fornecedor (atacadista) é estabelecido no RJ;

Tributos Estaduais – ICMS **183**

c Venda de mercadorias para cliente (contribuinte) estabelecido em MG, pelo valor de R$ 22.000;

d Venda de mercadorias por $ 29.000 para cliente (contribuinte) estabelecido no RJ;

e Venda de mercadoria para cliente (contribuinte) da PB, por R$ 7.000.

Abaixo seguem os CFOPs aplicáveis a cada operação:

Item	Operação	Origem	Destino	CFOP na NF	CFOP na EX Ltda.
a	Compra	SP	RJ	6.101	2.102
b	Compra	RJ	RJ	5.102	1.102
c	Venda	RJ	MG	6.102	6.102
d	Venda	RJ	RJ	5.102	5.102
e	Venda	RJ	PB	6.102	6.102

Observe que o fornecedor de SP é fabricante do produto remetido para a EX Ltda. e em sua Nota Fiscal deve utilizar o CFOP da saída 6.101 (Venda de produção do estabelecimento – para outro Estado. No entanto a EX Ltda., ao receber o produto, deve registrá-lo em seus livros utilizando o CFOP de entrada adequado para o destino que dará à mercadoria, ou seja, 2.102 (Compra para comercialização – de outro Estado).

No caso do fornecedor do RJ, ele é revendedor do produto remetido para a EX Ltda. e em sua Nota Fiscal deve utilizar o CFOP da saída 5.102 (Venda de mercadoria adquirida ou recebida de terceiros – para o mesmo Estado), no entanto a EX Ltda., ao receber o produto, deve registrá-lo em seus livros utilizando o CFOP de entrada adequado para o destino que dará à mercadoria, ou seja, 1.102 (Compra para comercialização – do mesmo Estado).

Já as operações de saída (vendas), realizadas pela EX Ltda., são registradas com os mesmos CFOPs que constam nas notas fiscais emitidas para seus clientes.

Portanto, somente haverá adaptação do CFOP nas operações de entrada, pois os registros nos livros fiscais devem indicar o destino que será dado às mercadorias adquiridas.

3.5.3 Débito, Crédito e Apuração

O ICMS é um imposto não cumulativo, compensando-se o que for devido em cada operação relativa à circulação de mercadorias ou prestação de serviços de transporte interestadual e intermunicipal e de comunicação, com o montante cobrado nas operações anteriores pelo mesmo ou por outro Estado.

O imposto devido resulta na diferença, à maior (devedora), entre os débitos e os créditos escriturais referentes ao período de apuração.

a Créditos

Os créditos fiscais do ICMS originam-se nas operações anteriores. Então, sempre que o estabelecimento registra entrada de mercadorias e serviços tributados, o imposto destacado nos documentos fiscais será escriturado em seus livros e poderá ser compensado com as operações subsequentes tributadas.

O direito ao crédito, reconhecido ao estabelecimento que tenha recebido as mercadorias ou para o qual tenham sido prestados os serviços, está condicionado à idoneidade da documentação e, se for o caso, à escrituração nos prazos e condições estabelecidos na legislação.

Notas

1 O direito de utilizar o crédito extingue-se depois de decorridos cinco anos contados da data de emissão do documento.

2 Não dão direito a crédito as entradas de mercadorias ou utilização de serviços resultantes de operações ou prestações isentas ou não tributadas, ou que se refiram a mercadorias ou serviços alheios à atividade do estabelecimento.

Segundo a Lei Complementar nº 87/1996, é assegurado ao sujeito passivo o direito de creditar-se do imposto anteriormente cobrado em operações de que tenha resultado entrada de mercadoria, real ou simbólica, no estabelecimento, inclusive a destinada ao seu uso ou consumo ou ao ativo imobilizado, no recebimento de serviços de transporte interestadual e intermunicipal ou de comunicação.

É vedado o crédito relativo à mercadoria entrada no estabelecimento ou à prestação de serviços a ele feita:

I   para integração ou consumo em processo de industrialização ou produção rural, quando a saída do produto resultante não for tributada ou estiver isenta do imposto, exceto se tratar-se de saída para o exterior;

II para comercialização ou prestação de serviço, quando a saída ou a prestação subsequente não forem tributadas ou estiverem isentas do imposto, exceto as destinadas ao exterior.

> **Nota**
>
> Relativamente aos créditos decorrentes de entrada de mercadorias no estabelecimento destinadas ao ativo imobilizado[8] deverá ser observado que a apropriação será feita à razão de um quarenta e oito avos por mês, devendo a primeira fração ser apropriada no mês em que ocorrer a entrada do bem no estabelecimento.

Mercadoria para uso e consumo é aquela destinada para uso do próprio estabelecimento, assim entendida a mercadoria que não for utilizada na comercialização ou aquela que não for empregada para integração no produto ou para consumo no respectivo processo de industrialização ou produção rural, ou, ainda, na prestação de serviço sujeita ao imposto, como, por exemplo, material de expediente, material de limpeza, de higiene ou bens de pequena duração, não incorporados ao ativo imobilizado.

A data de entrada em vigor do direito ao crédito nas operações de uso e consumo vem sendo adiada sistematicamente desde 2006. A Lei Complementar nº 138/2010 fixou o novo prazo para 2020, mas um acompanhamento deve ser feito para comprovar se novo adiamento não será publicado.

Existem ainda limitações para créditos provenientes de energia elétrica e serviços de comunicação. Nos termos da Lei Complementar nº 138/2010:

I   Somente dará direito ao crédito, a entrada de energia elétrica no estabelecimento:

    a   quando for objeto de saída de energia elétrica;

    b   quando consumida no processo de industrialização;

    c   quando seu consumo resultar em operação de saída ou prestação para o exterior, na proporção destas sobre as saídas ou prestações totais;

    d   a partir de 1º/1/2020, nas demais hipóteses.

II Somente dará direito a crédito o recebimento de serviços de comunicação utilizados pelo estabelecimento:

    a   ao qual tenham sido prestados na execução de serviços da mesma natureza;

    b   quando sua utilização resultar em operação de saída ou prestação para o exterior, na proporção desta sobre as saídas ou prestações totais;

    c   a partir de 1º/1/2020, nas demais hipóteses.

---

[9]   O ICMS sobre o ativo imobilizado será abordado mais adiante, neste capítulo (item 3.9).

Note-se que, por previsão legal, serão aproveitados todos os créditos de mercadorias e insumos aplicados em produtos cujas saídas subsequentes sejam tributadas pelo ICMS.

Exemplo de operação com crédito do imposto

Considerando o exemplo anterior, ou seja, que a Empresa Comercial EX Ltda., estabelecida no RJ realize as seguintes operações:

a   Compra de mercadorias para revenda no valor de R$ 10.000, cujo fornecedor (fabricante) é estabelecido em SP;

b   Compra de mercadorias para revenda no valor de R$ 15.000, cujo fornecedor (atacadista) é estabelecido no RJ;

c   Venda de mercadorias para cliente (contribuinte) estabelecido em MG, pelo valor de R$ 22.000;

d   Venda de mercadorias por R$ 29.000 para cliente (contribuinte) estabelecido no RJ;

e   Venda de mercadoria para cliente (contribuinte) da PB, por R$ 7.000.

No quadro abaixo aparecem as operações de entrada e o imposto creditado:

Item	Operação	CFOP	Origem	BC	Alíquota	Vr. ICMS Creditado
a	Compra	2102	SP	10.000	12%	1.200
b	Compra	1102	RJ	15.000	18%	2.700

A Empresa EX Ltda. tem o direito de creditar-se do imposto anteriormente cobrado em operações de que tenha resultado entrada de mercadoria no estabelecimento, cuja saída subsequente seja tributada.

---

b Débitos

Serão acumulados todos os débitos de ICMS decorrentes de saídas tributadas, devidamente destacados nos documentos fiscais e calculados de acordo com as normas em vigor.

Os débitos são constituídos pelos valores resultantes da aplicação das alíquotas cabíveis sobre as bases de cálculo das operações ou prestações tributadas.

Notas

1 É importante destacar que o estorno de crédito deve ser lançado como débito do período a que se referir. Segundo a Lei Complementar nº 87/1991, o sujeito passivo deverá efetuar o estorno do imposto de que se tiver creditado sempre que o serviço tomado ou a mercadoria entrada no estabelecimento:

   a for objeto de saída ou prestação de serviço não tributada ou isenta, sendo esta circunstância imprevisível na data da entrada da mercadoria ou da utilização do serviço;

   b for integrada ou consumida em processo de industrialização, quando a saída do produto resultante não for tributada ou estiver isenta do imposto;

   c vier a ser utilizada em fim alheio à atividade do estabelecimento;

   d vier a perecer, deteriorar-se ou extraviar-se.

   e gozar de redução da base de cálculo na operação ou prestação subsequente, hipótese em que o estorno será proporcional à redução.

   Não se estornam créditos referentes a mercadorias e serviços que venham a ser objeto de operações ou prestações destinadas ao exterior ou de operações com o papel destinado à impressão de livros, jornais e periódicos.

2 Quando, por qualquer motivo, a mercadoria for alienada por importância inferior ao valor que serviu de base de cálculo na operação de que decorreu sua entrada, será obrigatória a anulação do crédito correspondente à diferença entre o valor citado e o que serviu de base de cálculo na saída respectiva.

Exemplo de operação com Débito do Imposto

Considerando o exemplo anterior, ou seja, que a Empresa Comercial EX Ltda., estabelecida no RJ, realize as seguintes operações:

   a Compra de mercadorias para revenda no valor de R$ 10.000,00, cujo fornecedor (fabricante) é estabelecido em SP;

   b Compra de mercadorias para revenda no valor de R$ 15.000,00, cujo fornecedor (atacadista) é estabelecido no RJ;

   c Venda de mercadorias para cliente (contribuinte) estabelecido em MG, pelo valor de R$ 22.000,00;

188 Contabilidade Tributária • Andrade, Lins e Borges

d   Venda de mercadorias por R$ 29.000,00 para cliente (contribuinte) estabelecido no RJ;

e   Venda de mercadoria para cliente (contribuinte) da PB, por R$ 7.000,00.

No quadro abaixo aparecem as operações de saída e o imposto debitado:

Item	Operação	Origem	CFOP	BC	Alíquota	Vr. ICMS debitado
c	Venda	RJ	6102	22.000	12%	2.640
d	Venda	RJ	5102	29.000	18%	5.220
e	Venda	RJ	6102	7.000	7%	490

A Empresa EX Ltda. tem a obrigação de debitar-se do imposto cobrado nas operações de que tenha resultado saída de mercadoria do estabelecimento, cuja entrada antecedente tenha sido tributada.

c Apuração

Conforme já comentado, o imposto devido resulta da diferença a maior entre os débitos e os créditos escriturais referentes a cada período de apuração.

Se o valor do ICMS das entradas for superior ao ICMS das saídas, o Crédito Remanescente poderá ser compensado com débitos dos períodos subsequentes.

Se, ao contrário, o ICMS das entradas for menor que o ICMS das saídas, o saldo devedor remanescente será recolhido aos cofres do Estado no prazo estipulado pela legislação.

Exemplo 1: Apuração do Imposto

Do exemplo anterior pode-se apresentar a apuração, como nos quadros a seguir:

Vendas ou saídas:

Item	Operação	Origem	CFOP	BC	Alíquota	Vr. ICMS debitado
c	Venda	RJ	6102	22.000	12%	2.640
d	Venda	RJ	5102	29.000	18%	5.220
e	Venda	RJ	6102	7.000	7%	490
SOMA						8.350

Compras ou entradas:

Item	Operação	CFOP	Origem	BC	Alíquota	Vr. ICMS Creditado
a	Compra	2102	SP	10.000	12%	1.200
b	Compra	1102	RJ	15.000	18%	2.700
SOMA						3.900

ICMS debitado 8.350 (–) ICMS creditado 3.900 = SALDO DEVEDOR de R$ 4.450

Neste exemplo o ICMS das entradas apresentou-se menor que o ICMS das saídas e o Saldo Devedor Remanescente será recolhido aos cofres do Estado do RJ no prazo estipulado pela legislação.

Exemplo 2: Apuração do Imposto

Suponha que a Empresa Comercial EX Ltda., estabelecida no RJ realize as seguintes operações:

a Compra de mercadorias para revenda no valor de R$ 10.000, cujo fornecedor (fabricante) é estabelecido em SP;

b Compra de mercadorias para revenda no valor de R$ 15.000, cujo fornecedor (atacadista) é estabelecido no RJ;

c Venda de mercadoria para cliente (contribuinte) da PB, por R$ 7.000.

Vendas ou saídas:

Item	Operação	CFOP	Origem	BC	Alíquota	Vr. ICMS Creditado
a	Compra	2102	SP	10.000	12%	1.200
b	Compra	1102	RJ	15.000	18%	2.700
SOMA						3.900

Compras ou entradas:

Item	Operação	Origem	CFOP	BC	Alíquota	Vr. ICMS debitado
c	Venda	RJ	6102	7.000	7%	490
SOMA						490

ICMS creditado 3.900 (–) ICMS debitado 490 = SALDO CREDOR de R$ 3.410

Neste caso, o valor do ICMS das entradas está superior ao ICMS das saídas, o Crédito Remanescente poderá ser compensado com débitos dos períodos subsequentes.

3.6 Fundo de Combate à Pobreza do ERJ

A Lei Estadual nº 4.056 de 30/12/02, instituiu o Fundo Estadual de Combate à Pobreza e às Desigualdades Sociais (FECP) com o objetivo de viabilizar a todos os fluminenses acesso a níveis dignos de subsistência, visando uma melhoria na qualidade de vida.

Compõem o FECP:

I   o produto da arrecadação adicional de *um ponto percentual* (1%) correspondente a um adicional geral da alíquota atualmente vigente do ICMS, ou do imposto que vier a substituí-lo, *com exceção*:

    a   dos gêneros que compõem a Cesta-Básica, assim definidos aqueles estabelecidos em estudo da Fundação Getúlio Vargas;

    b   dos Medicamentos Excepcionais previstos em Portaria do Ministério da Saúde;

    c   do Material Escolar;

    d   do Gás Liquefeito de Petróleo (gás de cozinha);

    e   do fornecimento de energia elétrica residencial até 300 *quilowatts/horas* mensais;

    f   consumo residencial de água até 30 m³;

    g   consumo residencial de telefonia fixa até o valor de uma vez e meia a tarifa básica;

II   além da incidência percentual prevista no *inciso I*, terão mais 4 (quatro) pontos percentuais, transitoriamente, as operações com energia e comunicação;

III   doações, de qualquer natureza, de pessoas físicas ou jurídicas do País ou do exterior;

IV   outros recursos compatíveis com a legislação.

Não estão abrangidas por essas disposições as atividades de:

I   comércio varejista de caráter eventual ou provisório em épocas festivas;

II   fornecimento de alimentação;

III   refino de sal para alimentação;

IV   as demais relacionadas no *Livro V do Regulamento do ICMS* (atividades inerentes à Microempresa e Empresa de Pequeno Porte e Cooperativas de Pequeno Porte).

A Resolução nº 6.556, de 14/1/03, esclareceu como seria o cálculo e o pagamento do FECP:

1 será efetuado nos prazos previstos na legislação para pagamento do imposto relativo às operações e prestações que lhe deram causa.

2 deverá ser efetuado em DARJ em separado, com código de receita específico.

O contribuinte que apurou "Saldo devedor" no quadro "Apuração de saldos" do livro Registro de Apuração do ICMS (RAICMS),[10] deve:

I calcular 1% (um por cento) do subtotal relativo às "Entradas do Estado" da coluna "Base de cálculo" de "Operações com Crédito do Imposto", lançado no quadro "Entradas" do RAICMS;

II calcular 1% (um por cento) do subtotal relativo às "Saídas para o Estado" da coluna "Base de Cálculo" de "Operações com Débito do Imposto", lançado no quadro "Saídas" do RAICMS;

III subtrair o valor encontrado no inciso I, do encontrado no inciso II e, caso o resultado obtido seja positivo, lançá-lo em "Deduções" do quadro "Apuração de saldos" do RAICMS, com a seguinte discriminação: "Adicional relativo ao FECP".

Caso ocorram operações e prestações interestaduais para não contribuinte do ICMS, deve ser calculado 1% (um por cento) das Bases de Cálculo correspondentes a essas operações e prestações.

O valor do adicional em razão da substituição tributária será calculado:

I em operações internas, aplicando-se o percentual de 1% (um por cento) sobre a diferença entre o valor da base de cálculo de retenção do imposto e o valor da base de cálculo da operação própria;

II em operações interestaduais que destinem mercadorias ao Estado do Rio de Janeiro, aplicando-se o percentual de 1% (um por cento) sobre o Valor da Base de Cálculo de Retenção do Imposto.

A parcela do adicional correspondente ao FECP também será paga na operação ou prestação de importação e no cálculo do diferencial de alíquotas.

Cumpre destacar que o FECP deve ser incorporado às alíquotas por ocasião da emissão dos documentos fiscais. Assim, nas operações internas em que a alíquota básica é de 18%, no documento fiscal será destacado e calculado o valor de 19%, já incluindo o adicional de FECP e o ICMS da operação.

---

[10] Vide modelo do Livro Registro de Apuração do ICMS (RAICMS) no Anexo B, cujos links de acesso estão indicados na página 278.

Exemplo de cálculo do FECP

Suponha que uma empresa estabelecida no RJ tenha realizado as seguintes operações:

– compras de mercadorias para revenda no valor de R$ 5.000
– venda destas mesmas mercadorias pelo valor de R$ 9.000

Inicialmente a empresa deve apurar o ICMS de suas operações, como demonstrado a seguir:

Entradas

CFOP	VC	BC	% ICMS	$ ICMS
1102	5.000,00	5.000	19%	950
Soma	5.000,00	5.000		**950**

Saídas

CFOP	VC	BC	% ICMS	$ ICMS
5102	9.000,00	9.000	19%	1.710
Soma	9.000,00	9.000		**1.710**

Saldo devedor do ICMS	**760**

A seguir deve calcular o FECP como aparece abaixo:

Cálculo do FECP	Saídas	Entradas
BC	9.000	5.000
% FECP	1%	1%
Valor	90	50
Saldo FECP a pagar	40	

O FECP só será calculado quando o saldo for devedor no período.

Finalmente, deve-se calcular separadamente o ICMS a pagar e o FECP a pagar, que devem ser recolhidos em guias de arrecadação (DARJ) diferentes, nos seguintes valores:

Cálculo do ICMS a pagar	
Saldo devedor do ICMS	760
(–) Saldo FECP a pagar	(40)
ICMS a pagar	720

No quadro a seguir aparece a escrituração do Livro de Apuração do ICMS, demonstrando a posição do FECP como dedução do saldo devedor do imposto.

QUADROS DO LIVRO REGISTRO DE APURAÇÃO DO ICMS

OPERAÇÕES DE ENTRADA						
CFOP	VC	BC		ICMS	ISENTAS/NT	OUTRAS
DO ESTADO						
1102	5.000	5.000		950		
DE OUTRO ESTADO						
TOTAL	5.000	5.000		950		
OPERAÇÕES DE SAÍDAS						
CFOP	VC	BC		ICMS	ISENTAS/NT	OUTRAS
PARA O ESTADO						
5102	9.000	9.000		1.710		
PARA OUTRO ESTADO						
TOTAL	9.000	9.000		1.710		

DÉBITO DO IMPOSTO							
001 – POR SAÍDAS COM DÉBITO DO IM-POSTO						1	710	00
002 – OUTROS IMPOSTOS							
003 – ESTORNOS DE CRÉDITOS							
005 – TOTAIS						1	710	00

CRÉDITO DO IMPOSTO							
006 – POR ENTRADAS COM CRÉDITO DO IMPOSTO						950	00
007 – OUTROS CRÉDITOS							
008 – ESTORNOS DE DÉBITOS							
010 – SUBTOTAL							
011 – SALDO CREDOR DO PERÍODO ANTERIOR							
012 – TOTAL						950	00

APURAÇÃO DOS SALDOS							
013 – SALDO DEVEDOR (DÉBITO menos CRÉDITO)				40	00	760	00
014 – DEDUÇÕES:						40	00
(–) Fundo Estadual Combate a Pobreza – FECP							
015 – IMPOSTO A RECOLHER							
016 – SALDO CREDOR (Crédito menos Débito) A TRANSPORTAR PARA O PERÍODO SEGUINTE							720

O cálculo do FECP no exemplo foi efetuado da seguinte maneira:

Base de cálculo das saídas para o estado   = R$ 9.000
Base de cálculo das entradas para o estado = (R$ 5.000)
= R$ 4.000 × 1% = R$ 40,00

Assim, serão emitidos dois DARJs:

R$ 720 a título de ICMS e

R$ 40 a título de FECP

Considerando a incorporação do FECP na alíquota de 18% do imposto, a partir deste tópico deve ser considerado nas operações internas o percentual de 19% como Alíquota Básica. Ou seja, nos próximos exemplos, quando houver operações internas, será utilizado o percentual de 19% e não mais 18%, como nos exemplos anteriores.

Tributos Estaduais – ICMS **195**

3.7 Escrituração Fiscal

A escrituração dos Livros Fiscais deve ser feita com base nos documentos relativos às operações ou prestações realizadas pelo contribuinte, sob sua exclusiva responsabilidade e na forma estabelecida pela legislação tributária.

Os lançamentos são feitos em ordem cronológica, segundo as datas de emissão dos documentos fiscais, pelos totais diários, com desdobramento em tantas linhas quantas forem as alíquotas aplicadas às operações ou prestações da mesma natureza, de acordo com o CFOP, sendo permitido o registro conjunto dos documentos de numeração seguida da mesma série e subsérie.

Existem diversos tipos ou modelos de livros fiscais, dentre os quais é possível destacar os mais utilizados pelas empresas comerciais e industriais.

Quadro 2 – Tipos de livros de entrada, saída e apuração

Livro	Destina-se à escrituração
Registro de Entradas, modelos 1 ou 1-A	I da entrada, a qualquer título, de mercadoria ou bem no estabelecimento; II da aquisição de mercadoria ou bem que não transite pelo estabelecimento; III do serviço de transporte interestadual e intermunicipal e de comunicação tomado pelo contribuinte. O *modelo 1* será utilizado pelo contribuinte sujeito, simultaneamente, às legislações do IPI e do ICMS e o *modelo 1-A* será utilizado pelo contribuinte sujeito, apenas, à legislação do ICMS.
Registro de Saídas, modelos 2 e 2-A,	I da saída de mercadoria, a qualquer título, do estabelecimento; II da transmissão da propriedade de mercadorias que não transite pelo estabelecimento; III da prestação de serviço de transporte interestadual e intermunicipal e de comunicação efetuada pelo contribuinte. O *modelo 2* é utilizado pelo contribuinte sujeito, simultaneamente, às legislações do IPI e do ICMS e o *modelo 2-A* é utilizado pelo contribuinte sujeito, apenas, à legislação do ICMS.
Registro de Apuração do ICMS, modelo 9	I dos totais dos valores contábeis e os dos valores fiscais relativos ao ICMS, das operações de entradas e saídas de mercadorias, bem como das prestações de serviços de transporte interestadual e intermunicipal e de comunicação utilizados ou prestados, extraídos dos livros próprios e agrupados segundo o CFOP, por período de apuração. O livro é utilizado por todo estabelecimento inscrito como contribuinte do ICMS que esteja obrigado à escrituração fiscal. A escrituração é feita com base no livro Registro de Entradas e no livro Registro de Saídas.

Com os livros acima, é possível fazer a Apuração do Imposto, mas existem outros livros cujas informações são muito relevantes para o fisco, como os que aparecem no Quadro 3.

Quadro 3 – Tipos de livros fiscais para estoques

Livro	Destina-se a	
Registro de Inventário, modelo 7	I	arrolar, pelos seus valores e com especificações que permitam sua perfeita identificação, mercadoria, matéria-prima, produto intermediário, material de embalagem, produto manufaturado e produto em fabricação, existentes no estabelecimento à época do balanço.
		O livro é utilizado por todos os estabelecimentos que mantiverem mercadorias em estoque e deve arrolar separadamente aquelas que estão em poder de terceiros e aquelas de terceiros, em poder do estabelecimento.
Registro de Controle da Produção e do Estoque, modelo 3	I	do documento fiscal e do documento de uso interno do estabelecimento, correspondentes à entrada e à saída, à produção e ao estoque de mercadorias.
		O livro será utilizado pelo estabelecimento industrial ou a ele equiparado pela legislação federal e pelo estabelecimento atacadista, podendo, a critério do Fisco, ser exigido de estabelecimento de contribuinte de outro setor ou categoria, com as adaptações necessárias.
		Os lançamentos serão feitos operação a operação, devendo ser utilizada uma folha para cada espécie, marca, tipo e modelo de mercadoria.
Controle de Crédito de ICMS do Ativo Imobilizado (CIAP)	I	controle do crédito do ICMS sobre bem do ativo imobilizado do estabelecimento e cálculo do ICMS a ser apropriado mensalmente, correspondente a 1/48 (um em quarenta e oito avos).
		O documento fiscal relativo ao bem do ativo imobilizado, além de sua escrituração nos livros próprios (entrada, saída e apuração), será, também, escriturado no CIAP.

Os livros fiscais podem ser exigidos para controle de outros tributos como Imposto de Renda e Imposto sobre Produtos Industrializados, que tem especial interesse nos estoques, no custo das mercadorias ou produtos vendidos e na depreciação de bens imobilizados.

3.7.1 Dispensados de Escrituração Fiscal

Estão Dispensados de Escrituração Fiscal os seguintes contribuintes:

I produtores agropecuários;

II empresas enquadradas no Regime Simplificado (Simples);

Tributos Estaduais – ICMS **197**

III concessionárias de serviço público de energia e água canalizada;

IV empresas de transporte aéreo, ferroviário, aquaviário, rodoviário intermunicipal de passageiros, aquaviário intermunicipal de passageiros, cargas e veículos, depósitos fechados;

VI empresa seguradora;

VII estabelecimento que realizar exclusivamente operação com livro, revista, periódico, imune ao imposto;

VIII empresa com inscrição facultativa, não contribuinte do ICMS;

IX empresas de fornecimento de alimentação enquadradas no regime de pagamento do imposto com base na Receita Bruta Auferida no período.

Alguns modelos destes livros fiscais do ICMS, previstos nas normas fiscais do Rio de Janeiro, estão no **Anexo B**, cujos links de acesso estão indicados na página 278.

3.7.2 *Exemplos de Escrituração e Contabilização*

Exemplo 1 Escrituração Fiscal do ICMS (saldo devedor)

Considerando o exemplo anterior, ou seja, que a Empresa Comercial EX Ltda., estabelecida no RJ, realize as seguintes operações:

1 Compra de mercadorias para revenda no valor de R$ 10.000,00, cujo fornecedor (fabricante) é estabelecido em SP;

2 Compra de mercadorias para revenda no valor de R$ 15.000,00, cujo fornecedor (atacadista) é estabelecido no RJ;

3 Venda de mercadorias para cliente (contribuinte) estabelecido em MG, pelo valor de R$ 22.000,00;

4 Venda de mercadorias por R$ 29.000,00 para cliente (contribuinte) estabelecido no RJ;

5 Venda de mercadoria para cliente (contribuinte) da PB, por R$ 7.000,00.

Considerando-se ainda que 100% das mercadorias foram vendidas, pode-se escriturar os livros de Entrada, Saída e Apuração do ICMS, como nos quadros a seguir:

PASSO 1 Escriturar o Livro Registro de Entrada em ordem cronológica, preenchendo seus campos com os dados constantes nas notas fiscais enviadas pelos fornecedores e totalizado por mês.

Figura 1 – Livro Registro de Entradas do ICMS

Data da entrada Ano XX	Procedência	Valor Contábil	Classificação		ICMS – Valores Fiscais					Observações
					Operações com crédito			Operações sem crédito		
Dia/Mês	UF		Contábil	Fiscal	Base de Cálculo	Alíquota	Imposto	Isentas/NT	Outras	
1	SP	10.000	*	2102	10.000	12%	1.200			
2	RJ	15.000	*	1102	15.000	19%	2.850			
Totais		25.000			25.000		4.050			

*A classificação contábil deve corresponder ao Código do Fornecedor no Plano de Contas da Empresa.

PASSO 2 Escriturar o Livro Registro de Saídas em ordem cronológica, preenchendo seus campos com os dados constantes nas notas fiscais enviadas aos clientes.

Figura 2 – Livro Registro de Saídas do ICMS

Data da Saída	Valor Contábil	Classificação		ICMS – Valores Fiscais					Observações
		Contábil	Fiscal	Operações com débito			Operações sem débito		
				Base de Cálculo	Alíquota	Imposto	Isentas/NT	Outras	
3	22.000	*	6102	22.000	12%	2.640			
4	29.000	*	5102	29.000	19%	5.510			
5	7.000	*	6102	7.000	7%	490			
TOTAIS	58.000			58.000		8.640			

*A classificação contábil deve corresponder ao Código do Cliente no Plano de Contas da Empresa.

PASSO 3 Escriturar o Livro Registro de Apuração do ICMS, com os dados extraídos dos livros de entrada e saída, agrupando-os segundo o CFOP, por período de apuração.

Figura 3 – Quadros do Livro Registro de Apuração do ICMS

OPERAÇÕES DE ENTRADA					
CFOP	VC	BC	ICMS	ISENTAS/NT	OUTRAS
DO ESTADO					
1102	15.000,00	15.000	2.850		
DE OUTRO ESTADO					
2102	10.000,00	10.000	1.200		
TOTAIS	25.000,00	25.000	4.050		

OPERAÇÕES DE SAÍDAS

CFOP	VC	BC		ICMS	ISENTAS/NT	OUTRAS
PARA O ESTADO						
5102	29.000	29.000		5.510		
PARA OUTRO ESTADO						
6102	29.000	29.000		3.130		
TOTAIS	58.000	58.000		8.640		

DÉBITO DO IMPOSTO

001 – POR SAÍDAS COM DÉBITO DO IMPOSTO			8	640	00
002 – OUTROS DÉBITOS					
003 – ESTORNOS DE CRÉDITOS					
005 –TOTAIS			8	640	00

CRÉDITO DO IMPOSTO

006 – POR ENTRADAS COM CRÉDITO DO IMPOSTO			4	050	00
007 – OUTROS CRÉDITOS					
008 – ESTORNOS DE DÉBITOS					
010 – SUBTOTAL			4	050	00
011 – SALDO CREDOR DO PERÍODO ANTERIOR					
012 – TOTAL			4	050	00

APURAÇÃO DOS SALDOS

013 – SALDO DEVEDOR (DÉBITO menos CRÉDITO)					4	590	00
014 – DEDUÇÕES:						
015 – IMPOSTO A RECOLHER					4.590,00	
016 – SALDO CREDOR (Crédito menos Débito) A TRANSPORTAR PARA O PERÍODO SEGUINTE						

Contabilização do *Exemplo 1*

As Normas de Contabilidade estabelecem os critérios para a escrituração contábil das operações mercantis. O Custo de Aquisição dos Estoques compreende o preço de compra, os Impostos de Importação e outros tributos (exceto os recuperáveis perante o fisco), bem como os custos de transporte, seguro, manuseio e outros diretamente atribuíveis à aquisição de produtos acabados, materiais e serviços. Descontos comerciais, abatimentos e outros itens semelhantes devem ser deduzidos na determinação do custo de aquisição.

A exclusão dos tributos recuperáveis incidentes sobre os estoques, aparece também na INSRF nº 51/1978, que determina que deve ser excluído do Custo de Aquisição de Mercadorias para revenda e de matérias-primas, o montante do Imposto sobre Circulação de Mercadorias recuperável destacado em Nota Fiscal.

Para viabilizar a conciliação entre os livros fiscais e os livros contábeis, optou-se por contabilizar primeiramente o valor da mercadoria no estoque e depois contabilizar o valor do ICMS sobre ela incidente, excluindo-o do Custo de Aquisição.

Assim, considerando o *Exemplo 1*, apresenta-se a seguir os lançamentos contábeis para as operações da Empresa EX Ltda. Acrescenta-se, no entanto, a informação de que o Custo das Mercadorias Vendidas corresponde a 100% dos estoques disponíveis para venda.

1 Pela compra de mercadorias

    D – Estoque de mercadorias para revenda

    C – Fornecedores   25.000

2 Pela apropriação do ICMS sobre compras

    D – ICMS a recuperar

    C – Estoque de mercadorias para revenda   4.050

3 Pela venda de mercadorias

    D – Clientes

    C – Receita com vendas   58.000

4 Pela apropriação do ICMS sobre vendas:

    D – ICMS sobre vendas

    C – ICMS a recolher   8.640

5 Pela apropriação do custo

    D – Custo das mercadorias vendidas

    C – Estoque de mercadorias para revenda   20.950

6 Pela apuração do ICMS
D – ICMS a recolher
C – ICMS a recuperar   4.050

Adicionalmente é possível apresentar um Balancete de Verificação do período relativo às operações com mercadorias:

CONTA	DÉBITO	CRÉDITO	SALDO DEVEDOR	SALDO CREDOR
ESTOQUE DE MERCADORIAS PARA RE-VENDA	25.000	25.000	–	
FORNECEDORES		25.000		25.000
ICMS A RECUPERAR	4.050	4.050	–	
DUPLICATAS A RECEBER	58.000		58.000	
RECEITA COM VENDAS		58.000		58.000
ICMS SOBRE VENDAS	8.640		8.640	
ICMS A PAGAR	4.050	8.640		4.590
CUSTO DAS MERCADORIAS VENDIDAS	20.950		20.950	
TOTAIS	**120.690**	**120.690**	**87.590**	**87.590**

Exemplo 2 Escrituração Fiscal do ICMS (Saldo Credor)

Considerando que a Empresa Comercial EX Ltda., estabelecida no RJ, realize as seguintes operações:

1   Compra de mercadorias para revenda no valor de R$ 10.000, cujo fornecedor (fabricante) é estabelecido em SP;

2   Compra de mercadorias para revenda no valor de R$ 26.000, cujo fornecedor (atacadista) é estabelecido no RS;

3   Venda de mercadorias para cliente (contribuinte) estabelecido em MG, pelo valor de R$ 20.000;

4   Venda de mercadoria para cliente (contribuinte) da ES, por R$ 7.000.

Pode-se escriturar o Livro de Apuração do ICMS, como nos quadros a seguir:

Figura 4 – Quadros do Livro Registro de Apuração do ICMS

OPERAÇÕES DE ENTRADA						
CFOP	VC	BC		ICMS	ISENTAS/NT	OUTRAS
DO ESTADO						
DE OUTRO ESTADO						
2102	36.000,00	36.000		4.320		
TOTAIS	36.000,00	36.000		4.320		

OPERAÇÕES DE SAÍDAS						
CFOP	VC	BC		ICMS	ISENTAS/NT	OUTRAS
PARA O ESTADO						
PARA OUTRO ESTADO						
6102	27.000,00	27.000		2.890		
TOTAIS	27.000,00	27.000		2.890		

DÉBITO DO IMPOSTO					
001 – POR SAÍDAS COM DÉBITO DO IMPOSTO			2	890	00
002 – OUTROS DÉBITOS					
003 – ESTORNOS DE CRÉDITOS					
005 –TOTAIS			2	640	00

CRÉDITO DO IMPOSTO					
006 – POR ENTRADAS COM CRÉDITO DO IMPOSTO			4	320	00
007 – OUTROS CRÉDITOS					
008 – ESTORNOS DE DÉBITOS					
010 – SUBTOTAL			4	320	00
011 – SALDO CREDOR DO PERÍODO ANTERIOR					
012 – TOTAL			4	320	00

APURAÇÃO DOS SALDOS						
013 – SALDO DEVEDOR (DÉBITO menos CRÉDITO)						
014 – DEDUÇÕES:						
015 – IMPOSTO A RECOLHER						
016 – SALDO CREDOR (Crédito menos Débito) A TRANSPORTAR PARA O PERÍODO SEGUINTE						1.430,00

Contabilização do *Exemplo 2*

Considerando o *Exemplo 2*, apresenta-se a seguir os lançamentos contábeis para as operações da Empresa EX Ltda. Acrescenta-se, no entanto, a informação de que o Custo das Mercadorias Vendidas corresponde a 40% dos estoques disponíveis para venda.

1 Pela compra de mercadorias
   D – Estoque de mercadorias para revenda
   C – Fornecedores   36.000

2 Pela apropriação do ICMS sobre compras
   D – ICMS a recuperar
   C – Estoque de mercadorias para revenda   4.320

3 Pela venda de mercadorias
   D – Duplicatas a receber
   C – Receita com vendas   27.000

4 Pela apropriação do ICMS sobre vendas
   D – ICMS sobre vendas
   C – ICMS a recolher   2.890

5 Pela apropriação do custo
   D – Custo das mercadorias vendidas
   C – Estoque de mercadorias para revenda   12.672

6 Pela apuração do ICMS
   D – ICMS a recolher
   C – ICMS a recuperar   2.890

Adicionalmente também é possível apresentar um Balancete de Verificação do período:

CONTA	DÉBITO	CRÉDITO	SALDO DEVEDOR	SALDO CREDOR
ESTOQUE DE MERCADORIAS PARA RE-VENDA	36.000	16.992	19.008	
FORNECEDORES		36.000		36.000
ICMS A RECUPERAR	4.320	2.890	1.430	
DUPLICATAS A RECEBER	27.000		27.000	
RECEITA COM VENDAS		27.000		27.000
ICMS SOBRE VENDAS	2.890		2.890	
ICMS A PAGAR	2.890	2.890		–
CUSTO DAS MERCADORIAS VENDIDAS	12.672		12.672	
TOTAIS	**85.772**	**85.772**	**63.000**	**63.000**

Exemplo 3 Escrituração Fiscal do ICMS

Considerando que a Empresa Comercial EX Ltda., estabelecida no RJ, que tem R$ 950 de Crédito de ICMS acumulado de período anterior, realize as seguintes operações, considerando saldo inicial de fornecedores de R$ 950:

1   Compra a prazo de mercadorias para revenda no valor de R$ 20.000, tributada pelo IPI à alíquota de 10%, cujo fornecedor (fabricante) é estabelecido em MG.

2   Venda de mercadorias para cliente (contribuinte) estabelecido no RJ, pelo valor de R$ 15.000.

3   Venda de mercadoria para cliente (contribuinte) estabelecido em Manaus (AM), por R$ 13.000.

Pode-se escriturar os Livros Fiscais do ICMS, como nos quadros a seguir:

Figura 5 – Quadro Livro Registro de Entradas do ICMS

Data da entrada Ano XX	Proce-dência	Valor Contábil	Classificação		ICMS – Valores Fiscais					Observações
					Operações com crédito			Operações sem crédito		
Dia/Mês	UF		Contábil	Fiscal	Base de Cálculo	Alíquota	Imposto	Isentas/NT	Outras	
1	MG	22.000	*	2102	20.000	12%	2.400		2.000	
Totais		22.000			20.000		2.400		2.000	

*A classificação contábil deve corresponder ao Código do Fornecedor no Plano de Contas da Empresa.

O valor do Imposto sobre Produtos Industrializados (IPI) deve ser colocado na coluna de "Outras" das operações sem crédito do imposto, já que não integra a base de cálculo do ICMS o montante do imposto federal sobre produtos industrializados, quando a operação, realizada entre contribuintes do ICMS e relativas a produto destinado à industrialização ou à comercialização, configure Fato Gerador de ambos os impostos.

As características do IPI estão descritas no capítulo que trata dos tributos federais.

Figura 6 – Quadro Livro Registro de Saídas do ICMS

Data da Saída	Valor Contábil	Classificação		ICMS – Valores Fiscais					Observações
		Contábil	Fiscal	Operações com débito			Operações sem débito		
				Base de Cálculo	Alíquota	Imposto	Isentas/NT	Outras	
2	15.000	*	5102	15.000	19%	2.850			
3	13.000	*	6110				13.000		
TOTAIS	28.000			15.000		2.850	13.000		

Nota

As operações de venda de mercadoria adquirida ou recebida de terceiros, destinada à Zona Franca de Manaus ou Áreas de Livre Comércio, são isentas do ICMS.

Figura 7 – Quadros do Livro Registro de Apuração do ICMS – *Exemplo 3*

OPERAÇÕES DE ENTRADA						
CFOP	VC	BC		ICMS	ISENTAS/NT	OUTRAS
DO ESTADO						
DE OUTRO ESTADO						
2102	22.000	20.000		2.400		2.000
TOTAIS	22.000	20.000		2.400		2.000
OPERAÇÕES DE SAÍDAS						
CFOP	VC	BC		ICMS	ISENTAS/NT	OUTRAS
PARA O ESTADO						
5102	15.000,00	15.000		2.850		
PARA OUTRO ESTADO						
6110	13.000,00				13.000	
TOTAIS	28.000,00	15.000		2.850	13.000	

DÉBITO DO IMPOSTO				
001 – POR SAÍDAS COM DÉBITO DO IMPOSTO		2	850	00
002 – OUTROS DÉBITOS				
003 – ESTORNOS DE CRÉDITOS				
005 –TOTAIS		2	850	00

CRÉDITO DO IMPOSTO				
006 – POR ENTRADAS COM CRÉDITO DO IMPOSTO		2	400	00
007 – OUTROS CRÉDITOS				
008 – ESTORNOS DE DÉBITOS				
010 – SUBTOTAL		2	400	00
011 – SALDO CREDOR DO PERÍODO ANTERIOR			950	00
012 – TOTAL		3	350	00

APURAÇÃO DOS SALDOS				
013 – SALDO DEVEDOR (DÉBITO menos CRÉDITO)				
014 – DEDUÇÕES:				
015 – IMPOSTO A RECOLHER				
016 – SALDO CREDOR (Crédito menos Débito) A TRANSPORTAR PARA O PERÍODO SEGUINTE			500,00	

Contabilização do *Exemplo 3*

Considerando o *Exemplo 3*, apresentam-se a seguir os lançamentos contábeis para as operações da Empresa EX Ltda. Acrescenta-se, no entanto, a informação de que o Custo das Mercadorias Vendidas corresponde a 60% dos estoques disponíveis para venda.

Ressalte-se que, segundo as normas contábeis em vigor, as empresas comerciais que adquirem mercadorias tributadas pelo IPI devem incorporar este imposto no estoque, tendo em vista que trata-se de imposto não compensável nas operações mercantis subsequentes.

1 Pela compra de mercadorias

   D – Estoque de mercadorias para revenda

   C – FORNECEDORES   22.000

2 Pela apropriação do ICMS sobre compras

   D – ICMS A RECUPERAR

   C – Estoque de mercadorias para revenda   2.400

3 Pela venda de mercadorias

   D – Duplicatas a receber

   C – Receita com vendas   28.000

4 Pela apropriação do ICMS sobre vendas

   D – ICMS sobre vendas

   C – ICMS a recolher   2.850

5 Pela apropriação do custo

   D – Custo das mercadorias vendidas

   C – Estoque de mercadorias para revenda   11.760

6 Pela apuração do ICMS

   D – ICMS a recolher

   C – ICMS a recuperar   2.850

O Balancete de Verificação do período seria então:

Contas	Saldo Inicial		Movimento		Saldos Finais	
	Débito	Crédito	Débito	Crédito	Devedor	Credor
ESTOQUE DE MERCADORIAS PARA REVENDA			22.000	14.160	7.840	
FORNECEDORES		950		22.000		22.950
ICMS A RECUPERAR	950		2.400	2.850	500	
DUPLICATAS A RECEBER			28.000		28.000	
RECEITA COM VENDAS				28.000		28.000
ICMS SOBRE VENDAS			2.850		2.850	
ICMS A PAGAR			2.850	2.850		–
CUSTO DAS MERCADORIAS VENDIDAS			11.760		11.760	
Totais	**950**	**950**	**69.860**	**69.860**	**50.950**	**50.950**

208 Contabilidade Tributária • Andrade, Lins e Borges

Exemplo 4 Escrituração Fiscal do ICMS (Devolução de Compras)

Considerando que a Empresa Comercial EX Ltda., estabelecida no RJ, depois de fazer os registros acima, percebeu que parte (50%) da mercadoria do estoque remanescente estava com defeito e resolveu devolvê-la para o fornecedor.

A operação de entrada foi "Compra de mercadorias para revenda no valor de R$ 20.000,00, tributada pelo IPI à alíquota de 10%, cujo fornecedor (fabricante) é estabelecido em MG". Deste total, 60% foi vendido, portanto, o estoque correspondia aos 40% ainda disponíveis para a venda, no montante de R$ 7.840,00.

A memória de cálculo para a devolução é a seguinte:

a   Valor de compra de mercadoria em estoque = R$ 8.000 = > vai devolver $ 4.000

b   Valor do ICMS = R$ 960 = > vai devolver R$ 480 (12% Região Sudeste)

c   Valor do IPI (10%) = R$ 800 => vai devolver R$ 400

d   Valor do estoque = R$ 7.840 => vai devolver R$ 3.920

Figura 8 – Livro Registro de Saídas do ICMS

Data da Saída	Valor Contábil	Classificação		ICMS – Valores Fiscais					Observações
		Contábil	Fiscal	Operações com débito			Operações sem débito		
				Base de Cálculo	Alíquota	Imposto	Isentas/NT	Outras	
31	4.400		6202*	4.000	12%	480		400	IPI = 400
Total	4.400			4.000		480		400	

* Devolução de compra para comercialização.

No campo "Descrição dos Produtos" da nota fiscal de saída a empresa deve destacar o valor do IPI que o destinatário terá direito de compensar em função da operação de devolução, já que ele (o fornecedor) é contribuinte deste tributo.

Contabilização do *Exemplo 4*

Considerando o *Exemplo 4*, apresenta-se a seguir o Lançamento Contábil para a Operação de Devolução de Compras da Empresa EX Ltda.

1 Pela baixa do estoque e estorno do ICMS

D – Fornecedores	4.400
C – Estoque de mercadorias para revenda	3.920
C – ICMS a recolher	480

Exemplo 5 Escrituração Fiscal do ICMS (Devolução de Vendas)

Considerando que a Empresa Comercial EX Ltda., estabelecida no RJ, depois de fazer os registros do *Exemplo 3* acima, recebeu a notícia de que seu cliente do RJ devolveu as mercadorias porque foram entregues fora do prazo contratado.

A operação de venda foi "Venda de mercadorias para cliente (contribuinte) estabelecido no RJ, pelo valor de R$ 15.000,00". Este valor corresponde a 53,6% das vendas totais. Então pode-se considerar que 53,6% do custo das mercadorias vendidas referem-se a essa venda.

Figura 9 – Livro Registro de Entradas do ICMS

Data da entrada Ano XX	Proce-dência	Valor Contábil	Classificação		ICMS – Valores Fiscais					Observações
					Operações com crédito			Operações sem crédito		
Dia/Mês	UF		Contábil	Fiscal	Base de Cálculo	Alíquota	Imposto	Isentas/NT	Outras	
31	RJ	15.000,00		1202*	15.000,00	19%	2.850,00			
Totais		15.000,00			15.000,00		2.400			

* Devolução de venda de mercadoria adquirida ou recebida de terceiros.

Contabilização do *Exemplo 5*

Considerando o *Exemplo 5*, apresentam-se a seguir os Lançamentos Contábeis para a Operação de Devolução de Vendas da Empresa EX Ltda.

1 Pelo registro da devolução de vendas

D – Devolução de vendas (despesa)	
C – Duplicatas a receber	15.000

2 Pelo registro do ICMS sobre a Devolução de Vendas

D – ICMS a recuperar	
C – ICMS sobre vendas	2.850

3 Pelo registro da Entrada no Estoque

D – Estoque de mercadorias para revenda

C – Custo das mercadorias vendidas   6.303,36

(Obs.: refere-se à proporção de 53,6% do total do custo das mercadorias vendidas).

O quadro a seguir apresenta a apuração do ICMS depois das devoluções de compra e de venda demonstradas nos *Exemplos 4 e 5* e considerando o saldo credor do *Exemplo 3*.

Figura 10 – Quadros do Livro Registro de Apuração do ICMS – *Exemplos 4 e 5*

OPERAÇÕES DE ENTRADA						
CFOP	VC	BC		ICMS	ISENTAS/NT	OUTRAS
DO ESTADO						
1202	15.000,00	15.000,00		2.850,00		
DE OUTRO ESTADO						
TOTAIS	15.000,00	15.000,00		2.850,00		2.000

OPERAÇÕES DE SAÍDAS						
CFOP	VC	BC		ICMS	ISENTAS/NT	OUTRAS
PARA O ESTADO						
PARA OUTRO ESTADO						
6202	4.400,00	4.000,00		480,00		400,00
TOTAIS	4.400,00	4.000,00		480,00		400,00

DÉBITO DO IMPOSTO				
001 – POR SAÍDAS COM DÉBITO DO IMPOSTO			480	00
002 – OUTROS DÉBITOS				
003 – ESTORNOS DE CRÉDITOS				
005 – TOTAIS			480	00

CRÉDITO DO IMPOSTO					
006 – POR ENTRADAS COM CRÉDITO DO IMPOSTO			2	850	00
007 – OUTROS CRÉDITOS					
008 – ESTORNOS DE DÉBITOS					
010 – SUBTOTAL			2	850	00
011 – SALDO CREDOR DO PERÍODO ANTERIOR				500	00
012 – TOTAL			3	350	00

APURAÇÃO DOS SALDOS					
013 – SALDO DEVEDOR (DÉBITO menos CRÉDITO)					
014 – DEDUÇÕES					
015 – IMPOSTO A RECOLHER					
016 – SALDO CREDOR (Crédito menos Débito) A TRANSPORTAR PARA O PERÍODO SEGUINTE				2.870,00	

3.8 Diferencial de Alíquota (DIFAL)

O Diferencial de Alíquotas do ICMS (DIFAL) resulta da diferença entre as alíquotas interna e interestadual e ocorre nas Operações de Aquisição de Bens do Ativo Imobilizado ou material de uso e consumo provenientes de outra unidade da federação.

Os produtos, quando incorporados ao Ativo Imobilizado, perdem a condição de mercadoria, encerram o processo de circulação e exigem tratamento diferenciado na contabilidade fiscal e empresarial.

O mesmo ocorre com os produtos que se destinem ao uso ou consumo da empresa, pois nessas operações a adquirente se torna consumidor final de tais produtos ou mercadorias. Discorre-se neste tópico sobre os procedimentos exigidos nas normas em vigor.

A empresa que adquire estes bens ou materiais de outro Estado deve calcular e recolher o DIFAL, favorecendo o Estado onde estiver estabelecida.

Neste caso o Fato Gerador do Imposto ocorre na entrada no estabelecimento do contribuinte de mercadoria proveniente de outra unidade da Federação, destinada a consumo ou a Ativo Fixo.

A base de cálculo corresponde ao valor da operação de que decorrer a entrada da mercadoria, sendo o Imposto a Pagar resultante da aplicação, sobre a Base de Cálculo, do percentual equivalente à diferença entre a Alíquota Interna e a Interestadual.

No Rio de Janeiro deve-se incorporar, também, o Fundo Estadual de Combate a Pobreza (FECP), definido anteriormente.

Assim, o diferencial no Rio de Janeiro será calculado conforme o quadro a seguir:

Figura 11 – Quadro Apuração DIFAL

1º Base de Cálculo =	Valor Total da NF	= Valor da Operação
2º Alíquota Interna =	18%	= Alíquota Básica
3º (–) Alíquota Interestadual =	(12%)	= Região Sudeste
4º (=) DIFAL =	6%	= Diferença entre alíquotas
5º (+) FECP =	1%	= Operações Internas
6º (=) DIFAL a recolher =	7%	= Valor Global

O DIFAL devido por contribuinte que tenha adquirido mercadoria de outra unidade da Federação, destinada a consumo deverá ser escriturado na coluna "Observações" do Registro de Entradas, relativamente a cada aquisição. Ao final do período de apuração, o total do mês deve ser lançado na rubrica "Observações" do Registro de Apuração do ICMS. Ressalte-se que o contribuinte não terá direito a este crédito.

Tratando-se de diferencial de alíquotas referente à aquisição de bem destinado a ativo imobilizado, este deverá ser escriturado no item 7 "Outros Créditos" do livro RAICMS, antecedido da expressão "Ativo Imobilizado". Neste caso, o crédito respectivo será escriturado em 48 períodos, como explicado no tópico sobre ICMS do Ativo Imobilizado (3.9), a seguir.

Exemplo 1: Cálculo do DIFAL

Suponha que a Empresa EX Ltda. tenha adquirido material de escritório de SP por R$ 4.500,00. O diferencial de alíquotas seria calculado assim:

BASE DE CÁLCULO	4.500
DIFAL (18% – 12% + 1%)	7%
DIFAL A RECOLHER	315

3.8.1 Escrituração Fiscal do DIFAL

Como previsto nas normas em vigor, o documento fiscal relativo à compra de material de uso e consumo deve ser escriturado normalmente e o DIFAL lançado na coluna de "Observações", como a seguir.

Figura 12 – Livro Registro de Entradas do ICMS

Data da entrada Ano XX	Proce-dência	Valor Contábil	Classificação		ICMS – Valores Fiscais					Observações
					Operações com crédito			Operações sem crédito		
Dia/Mês	UF		Contábil	Fiscal	Base de Cálculo	Alíquota	Imposto	Isentas/NT	Outras	
1	SP	4.500	*	2556					4.500	DIFAL = $ 315
Total		4.500							4.500	

*A classificação contábil deve corresponder ao código do fornecedor no plano de contas da empresa.

Quanto ao livro de apuração do ICMS, a informação sobre o DIFAL também será lançada em local destinado a observações, como exemplificado a abaixo:

> Observação:
> DIFAL relativo à compra de material para uso ou consumo = R$ 315

- Contabilização do DIFAL (uso e consumo)

D – Despesa com material de expediente	4.815
C – Fornecedores	4.500
C – DIFAL a recolher	315

ou

D – Despesa com material de expediente	4.500
D – Despesa DIFAL – Uso e consumo	315
C – Fornecedores	4.500
C – DIFAL a recolher	315

> ### Exemplo 2 Cálculo do DIFAL (imobilizado)
>
> Suponha que a Empresa EX Ltda. tenha adquirido ativo imobilizado de SP por R$ 35.000. O diferencial de alíquotas seria calculado assim:
>
> | BASE DE CÁLCULO | 35.000 |
> |---|---|
> | DIFAL (18% – 12% + 1%) | 7% |
> | DIFAL A RECOLHER | 2.450 |

Escrituração Fiscal do DIFAL (imobilizado)

Figura 13 – Livro Registro de Entradas do ICMS

Data da entrada Ano XX	Proce-dência	Valor Contábil	Classificação		ICMS – Valores Fiscais					Observações
					Operações com crédito			Operações sem crédito		
Dia/Mês	UF		Contábil	Fiscal	Base de Cálculo	Alíquota	Imposto	Isentas/NT	Outras	
1	SP	35.000		2551					35.000	DIFAL = $ 2.450
Total		35.000							35.000	

*A classificação contábil deve corresponder ao Código do Fornecedor no Plano de Contas da Empresa.

Quanto ao lançamento no livro de apuração, cumpre lembrar que, como descrito no tópico sobre Créditos do Imposto, o contribuinte deverá apropriar o ICMS na proporção de 1/48 avos por mês. No caso deste exemplo, o cálculo será: R$ 2.450,00/48 = 51,04 por mês.

CRÉDITO DO IMPOSTO						
006 – POR ENTRADAS COM CRÉDITO DO IMPOSTO						
007 – OUTROS CRÉDITOS						
Ativo imobilizado			51	04	51,04	
008 – ESTORNOS DE DÉBITOS						
010 – SUBTOTAL					51	04
011 – SALDO CREDOR DO PERÍODO ANTERIOR						
012 – TOTAL					51	04

Tributos Estaduais – ICMS **215**

* Contabilização DIFAL (Imobilizado)

D – Ativo imobilizado

C – Fornecedores   35.000

D – ICMS a recuperar/DIFAL

C – DIFAL a recolher   2.450

D – ICMS a recuperar (das operações normais)

C – ICMS a recuperar/DIFAL   51,04

Além de ser lançado no Livro de Apuração, o DIFAL sobre Ativo Imobilizado deverá ser escriturado também em livro específico para este fim, chamado Controle de Crédito de ICMS do Ativo Imobilizado (CIAP), caracterizado no tópico 3.9, no qual também serão apresentados os procedimentos para escrituração do imposto destacado na nota fiscal de aquisição.

3.9 Controle de Crédito de ICMS do Ativo Imobilizado (CIAP)

Nas aquisições de bens para compor o ativo imobilizado, a Nota Fiscal contempla o ICMS embutido no preço do produto, mas a escrituração Fiscal deve considerar também o DIFAL.

O RICMS/2000 trata dos diversos aspectos do imposto e de sua incidência sobre o ativo imobilizado, estabelecendo que o documento fiscal relativo à aquisição dos bens, além de sua escrituração nos livros próprios, será, também, escriturado no CIAP.

O controle dos créditos de ICMS dos Bens do Ativo Imobilizado será efetuado de forma global, devendo a sua escrituração ser feita da seguinte forma:

Parte 1ª Inventário dos Bens do Ativo Imobilizado	
Ano	– o exercício objeto de escrituração.
Número	– o número atribuído à pagina do documento, que será sequencial por exercício, devendo ser reiniciada a numeração após o término do mesmo.
Identificação do Contribuinte	– o nome, endereço e números de inscrição, federal e estadual, do estabelecimento.
Código	– código atribuído ao bem pelo contribuinte, consoante a ordem de entrada, seguido de dois algarismos indicando o exercício, findo o qual será reiniciada a numeração.
Data da Entrada	– dia, mês e ano da entrada do bem no estabelecimento.
Nota Fiscal	– o número do documento fiscal relativo à aquisição.
Descrição Resumida	– a identificação do bem, de forma sucinta.

Parte 1ª Inventário dos Bens do Ativo Imobilizado	
RE/fls.	– o número do livro Registro de Entradas e o número da folha na qual o bem está escriturado.
ICMS Destacado na Nota Fiscal	– o valor do ICMS destacado no documento fiscal de entrada, acrescido, quando for o caso, do ICMS correspondente ao serviço de transporte e ao diferencial de alíquotas (DIFAL).
Data de Saída ou Baixa	– data de ocorrência de qualquer movimentação do bem, tal como: transferência, alienação ou baixa pelo decurso do prazo de 4 (quatro) anos de utilização.

A **Parte 1ª** dedica-se a identificação do contribuinte e do bem adquirido para compor o ativo imobilizado. A **Parte 2ª** descreve a forma de cálculo e apropriação do crédito, como descrito a seguir.

Parte 2ª Demonstrativo de Apropriação do Crédito	
Mês/Ano	– o mês de apuração, seguido do exercício objeto de escrituração.
Número	– o número atribuído ao documento, que será sequencial por exercício, devendo ser reiniciada a numeração após o término do mesmo.
Identificação do Contribuinte	– o nome, endereço e números de inscrição, federal e estadual, do estabelecimento.
Bens	– o número do código atribuído ao bem do ativo imobilizado.
Parcela	– número da parcela a ser apropriada, na forma nº 48.
Base para Cálculo do Crédito	– 1/48 do valor do ICMS relativo à entrada do bem.
Total	– somatório dos valores lançados na coluna Base para Cálculo do Crédito.
Saídas Tributadas	– o valor das operações de saídas e prestações tributadas escrituradas no mês, equiparando-se às tributadas às saídas e prestações com destino ao exterior.
Total das Saídas	– o valor total das operações e prestações de saídas escrituradas pelo contribuinte no mês.
Coeficiente	– o coeficiente de participação das saídas tributadas, nestas incluídas as destinadas ao exterior, no total das saídas escrituradas no mês, encontrado mediante a divisão do valor das saídas tributadas pelo valor total das saídas e prestações, considerando-se, no mínimo, 4 (quatro) casas decimais.
Valor do Crédito	– valor do crédito a ser apropriado que será encontrado mediante a multiplicação do coeficiente acima pelo total indicado na coluna Base para Cálculo do Crédito, sendo o resultado escriturado no item 7 Outros Créditos do livro RAICMS, antecedido da expressão Ativo Imobilizado.

A escrituração e apropriação do ICMS sobre Ativo Imobilizado deve, ainda, atender as seguintes exigências:

a   A razão 1/48 (um quarenta e oito avos) será proporcionalmente aumentada ou diminuída, *pro rata die*, caso o período de apuração seja superior ou inferior a um mês, sendo feitas as alterações necessárias no CIAP.

b   O estabelecimento que transferir Bem do Ativo Imobilizado para outro estabelecimento do mesmo titular, além dos procedimentos regulamentares, emitirá Nota Fiscal com o fim específico de transferência de crédito do ICMS, em cujo corpo deverá constar:

I   nome, números de inscrição, federal e estadual, do fornecedor do bem;

II   número, data de emissão e valor do ICMS destacado na Nota Fiscal de aquisição do bem;

III   a expressão *Ativo imobilizado – Transferência de Crédito* e o número de parcelas que faltam para completar o quadriênio;

IV   no campo *Valor Total da Nota* o valor do crédito a ser transferido, que corresponde ao ICMS ainda não apropriado pelo estabelecimento remetente.

c   O valor do crédito do ICMS a ser transferido será calculado dividindo--se o valor do imposto destacado na Nota Fiscal de aquisição do bem por 48 (quarenta e oito), multiplicando-se o resultado obtido pelo número de parcelas que faltam para completar o quadriênio.

d   O estabelecimento destinatário do bem recebido em transferência terá direito ao crédito relativo à sua aquisição, correspondente ao valor do crédito remanescente, devendo fazer o lançamento em seus livros fiscais. O crédito remanescente será apropriado mensalmente pelo número de parcelas que faltar para completar o quadriênio.

e   A integração no ativo imobilizado de mercadoria adquirida para industrialização ou comercialização será formalizada mediante a emissão de Nota Fiscal (entrada), pelo valor de aquisição da mercadoria, com destaque do imposto, na qual serão indicados o número e a data da Nota Fiscal originária.

f   Quando se tratar de mercadoria produzida pelo estabelecimento, o valor a ser atribuído, para fins de apropriação do crédito, será o correspondente ao somatório dos créditos dos insumos adquiridos para a fabricação do bem. O estorno do crédito das mercadorias mencionadas deverá ser efetuado mediante lançamento no item 003 *estornos de créditos* do livro RAICMS.

g A escrituração do CIAP deverá ser feita até cinco dias após o período de apuração. As folhas relativas a cada exercício serão encadernadas e autenticadas quando a quantidade atingir 500 (quinhentas).

h Ao final do quadragésimo oitavo mês, contado da data da entrada do bem no estabelecimento, o saldo remanescente do crédito será cancelado.

Em resumo, o crédito do ativo imobilizado passou a apresentar as seguintes características gerais:

Valor Mensal: Valor do crédito total/48 = crédito do período

Apuração: crédito do período (–) {crédito do período × (saídas tributadas/total saídas)}

Exemplo de escrituração do CIAP

Suponha que a Empresa EX Ltda. tenha adquirido ativo imobilizado de SP por R$ 42.000. O diferencial de alíquotas seria calculado assim:

(A) BASE DE CÁLCULO	42.000
(B) ALÍQUOTA DO DIFAL (18% – 12% + 1%)	7%
(C) VALOR TOTAL DO DIFAL C/FECP (A × B)	2.940
(C1) DIFAL A RECOLHER (6%)	2.520
(C2) FECP A RECOLHER (1%)	420
(D) ICMS DESTACADO NA NF (42.000,00 × 12%)	5.040
(E) CRÉDITO TOTAL ICMS ativo imobilizado (C1 + D)	7.560

Como se percebe, a empresa terá direito de se apropriar do valor destacado na NF acrescido do DIFAL recolhido, ou seja, poderá se creditar de R$ 7.560,00 em 48 parcelas mensais e sucessivas de R$ 157,50.

O valor de R$ 157,50 somente será creditado integralmente se todas as saídas do período forem tributadas, caso contrário, o crédito será proporcional, em função da relação entre saídas tributadas e saídas totais.

Suponha saídas com as seguintes características:

DESCRIÇÃO/MÊS	JANEIRO	FEVEREIRO
Venda de mercadorias para SP	6.000	23.000
Venda de mercadorias para AM*		3.000
Venda de mercadorias para RJ	14.000	4.500
TOTAL	20.000	30.500

* Zona Franca de Manaus (isentas de ICMS).

A escrituração do CIAP aparece nos quadros a seguir:

CONTROLE DE CRÉDITO DE ICMS DO ATIVO IMOBILIZADO (CIAP) *MODELO C*

1 – IDENTIFICAÇÃO DO CONTRIBUINTE		
Nome: EMPRESA EX LTDA	CNPJ nº	Inscrição Estadual nº
Endereço:	Bairro	Município RIO DE JANEIRO

2 – DEMONSTRATIVO DA BASE DO CRÉDITO A SER APROPRIADO						
IDENTIFICAÇÃO DO BEM				VALOR DO ICMS		
Nº OU CÓDIGO	DATA	NOTA FISCAL	DESCRIÇÃO RESUMIDA	ENTRADA (CRÉDITO PASSÍVEL DE APROPRIAÇÃO)	SAÍDA, BAIXA OU PERDA (DEDUÇÃO DE CRÉDITO)	SALDO ACUMULADO (BASE DO CRÉDITO A SER APROPRIADO)
001	JAN	21	MÓVEIS E UTENSILIOS	7.560,00		7.560,00

3 – DEMONSTRATIVO DA APURAÇÃO DO CRÉDITO A SER EFETIVAMENTE APROPRIADO						
MÊS	OPERAÇÕES E PRESTAÇÕES (SAÍDAS)		COEFICIENTE DE CREDITAMENTO $(3 = 1 : 2)$	SALDO ACUMULADO (BASE DO CRÉDITO A SER APROPRIADO) (4)	FRAÇÃO MENSAL (5)	CRÉDITO A SER APROPRIADO $(6 = 3 \times 4 \times 5)$
	TRIBUTADAS E EXPORTAÇÃO (1)	TOTAL DAS SAÍDAS (2)				
Janeiro	20.000,00	20.000,00	1	7.560,00	1/48	157,50
Fevereiro	27.500,00	30.500,00	0,9016	7.560,00	1/48	142,00

Os registros no Livro de Apuração do ICMS de Janeiro e Fevereiro seriam assim:

CRÉDITO DO IMPOSTO – JAN.					
006 – POR ENTRADAS COM CRÉDITO DO IMPOSTO					
007 – OUTROS CRÉDITOS					
Ativo imobilizado			157	50	157,50
008 – ESTORNOS DE DÉBITOS					
010 – SUBTOTAL				157	50
011 – SALDO CREDOR DO PERÍODO ANTERIOR					
012 – TOTAL				157	50

CRÉDITO DO IMPOSTO – FEV.						
006 – POR ENTRADAS COM CRÉDITO DO IMPOSTO						
007 – OUTROS CRÉDITOS						
Ativo imobilizado			157	50	142,00	
008 – ESTORNOS DE DÉBITOS						
010 – SUBTOTAL					142	00
011 – SALDO CREDOR DO PERÍODO ANTERIOR						
012 – TOTAL					142	00

Exemplo de Contabilização do ICMS ativo imobilizado:

1. Pela compra do bem imobilizado
   D – Móveis e utensílios
   C – Fornecedores   42.000

2. Pela apropriação do ICMS destacado na NF
   D – ICMS sobre ativo a recuperar – Longo Prazo
   C – Móveis e utensílios   5.040

3. Pela apropriação do DIFAL
   D – ICMS sobre ativo a recuperar – Longo Prazo
   C – DIFAL a recolher   2.520

4. Pela apropriação do FECP
   D – Despesa com FECP
   C – FECP a pagar   420

5. Pela apropriação de 12 parcelas do ICMS no Ativo Circulante
   D – ICMS sobre ativo a recuperar – Curto Prazo
   C – ICMS sobre ativo a recuperar – Longo Prazo   1.890

6. Pela transferência para ICMS a recuperar da parcela de Janeiro
   D – ICMS a recuperar
   C – ICMS sobre ativo a recuperar – Curto Prazo   157,50

---

[11] Corresponde a 12 parcelas de R$ 157,50 que ficarão no Circulante. As outras 36 parcelas do Longo Prazo serão transferidas mensalmente, nos períodos seguintes, de forma que no Circulante o saldo corresponda a 12 parcelas do Curto Prazo.

[12] A transferência visa consolidar em uma única conta o ICMS que poderá ser compensado com as operações do período, já que o ICMS sobre ativos só estará disponível parceladamente.

Tributos Estaduais – ICMS **221**

7   Pela transferência para ICMS a recuperar da parcela de Fevereiro
D – ICMS a recuperar
C – ICMS sobre ativo a recuperar – Curto Prazo   142

8   Pela transferência do ICMS sobre ativo, não compensado em Fevereiro[12]
D – Perdas tributárias – ICMS sobre ativo
C – ICMS sobre ativo a recuperar – Curto Prazo   15,50

Nota

A legislação determinou que o saldo remanescente seja cancelado após decorridos os 48 meses. Alguns estudiosos entendem que o valor não compensado deveria retornar para o saldo do Ativo Imobilizado (Móveis e Utensílios, no exemplo) e compor nova base de cálculo para a Depreciação.

Mas isto poderia causar discrepância com a legislação do Imposto de Renda, devido ao Regime de Competência da Depreciação, que seria postergado para 48 meses depois, ficando em descompasso em relação à depreciação contabilizada desde o mês da aquisição. Pode haver conflito também com o Regime de Competência Contábil, que preconiza que a depreciação acompanharia a vida útil do bem, desde o início de sua utilização.

Parece que a determinação do cancelamento refere-se aos registros no CIAP, que devem ser encerrados no 48º mês, ou seja, trata apenas do critério tributário.

Então, pode ser mais adequado reconhecer que o valor não compensado é uma perda tributária irreversível e apropriá-la contabilmente na competência do seu Fato Gerador.

3.10 Resumo

O ICMS é um imposto não cumulativo, seletivo e indireto que incide sobre as Operações de Circulação de Mercadorias e a Prestação de Serviços de Comunicação e de Transporte Interestadual e Intermunicipal.

Sua base de cálculo é o valor da operação ou prestação, e as alíquotas diferem nas operações internas e interestaduais.

O fato gerador mais comum ocorre na saída da mercadoria, mas existem hipóteses de incidência na entrada, como nos casos de importação e aquisição de ativo imobilizado ou material de uso e consumo.

---

[13]   Diferença entre 157,50 e 142,00.

Os contribuintes são aqueles que praticam o Fato Gerador, mas a responsabilidade pelo recolhimento pode ser atribuída a terceiros, denominados responsáveis.

O valor a ser recolhido resulta da diferença a maior entre o ICMS incidente nas saídas e o ICMS incidente nas entradas.

As operações de entrada e saída são registradas em livros próprios e depois consolidadas no livro Registro de Apuração do ICMS, no qual o saldo a recuperar ou a recolher é apurado.

3.11 Exercícios e Estudos de Casos

1   Defina Fato Gerador do ICMS. Cite 3 exemplos.

2   Diferencie obrigação principal de obrigação acessória. Dê exemplos.

3   Diferencie Imunidade, Isenção e Suspensão. Dê exemplos.

4   Considere as seguintes operações efetuadas no mês de novembro/X12 e determine o valor do ICMS. Efetue as contabilizações.

Compra de mercadorias para revenda no valor de R$ 20.000,00, cujo fornecedor é estabelecido em MG:

  a   Compra de mercadorias para revenda no valor de R$ 30.000,00, cujo fornecedor é estabelecido no RJ;

  b   Venda de mercadorias para cliente estabelecido em SP, pelo valor de R$ 12.000,00;

  c   Venda de mercadorias por R$ 32.000,00 para cliente estabelecido no RJ;

  d   Venda de mercadoria para cliente da AL, por R$ 17.000,00.

5   A empresa comercial Alfa, situada no RJ, efetuou as seguintes operações no mês de janeiro/X12:

  a   Compra de R$ 20.000 em produtos de um fornecedor no RJ;

  b   Compra de R$ 60.000 em produtos de um fornecedor em AL;

  c   Compra de um ativo imobilizado por R$ 300.000;

  d   Venda de 100 produtos, por R$ 600 cada, para um cliente no RJ;

  e   Compra de R$ 30.000 de matéria-prima de um fornecedor em SP;

  f   Venda 50 produtos, por um total de $ 40.000, para um cliente na PB.

Pede-se:

Apure o ICMS e efetue as devidas contabilizações.

Tributos Estaduais – ICMS **223**

3.11.1 Questões de Concursos Públicos

1   (Auditor Fiscal da Receita Municipal – Prefeitura de Angra dos Reis – 2010)
São políticas prioritárias para aplicação dos recursos do Fundo Estadual do
RJ de Combate à Pobreza, EXCETO:

(A) as ações de fomento ao esporte.

(B) as concernentes à assistência ao idoso.

(C) as relativas ao programa de planejamento familiar.

(D) as que dizem respeito às ações preventivas de saúde.

(E) as de auxílio para construção e saneamento.

2   (Fiscal de Rendas – Governo do Estado do Rio de Janeiro – 2010) Com relação ao ICMS, assinale a alternativa correta.

(A) Os serviços de comunicação não estão sujeitos ao ICMS.

(B) Não pode haver uma mesma operação comercial, ainda que de natureza
mista (com fornecimento de mercadoria e prestação de serviços), que
seja tributada tanto pelo ICMS (valor da mercadoria) como pelo ISS
(valor do serviço).

(C) Incide no caso de transferência de titularidade de Bens do Ativo Fixo ou
Imobilizado.

(D) Não incide quando se tratar de bem ou mercadoria importado por
pessoa que não seja contribuinte habitual do imposto, nos termos das
Constituição Federal.

(E) Será garantida a manutenção e o aproveitamento do montante do imposto cobrado nas operações e prestações anteriores no caso de exportação de mercadorias, mesmo que a Constituição Federal expressamente determine a não incidência do ICMS sobre mercadorias e serviços
destinados ao exterior.

3   (Fiscal de Rendas – Governo do Estado do Rio de Janeiro – 2010) Analise as
afirmativas a seguir.

I   A principal característica do contribuinte do ICMS é a habitualidade,
admitindo-se exceção pelo critério de volume.

II   O responsável ou sujeito passivo indireto é todo aquele obrigado ao
pagamento do tributo ou penalidade pecuniária, mesmo sem revestir-se
da condição de contribuinte.

III A entrada de mercadoria ou bem no estabelecimento do adquirente
ou em outro por ele indicado, para efeito de exigência do imposto por
substituição tributária, inclui-se também como fato gerador do imposto.

Assinale:

(A) se somente a afirmativa I estiver correta.

(B) se somente as afirmativas I e II estiverem corretas.

(C) se somente as afirmativas I e III estiverem corretas.

(D) se somente as afirmativas II e III estiverem corretas.

(E) se todas as afirmativas estiverem corretas.

4   (Fiscal de Rendas – Governo do Estado do Rio de Janeiro – 2010) Com relação ao fato gerador do ICMS, assinale a afirmativa incorreta.

(A) Na venda à ordem ou para entrega futura, considera-se ocorrido o fato gerador na data em que se efetivar a saída da mercadoria.

(B) No caso de o serviço de comunicação ser prestado mediante ficha ou cartão, o fato gerador do ICMS ocorre quando do fornecimento desses instrumentos ao usuário ou ao intermediário.

(C) A saída de pneu recauchutado ou regenerado, não é fato gerador do ICMS, sempre que efetuada pelo prestador de serviço a consumidor final.

(D) No caso de importação, considera-se ocorrido o fato gerador do ICMS no desembaraço aduaneiro, inclusive no caso de a entrega da mercadoria importada dar-se antes do ato do despacho aduaneiro.

(E) Nas transferências de mercadorias para outro estabelecimento da mesma empresa, ocorre o fato gerador na saída das mesmas do estabelecimento remetente.

5   (Fiscal de Rendas – Governo do Estado do Rio de Janeiro – 2010) O contribuinte lançou crédito de ICMS indevido em sua escrita fiscal.

O fiscal de rendas que apurou a irregularidade deve adotar o seguinte procedimento:

(A) não lavrar auto de infração e apenas intimar o contribuinte a estornar o valor do crédito indevido.

(B) lavrar auto de infração para exigir apenas a multa de 60% (sessenta por cento) do respectivo valor.

(C) lavrar auto de infração com exigência do valor do crédito indevidamente apropriado, apenas com acréscimo moratório.

(D) lavrar auto de infração com exigência do valor do crédito indevidamente apropriado, com acréscimo moratório e multa de 60% (sessenta por cento) do respectivo valor.

(E) lavrar nota de lançamento.

Tributos Estaduais – ICMS **225**

6   (Fiscal de Rendas – Governo do Estado do Rio de Janeiro – 2010) Sociedade empresária "X" importou da França uma máquina para seu ativo permanente. O preço constante dos documentos de importação foi de US$ 1.000,00. A importadora suportou as seguintes despesas:

I   US$ 100,00 de imposto de importação, à taxa de câmbio de R$ 2,00;

II   R$ 250,00 de IPI;

III   R$ 50,00 de despesas aduaneiras diversas;

IV   R$ 40,00 de frete pelo transporte do porto até seu estabelecimento.

O pagamento da máquina ao exportador estrangeiro foi feito ao câmbio de R$ 2,10 e a alíquota do ICMS aplicável na importação foi de 18%.

Assinale a alternativa que indique corretamente a base de cálculo do ICMS.

(A) igual a R$ 2.600,00

(B) inferior a R$ 2.500,00

(C) igual a R$ 2.540,00

(D) igual a R$ 2.500,00

(E) superior a R$ 3.000,00

7   (Fiscal de Rendas – Governo do Estado do Rio de Janeiro – 2010) "Sociedade empresária sediada no Estado do Rio de Janeiro, com atividade industrial, promove as seguintes operações:

I   remessa de mercadoria destinada a conserto;

II   venda de produtos para um país europeu;

III   venda de produtos para um estado do Nordeste brasileiro;

IV   remessa de produtos de sua fabricação para um de seus estabelecimentos localizado no Estado do Rio Grande do Sul."

Com relação a essas operações, todas destinadas a contribuintes do ICMS, assinale a alternativa correta.

(A) suspensão/imunidade/incidência, calculado à alíquota de 7%/incidência, calculado sobre o valor de custo da mercadoria produzida.

(B) isenção/imunidade/incidência, calculado à alíquota de 12%/incidência, calculado sobre o preço praticado pela empresa com comprador não considerado interdependente.

(C) não incidência/isenção/incidência, calculado à alíquota de 7%/incidência, calculado sobre o custo da mercadoria produzida.

(D) suspensão/diferimento/incidência, calculado à alíquota de 18%/incidência, calculado sobre o preço FOB estabelecimento industrial à vista.

(E) isenção/isenção/incidência, calculado à alíquota de 7%/incidência, calculado sobre o preço corrente da mercadoria produzida.

8   (Fiscal de Rendas – Governo do Estado do Rio de Janeiro – 2010) Sociedade empresária industrial, com relação aos produtos que fabrica e vende, sofre incidência de IPI à alíquota de 15% e concede desconto de 10% apenas para os clientes que firmarem contrato de financiamento com outra empresa do mesmo grupo.

Com relação à base de cálculo do ICMS, assinale a alternativa que apresenta incorreção referente à incidência de IPI e à concessão de desconto.

(A) O valor do IPI não é incluído na base de cálculo do ICMS, no caso de as vendas destinarem-se à industrialização por adquirentes contribuintes/O valor correspondente ao desconto inclui-se na base de cálculo do ICMS, eis que concedido de maneira condicionada.

(B) O valor do IPI é incluído na base de cálculo do ICMS, no caso de as vendas destinarem-se à comercialização por adquirentes contribuintes/O valor correspondente ao desconto não se inclui na base de cálculo do ICMS, eis que concedido de maneira condicionada.

(C) O valor do IPI não é incluído na base de cálculo do ICMS, no caso de as vendas destinarem-se a órgão da Administração Pública Municipal/O valor correspondente ao desconto inclui-se na base de cálculo do ICMS, salvo se concedido de maneira não condicionada.

(D) O valor do IPI é incluído na base de cálculo do ICMS, no caso de as vendas destinarem-se ao consumo por adquirentes não contribuintes/O valor correspondente ao desconto não se inclui na base de cálculo do ICMS, eis que concedido de maneira condicionada.

(E) O valor do IPI não é incluído na base de cálculo do ICMS, no caso de as vendas destinarem-se à comercialização ou à industrialização por adquirentes contribuintes/O valor correspondente ao desconto inclui-se na base de cálculo do ICMS, eis que concedido de maneira condicionada.

9   (Fiscal de Rendas – Governo do Estado do Rio de Janeiro – 2010) Sociedade empresária com atividade comercial vende e transporta as mercadorias que aliena até o domicílio do comprador, cobrando R$ X pela mercadoria e acrescentando R$ Y a título de frete.

Com relação ao ICMS devido por tal contribuinte, assinale a afirmativa correta.

(A) O ICMS deve ser calculado apenas sobre R$ Y.

(B) O ICMS deve ser calculado apenas sobre R$ X.

(C) O ICMS deve ser calculado sobre o resultado da diferença entre R$ X e R$ Y.

(D) O ICMS deve ser calculado sobre o resultado da soma de R$ X e R$ Y.

(E) O ICMS deve ser calculado sobre o resultado da soma de R$ X e R$ Y, apenas se este último valor constar da competente nota fiscal.

10 (Fiscal de Rendas – Governo do Estado do Rio de Janeiro – 2010) Assinale a alternativa que contenha as expressões que completam corretamente o texto a seguir.

Segundo a legislação do Estado do Rio de Janeiro, o contribuinte que receber, _____, mercadoria sujeita à substituição tributária, sem que tenha sido feita a retenção _____ na operação _____, fica _____ responsável pelo recolhimento do imposto que deveria ter sido retido.

(A) de dentro ou de fora do Estado/parcial/subsequente /solidariamente.

(B) de dentro ou de fora do Estado/total/anterior /solidariamente.

(C) de fora do Estado/total/anterior/subsidiariamente.

(D) de fora do Estado/parcial/subsequente/subsidiariamente.

(E) de dentro do Estado/parcial/anterior/pessoalmente.

11 (Auditor Fiscal da Receita Estadual – 2005) João adquiriu, no estabelecimento comercial varejista **Loja A**, bem de consumo durável, obtendo financiamento da instituição financeira **X**. Como garantia do financiamento, o bem ficou alienado fiduciariamente à instituição **X**. João não adimpliu o financiamento, e **X** executou a garantia.

Considerando a situação descrita, assinale as assertivas abaixo com (**F**) para falsa e (**V**) para verdadeira e, a seguir, assinale a opção que indica a sequência correta.

( ) Na saída do bem de **Loja A** para João, incide o ICMS.

( ) Na transmissão do domínio do bem de João para **X**, não incide o ICMS.

( ) Na transferência da posse do bem de João para **X** em virtude da execução da garantia em razão do inadimplemento de João, incide o ICMS.

a   F, V, F.

b   V, F, V.

c   V, F, F.

d   F, F, V.

e   V, V, F.

12 (Auditor Fiscal da Receita Estadual – 2005) Considerando as normas relativas ao imposto sobre a circulação de mercadorias e sobre a prestação de serviços de competência do Estado (ICMS) assinale os enunciados abaixo com **(F)** para falso e **(V)** para verdadeiro e, a seguir, assinale a opção que indica a sequência correta.

( ) Como regra geral, a isenção para operação com determinada mercadoria alcança a prestação do serviço de transporte a ela relacionada.

( ) A pessoa física que, mesmo sem habitualidade, importe mercadorias do exterior, é contribuinte do imposto.

( ) Em caso de remessa de bem em que a incidência fica condicionada a evento futuro, deve ser registrada, no documento fiscal respectivo, a circunstância de que o bem pertence ao ativo permanente ou é de uso ou consumo do remetente.

a V, V, F.

b F, V, V.

c V, F, F.

d F, F, V.

e V, F, V.

13 (Auditor Fiscal da Receita Estadual – 2005) Assinale a afirmativa correta.

a Uma vez comprovada a invalidade do título jurídico pelo qual a mercadoria se encontrava na posse do titular do estabelecimento, a respectiva saída efetiva não constitui fato gerador do ICMS.

b O ICMS não incide sobre operações com livros em branco, destinados à escrituração.

c O ICMS não incide sobre a saída de mercadoria do estabelecimento do comerciante, destinada a armazém geral de terceiro, para guarda em nome do adquirente.

d Não ocorre o fato gerador do ICMS na saída de mercadoria de estabelecimento de contribuinte, quando em decorrência de bonificação.

e O ICMS não incide na saída de bem em decorrência de comodato.

14 (Auditor Fiscal da Receita Estadual – 2005) O estabelecimento **E**, fabricante do produto **P**, vendeu, nos dias 10, 20 e 30 do mês X, respectivamente, 1000, 1000 e 300 produtos ao preço unitário FOB estabelecimento industrial a vista de, respectivamente, R$ 500,00, R$ 500,00 e R$ 700,00. No dia 05 do mês seguinte transferiu, para o estabelecimento **E1**, de sua própria titularidade, 100 unidades do produto. A operação de transferência foi sem

valor. Nessa mesma data (dia 05), o preço corrente no mercado atacadista local, para o produto, era de R$ 550,00 por unidade. Considerando a situação descrita, assinale, a seguir, a afirmativa correta.

a Na saída dos produtos de **E** para **E1**, não ocorre fato gerador do ICMS.

b A base de cálculo do ICMS na saída de **E** para **E1** é R$ 55.000,00.

c A base de cálculo do ICMS na saída de **E** para **E1** é R$ 70.000,00.

d A base de cálculo do ICMS na saída de **E** para **E1** é R$ 52.608,70.

e A base de cálculo do ICMS na saída de **E** para **E1** é R$ 56.666,00.

15 (Agente Fiscal de Rendas – SP – 2009) A empresa Zidefonte, fabricante de máquinas para indústria metalúrgica, vende uma lingoteira para uma siderurgia, por R$ 100.000,00, cobrando, ainda, do cliente, com base em cláusula contratual, os seguintes valores: R$ 30.000,00 a título de serviços de montagem; R$ 10.000,00 de despesas de frete; R$ 12.000,00 de despesas de guindaste; R$ 3.000,00 de escolta e R$ 5.000,00 de seguros. Considerando que o IPI destacado na NF foi de R$ 10.000,00, o valor da base de cálculo é, em R$,

(A) 140.000,00.

(B) 145.000,00.

(C) 155.000,00.

(D) 160.000,00.

(E) 170.000,00.

4

Tributos Municipais – ISS

Objetivo do Capítulo:[1]

O presente capítulo pretende discutir o principal tributo municipal: o Imposto Sobre Serviços de qualquer natureza (ISS). São apresentadas suas principais características, alíquotas, contribuintes, isenções, imunidades, pagamentos e contabilização. Ressalte-se que, apesar de o capítulo estar fundamentado nas normas em vigor no Município do Rio de Janeiro, os principais aspectos afetos regulados por leis federais estão contemplados integralmente, exceto aquelas vinculadas ao Simples Nacional, que foi objeto do Capítulo 2, que trata dos tributos federais.

4.1 Introdução

O Imposto Sobre Serviços de qualquer natureza (ISS) é um tributo de competência municipal que incide sobre a prestação de serviços de qualquer natureza. Encontra-se fundamentado na Constituição Federal de 1988 (art. 156), no Código Tributário do Município do Rio de Janeiro (Lei nº 691/1984), na Lei Complementar (LC) nº 116/2003, Decreto Municipal nº 10.514/1991 (Regulamento do ISS), dentre outros.

---

[1] Por se tratar de Imposto Municipal, a base de todo o capítulo será o Município do Rio de Janeiro. Ressalte-se que será atentada, também, a Lei Complementar nº 116/2003, com abrangência em todo território nacional.

O correto enquadramento da atividade de prestação de serviço das empresas dentro das classificações listadas nas normas municipais é fundamental. Nesse sentido, é muito importante a correta classificação de forma a evitar algum tipo de confusão pela avaliação indevida da atividade da empresa no momento de classificá-la durante seu processo de constituição ou alteração. Dentre os problemas que podem ocorrer, em virtude de um enquadramento indevido, o mais grave é a classificação como prestação de serviço de uma atividade que possa ser, na verdade, definida como industrialização. Isso é possível, uma vez que, segundo o Regulamento do Imposto sobre Produção Industrial (RIPI), a industrialização está caracterizada como qualquer operação que modifique a natureza, o funcionamento, o acabamento, a apresentação ou a finalidade do produto. Algumas destas operações industriais serão consideradas prestação de serviços quando forem contratadas pelo próprio consumidor final e estiverem classificadas como fato gerador do ISS.

A lista de serviços anexa à Lei Complementar nº 116/2003, no seu item 14, relaciona alguns serviços que, quando prestados diretamente ao consumidor final, serão enquadrados como fato gerador do ISS, caso contrário, poderão ser classificados como fato gerador do IPI. Dentre estes, destacam-se:

14 Serviços relativos a bens de terceiros.

14.01 Lubrificação, limpeza, lustração, revisão, carga e recarga, conserto, restauração, blindagem, manutenção e conservação de máquinas, veículos, aparelhos, equipamentos, motores, elevadores ou de qualquer objeto (exceto peças e partes empregadas, que ficam sujeitas ao ICMS).

14.02 Assistência técnica.

14.03 Recondicionamento de motores (exceto peças e partes empregadas, que ficam sujeitas ao ICMS).

14.04 Recauchutagem ou regeneração de pneus.

14.05 Restauração, recondicionamento, acondicionamento, pintura, beneficiamento, lavagem, secagem, tingimento, galvanoplastia, anodização, corte, recorte, polimento, plastificação e congêneres, de objetos quaisquer.

14.06 Instalação e montagem de aparelhos, máquinas e equipamentos, inclusive montagem industrial, prestados ao usuário final, exclusivamente com material por ele fornecido.

Note-se que a legislação do IPI considera como industrialização, dentre outras atividades, restauração, acondicionamento, recondicionamento, montagem ou beneficiamento. A diferença está que, no caso da tributação pelo ISS, o serviço deve ser prestado ao consumidor final e em bem a ele pertencente.

Então, se levamos nosso próprio motor para recondicionar, a atividade é tributada pelo ISS, mas se o prestador de serviço estiver comprando, recondicionando e depois vendendo motores recondicionados, a atividade será tributada pelo IPI, cujos princípios e características estão contempladas no Capítulo 2 deste livro.

4.2 Fato Gerador

Conforme a Lei Complementar nº 116/2003, o fato gerador do ISS é a prestação de serviços, ainda que esses não se constituam como atividade preponderante do prestador. No Anexo da referida norma são listadas as atividades que estão sujeitas a tributação pelo ISS. São elas:

1 Serviços de informática e congêneres.

2 Serviços de pesquisas e desenvolvimento de qualquer natureza.

3 Serviços prestados mediante locação, cessão de direito de uso e congêneres.

4 Serviços de saúde, assistência médica e congêneres.

5 Serviços de medicina e assistência veterinária e congêneres.

6 Serviços de cuidados pessoais, estética, atividades físicas e congêneres.

7 Serviços relativos a engenharia, arquitetura, geologia, urbanismo, construção civil, manutenção, limpeza, meio ambiente, saneamento e congêneres.

8 Serviços de educação, ensino, orientação pedagógica e educacional, instrução, treinamento e avaliação pessoal de qualquer grau ou natureza.

9 Serviços relativos a hospedagem, turismo, viagens e congêneres.

10 Serviços de intermediação e congêneres.

11 Serviços de guarda, estacionamento, armazenamento, vigilância e congêneres.

12 Serviços de diversões, lazer, entretenimento e congêneres.

13 Serviços relativos a fonografia, fotografia, cinematografia e reprografia.

14 Serviços relativos a bens de terceiros.

15 Serviços relacionados ao setor bancário ou financeiro, inclusive aqueles prestados por instituições financeiras autorizadas a funcionar pela União ou por quem de direito.

16 Serviços de transporte de natureza municipal.

17 Serviços de apoio técnico, administrativo, jurídico, contábil, comercial e congêneres.

Tributos Municipais – ISS **233**

18 Serviços de regulação de sinistros vinculados a contratos de seguros; inspeção e avaliação de riscos para cobertura de contratos de seguros; prevenção e gerência de riscos seguráveis e congêneres.

19 Serviços de distribuição e venda de bilhetes e demais produtos de loteria, bingos, cartões, pules ou cupons de apostas, sorteios, prêmios, inclusive os decorrentes de títulos de capitalização e congêneres.

20 Serviços portuários, aeroportuários, ferroportuários, de terminais rodoviários, ferroviários e metroviários.

21 Serviços de registros públicos, cartorários e notariais.

22 Serviços de exploração de rodovia.

23 Serviços de programação e comunicação visual, desenho industrial e congêneres.

24 Serviços de chaveiros, confecção de carimbos, placas, sinalização visual, *banners*, adesivos e congêneres.

25 Serviços funerários.

26 Serviços de coleta, remessa ou entrega de correspondências, documentos, objetos, bens ou valores, inclusive pelos correios e suas agências franqueadas; *courrier* e congêneres.

27 Serviços de assistência social.

28 Serviços de avaliação de bens e serviços de qualquer natureza.

29 Serviços de biblioteconomia.

30 Serviços de biologia, biotecnologia e química.

31 Serviços técnicos em edificações, eletrônica, eletrotécnica, mecânica, telecomunicações e congêneres.

32 Serviços de desenhos técnicos.

33 Serviços de desembaraço aduaneiro, comissários, despachantes e congêneres.

34 Serviços de investigações particulares, detetives e congêneres.

35 Serviços de reportagem, assessoria de imprensa, jornalismo e relações públicas.

36 Serviços de meteorologia.

37 Serviços de artistas, atletas, modelos e manequins.

38 Serviços de museologia.

39 Serviços de ourivesaria e lapidação.

40 Serviços relativos a obras de arte sob encomenda.

> **Notas**
>
> 1 O imposto incide também sobre o serviço proveniente do exterior do país ou cuja prestação se tenha iniciado no exterior.
>
> 2 O imposto incide também sobre os serviços prestados mediante a utilização de bens e serviços públicos explorados economicamente mediante autorização, permissão ou concessão, com o pagamento de tarifa, preço ou pedágio pelo usuário final do serviço.

4.3 Base de Cálculo do ISS

A base de cálculo do imposto é o preço do serviço. Considera-se **preço** tudo que for cobrado em virtude da prestação do serviço, em dinheiro, bens, serviços ou direitos, inclusive a título de reembolso, reajustamento, doação, contribuição, patrocínio ou dispêndio de qualquer natureza.

Incluem-se na base de cálculo as vantagens financeiras decorrentes da prestação de serviços, inclusive as relacionadas com a retenção periódica dos valores recebidos.

Os descontos ou abatimentos concedidos sob condição integram o preço do serviço.

A Prestação de Serviço a Crédito, sob qualquer modalidade, implica inclusão, na base de cálculo dos ônus relativos à obtenção do financiamento, ainda que cobrados em separado.

Nos serviços contratados em moeda estrangeira, o preço será o valor resultante da sua conversão em moeda nacional ao câmbio do dia da ocorrência do fato gerador.

Na falta de preço, será tomado como Base de Cálculo o valor cobrado dos usuários ou contratantes de serviços similares.

No caso de estabelecimento que represente, sem faturamento, empresa do mesmo titular, sediada fora do Município, a base de cálculo compreenderá, no mínimo, todas as despesas necessárias à manutenção desse estabelecimento.

O disposto acima não elide a tributação pelo exercício de atividades de Prestação de Serviços no território do Município, segundo as regras gerais.

Considera-se estabelecimento prestador o local onde o contribuinte desenvolva a atividade de prestar serviços, de modo permanente ou temporário, e que configure unidade econômica ou profissional, sendo irrelevantes para caracterizá-lo as denominações de *sede, filial, agência, posto de atendimento, sucursal, escritório de representação* ou quaisquer outras que venham a ser utilizadas. A circunstância de o serviço, por sua natureza, ser executado, habitual ou eventualmente, fora do estabelecimento, não o descaracteriza como estabelecimento prestador.

São também considerados estabelecimentos prestadores os locais onde forem realizados espetáculos de diversões públicas de natureza itinerante.

> **Nota**
>
> No agenciamento de serviços de revelação de filmes, a base de cálculo será a diferença entre o valor cobrado do usuário e o valor pago ao laboratório.
>
> Nos serviços típicos de editoras de música, a base de cálculo será igual à diferença entre o total da receita auferida pela editora e o valor repassado ao titular do direito sobre a música.

O imposto é parte integrante e indissociável do preço do serviço, constituindo o seu destaque nos documentos fiscais mera indicação para fins de controle e esclarecimento ao usuário do serviço. O valor do imposto, quando cobrado em separado, integrará a base de cálculo.

- Exemplo 1 de Base de Cálculo

Suponha que a empresa LL Serviços Empresariais Ltda. preste serviço de Consultoria pelo valor de R$ 12.000, emitindo Nota Fiscal com as seguintes características:

Valor do Serviço de Consultoria = R$ 12.000

Desconto se pagar no prazo = R$ 1.000

Valor do ISS = R$ 600 (alíquota de 5% sobre a base de cálculo de R$ 12.000)

Fundamento: os descontos ou abatimentos concedidos sob condição integram o preço do serviço.

- Exemplo 2 de Base de Cálculo

Suponha que a empresa LL Serviços Empresariais Ltda. preste serviço de Consultoria pelo valor de R$ 10.000, emitindo Nota Fiscal com as seguintes características:

Valor do Serviço de Consultoria = R$ 10.000

ISS (5%) = R$ 500

Valor Total da NF = R$ 10.500

Valor do ISS = R$ 525 (alíquota de 5% sobre a base de cálculo de R$ 10.500)

Fundamento: o valor do imposto, quando cobrado em separado, integrará a base de cálculo.

4.3.1 Base de Cálculo das Sociedades Uniprofissionais

Conforme a Lei nº 5.739/2014, as sociedades constituídas para o exercício de profissão regulamentadas, tais como Medicina, Enfermagem, Fonoaudiologia, Medicina Veterinária, Contabilidade, Agenciamento da Propriedade Industrial, Advocacia, Engenharia, Arquitetura, Agronomia, Odontologia, Economia e Psicologia, cujos profissionais prestem serviços em nome da empresa, embora assumindo responsabilidade pessoal, nos termos da lei aplicável, recolherão o ISS, mensalmente, até o quinto dia útil seguinte ao do mês de referência.

A base de cálculo do ISS dessas sociedades uniprofissionais é diferente, utilizando o número de profissionais como parâmetro, nos seguintes termos:[2]

a para cada profissional habilitado, sócio, empregado ou não, até o número de cinco, fica fixada a base de cálculo em R$ 3.015,51, por profissional habilitado.

Exemplo: Uma empresa constituída por quatro profissionais habilitados.

Base de cálculo = R$ 3.015,51 × 4 profissionais = R$ 12.062,04

ISS = R$ 241,24 (R$ 12.062,04 × 2%)

b para cada profissional habilitado, sócio, empregado ou não, que exceder a cinco e até dez, fica fixada em R$ 4.523,30, por profissional habilitado excedente a cinco, a base de cálculo.

Exemplo: Uma empresa constituída por oito profissionais habilitados.

Base de cálculo 1 = R$ 3.015,51 × 5 profissionais = R$ 15.077,55

Base de cálculo 2 = R$ 4.523,30 × 3 profissionais = R$ 13.569,90

Base de cálculo total = R$ 28.647,45 (R$ 15.077,55 + R$ 13.569,90)

ISS = R$ 572,95 (R$ 28.647,45 × 2%)

c para cada profissional habilitado, sócio, empregado ou não, que exceder a dez, fica fixada em R$ 6.032,50 por profissional habilitado excedente a dez, a base de cálculo.

Exemplo: uma empresa constituída por 12 profissionais habilitados.

Base de cálculo 1 = R$ 3.015,51 × 5 profissionais = R$ 15.077,55

---

[2] A Secretaria de Fazenda do Município emite os valores correspondentes para cada ano. Os valores valores correspondem a 2012.

Base de cálculo 2 = R$ 4.523,30 × 5 profissionais = R$ 22.616,50

Base de cálculo 3 = R$ 6.032,50 × 2 profissionais = R$ 12.065,00

Base de cálculo total = R$ 49,759,05 (R$ 15,077,55 + R$ 22.616,50 + R$ 12.065,00)

ISS = R$ 995,18 (R$ 49.759,05 × 2%)

Não se enquadram nas disposições da lei, devendo pagar o imposto tendo como base de cálculo o total das receitas auferidas no mês de referência e conforme a alíquota que corresponder ao serviço, as sociedades:

I cujos serviços não se caracterizem como trabalho pessoal dos sócios, e sim como trabalho da própria sociedade;

II cujos sócios não possuam, todos, a mesma habilitação profissional;

III que tenham como sócio pessoa jurídica;

IV que tenham natureza comercial ou empresarial;

V que exerçam atividade diversa da habilitação profissional dos sócios.

Para cômputo, no cálculo mensal do imposto, do número de profissionais habilitados que, sem participação no quadro societário e sem vínculo empregatício, prestem serviços em nome da sociedade, considerar-se-á todo aquele que tiver prestado serviços no mês de competência.

No caso de sociedade que também possua estabelecimento(s) fora do Município, acrescentar-se-á, para cálculo mensal do imposto, a totalidade dos profissionais habilitados, sejam sócios, empregados ou não, vinculados àquele(s) estabelecimento(s), que tenham prestado serviços neste Município no mês de competência.

Considera-se como início de atividade da sociedade uniprofissional a data de sua inscrição no cadastro fiscal do Município, salvo prova em contrário. Configura-se o encerramento da atividade de sociedade uniprofissional na data do registro da dissolução da sociedade no órgão fiscalizador da profissão, salvo prova em contrário.

4.3.2 Base de Cálculo dos Autônomos Estabelecidos

Entende-se por profissional autônomo, todo aquele que fornecer o próprio trabalho, sem vínculo empregatício, com o auxílio de, no máximo, 3 (três) empregados que não possuam a mesma habilitação profissional do empregador.

Será autônomo estabelecido aquele que tiver estabelecimento em local fixo, onde exerça sua atividade, seja escritório, loja ou parte deles.

Para o ano de 2012, a base de cálculo mensal do ISS para o profissional autônomo estabelecido é de R$ 2.850,74, sobre a qual, aplicando-se a alíquota de 2%, resulta no imposto a pagar de R$ 57,01 por mês, por atividade constante no cartão de Inscrição Municipal. O valor devido a cada mês será cobrado em uma única guia trimestral, totalizando R$ 171,03 por trimestre.

Ressalte-se que o autônomo não estabelecido (sem local fixo), não se enquadra nesta regra.

4.3.3 Outras Bases de Cálculo

Quando o sujeito passivo, em seu estabelecimento ou em outros locais, exercer atividades distintas, subordinadas a mais de uma forma de tributação, deverá observar se as atividades são tributáveis por alíquotas diferentes, inclusive se alcançadas por deduções ou por isenções. Se na escrita fiscal não estiverem separadas as operações, o imposto será calculado sobre a receita total e pela alíquota mais elevada.

4.4 Incidência, Não Incidência e Isenção

Conforme já comentado nos capítulos anteriores, de maneira geral, a incidência de tributos ocorre quando um fato (gerador) previsto em lei se materializa. No caso do ISS é a prestação do serviço que seria o fato previsto em lei que acarretaria a incidência do imposto. Não incidência, por sua vez, ocorre quando o legislador não elenca essa ou aquela atividade como fato gerador do imposto. No caso da isenção, esta é derivada de lei – ordinária ou complementar – que determina que aquela atividade não seja tributada.

4.4.1 Incidência

Considerando o que já foi comentado nos tópicos anteriores, a cobrança/incidência do ISS independe de alguns aspectos, tais como:

a   Da existência de estabelecimento fixo

- A incidência do imposto independe do fato do prestador de serviços ter local de trabalho fixo. Ele pode atender seus clientes em qualquer lugar.

b   Do cumprimento de quaisquer exigências legais, regulamentares ou administrativas relativas à atividade, sem prejuízo das cominações cabíveis

- A cobrança do ISS não se limita ou se restringe a situações em que o prestador de serviço tenha obrigações a cumprir decorrentes de outras normas legais.

c Do recebimento do preço do serviço prestado ou qualquer outra condição relativa à forma de sua remuneração

- A incidência do imposto não se vincula ao recebimento do serviço prestado, ou seja, o regime é de competência e não de caixa.

d Da destinação dos serviços

- Estando o serviço listado como fato gerador do imposto, sua destinação deixa de ser importante para a incidência, podendo ser destinado a instituições de direito público ou privado, pessoas físicas ou jurídicas, nacionais ou estrangeiras, com ou sem fins lucrativos.

e Do resultado financeiro obtido

- Em consonância com a letra c, a incidência do imposto independe do resultado obtido na operação. Ou seja, se o preço do serviço prestado foi de R$ 1.000 e os custos para sua execução foram de R$ 1.100, acarretando em um prejuízo de R$ 100, o imposto é devido sobre o valor do serviço que foi de R$ 1.000.

f Da denominação dada ao serviço prestado.

- Estando listado como fato gerador, qualquer que seja a denominação do serviço prestado, o imposto é devido. A incidência não se submete à denominação atribuída pelo prestador, mas sim as características do Fato Gerador propriamente dito.

4.4.2 Não Incidência

O imposto não incide sobre:

a as exportações de serviços para o exterior do país;

b a prestação de serviços em relação de emprego, dos trabalhadores avulsos, dos diretores e membros de conselho consultivo ou de conselho fiscal de sociedades e fundações, bem como dos sócios-gerentes e dos gerentes-delegados;

c o valor intermediado no mercado de títulos e valores mobiliários, o valor dos depósitos bancários, o principal, juros e acréscimos moratórios relativos a operações de crédito realizadas por instituições financeiras.

> **Nota**
>
> Ressalte-se que não se enquadram na letra *a* acima os serviços desenvolvidos no Brasil cujo resultado aqui se verifique, ainda que o pagamento seja feito por residente no exterior.

4.4.3 Isenção

A legislação determina, ainda, os profissionais, instituições ou serviços que estão isentos do pagamento do imposto. São exemplos:

a   os profissionais ambulantes, jornaleiros e também os localizados em feiras-livres;

b   as associações de classe, os sindicatos e respectivas federações e confederações;

c   as associações culturais, recreativas e desportivas;

d   os serviços de veiculação de publicidade prestados por táxis autônomos e táxis de cooperativas;

e   as promoções de concertos, recitais, *shows*, festividades, exposições, quermesses e espetáculos similares, cujas receitas se destinem integralmente a fins assistenciais;

f   os músicos, artistas e técnicos de espetáculos, definidos em lei.

4.5 Contribuintes e Responsáveis pelo Tributo

O contribuinte do ISS é o Prestador do Serviço. São exemplos de contribuintes, entre outros, nos termos do RISS/RJ:

a   os titulares dos estabelecimentos onde se instalarem máquinas, aparelhos e equipamentos, pelo imposto devido pelos respectivos proprietários não estabelecidos no Município, e relativo à exploração desses bens;

b   os que efetuarem pagamentos de serviços a terceiros não identificados, pelo imposto cabível nas operações;

c   as empresas administradoras de cartões de créditos, pelo imposto incidente sobre o preço dos serviços prestados pelos estabelecimentos filiados, localizados no Município, quando pagos através de cartão de crédito por elas emitidos;

d   as companhias de aviação, pelo imposto incidente sobre as comissões pagas às agências de viagens e operadoras turísticas, relativas às vendas de passagens aéreas;

e   as empresas imobiliárias, incorporadoras e construtoras pelo imposto devido sobre as comissões pagas às empresas corretoras de imóveis;

f   as empresas que explorem serviços de planos de saúde ou de assistência médica e hospitalar através de planos de medicina de grupo e convênios, pelo Imposto devido Sobre Serviços a elas prestados, por exemplo, pelas empresas que executem remoção de doentes;

g   as empresas seguradoras pelo imposto devido sobre as comissões das corretoras de seguro e sobre os pagamentos às oficinas mecânicas, relativos ao conserto de veículos sinistrados;

h   as operadoras turísticas pelo imposto devido sobre as comissões pagas a seus agentes e intermediários;

i   as agências de propaganda pelo imposto devido pelos prestadores de serviços classificados como produção externa;

j   os hospitais e clínicas privados, pelo imposto devido sobre os serviços a eles prestados por empresas de guarda e vigilância e de conservação e limpeza de imóveis;

k   fornecimento de *cast* de artistas e figurantes.

4.5.1 Responsabilidade Tributária

A responsabilidade tributária é inerente a todas as pessoas, físicas ou jurídicas, ainda que alcançadas por imunidade ou por isenção tributária. Consiste no fato de a norma legal eleger compulsoriamente um responsável para recolher o imposto no lugar do contribuinte. Neste caso o responsável assume o polo passivo na relação jurídico tributária pelo fato de possuir algum tipo de relação com o contribuinte, tornando-se solidário com ele. Normalmente o tomador de alguns serviços assume o papel de responsável, efetuando a retenção do ISS devido pelo contribuinte.

Não ocorrerá responsabilidade tributária quando os prestadores de serviços gozarem de isenção ou imunidade tributária, circunstâncias em que estarão obrigatoriamente sujeitos a declaração escrita.

A responsabilidade tributária é satisfeita mediante o pagamento:

• Do imposto retido, com base no preço do serviço prestado, aplicada a alíquota correspondente à atividade exercida;

• Do imposto incidente sobre as operações, nos demais casos.

242 Contabilidade Tributária • Andrade, Lins e Borges

> **Notas**
>
> 1 Os responsáveis estão obrigados ao recolhimento integral do imposto devido e, quando for o caso, de multa e acréscimos legais, independentemente de ter sido efetuada sua retenção na fonte.
>
> 2 Considera-se como impossibilidade de exigência do crédito tributário a existência de quaisquer das seguintes hipóteses:
>
> I decretação de falência do tomador;
>
> II pedido de concordata do tomador;
>
> III encerramento de fato das atividades do tomador no território do Município, sem a devida comunicação ao cadastro de contribuintes.

No Rio de Janeiro e em alguns municípios, como por exemplo, São Paulo, foi adotado o Cadastro de Empresas Prestadoras de Outros Municípios (CEPOM).

Ao prestador de serviços que emite documento fiscal autorizado por outro município para tomador estabelecido no Município do Rio de Janeiro, torna-se obrigatório o fornecimento de informações à Secretaria Municipal de Fazenda (SMF) para que seja inscrito no CEPOM, conforme disposto no art. 14-A da Lei nº 691, de 24/12/84, introduzido pela Lei nº 4.452, de 27/12/06.

Tal obrigatoriedade refere-se aos serviços descritos no *Anexo I* do Decreto nº 28.248, de 30/7/07.[3]

O cadastramento será feito via Internet, com o preenchimento da "Ficha de Informações de Prestador de Outro Município", conforme *Anexo III* da Resolução SMF nº 2.515, de 30/7/07.[4]

A partir de 1º/7/07, o tomador do serviço estabelecido neste município deverá consultar, via Internet, a situação cadastral do prestador de serviços contratado, se este apresentar documento fiscal autorizado por outro município, a fim de verificar se é responsável pela retenção e recolhimento do ISS relativo ao serviço prestado.

4.5.2 Solidariedade

São solidariamente obrigados perante a Fazenda Municipal, quanto ao imposto relativo aos serviços em que forem parte, aqueles que tenham interesse comum na situação que constitua fato gerador da obrigação principal.

---

[3] Estas normas estão disponíveis em: <www.rio.rj.gov.br/smf>.

[4] Idem.

A obrigação solidária é inerente a todas as pessoas físicas ou jurídicas, ainda que alcançadas por imunidade ou isenção tributária.

A solidariedade não comporta benefício de ordem, podendo, entretanto, o sujeito passivo, atingido por seus efeitos, efetuar o pagamento do imposto incidente sobre o serviço antes de iniciado o procedimento fiscal.

4.5.3 Alíquotas

Para cálculo do imposto, sobre a base de cálculo definida em lei, será aplicada a alíquota correspondente a cada serviço, conforme alguns exemplos, entre outros, definidos no **Quadro** 1 abaixo:

Quadro 1 – Exemplos de Alíquotas do Imposto

I Alíquota genérica	(%)
Serviços não especificados no inciso II, a seguir	5
II Alíquotas específicas:	(%)
1 Limpeza e dragagem de portos, rios e canais; construção civil; obras hidráulicas; engenharia consultiva; reparação e reforma de edifícios, estradas, pontes e congêneres	3
2 Serviços de arrendamento mercantil	2
3 Serviços concernentes à concepção, redação, produção e veiculação de propaganda e publicidade, inclusive divulgação de material publicitário	3
4 Serviços de exibição de filmes cinematográficos	3
5 Serviços prestados por profissional autônomo estabelecido e sociedade constituída de profissionais, de que tratam os arts. 1º, 5º e 6º da Lei nº 3.720, de 5/3/04	2
6 Serviços de geração de programas de computador, sob encomenda, cadastrados como desenvolvidos no país	2
7 Os serviços a que se referem os *subitens 7.02* e *7.05* da lista do art. 8º, quando componentes de obra licenciada, visando a: erguimento de edificação para utilização como hotel; transformação de imóvel em hotel; acréscimo de edificação para aumentar o número de apartamentos de hotel já em funcionamento; ou incorporação, a hotel já em funcionamento, de imóvel ou parte de imóvel antes não utilizado com finalidade, criando-se novos apartamentos	0,5
8 Serviços prestados por instituições que se dediquem, exclusivamente, a pesquisas e gestão de projetos científicos e tecnológicos, por empresas juniores e empresas de base tecnológica instaladas em incubadoras de empresas	2

9	Serviços relativos à indústria cinematográfica, exclusivamente quando vinculados a filmes brasileiros, naturais ou de enredo, quando: (**1**) diretamente concorrentes para a produção da obra audiovisual; (**2**) correspondentes a receitas de licenciamento para exibição da obra cinematográfica; (**3**) correspondentes a receitas de distribuição de filmes, sendo que, nesse caso, somente quando o distribuidor se dedicar exclusivamente a filmes brasileiros, naturais ou de enredo 2
10	Serviços de saúde e de assistência médica do *subitem 4.03* da lista do art. 8º, prestados por hospitais, sanatórios, manicômios, casas de saúde, prontos-socorros e clínicas, todos aptos a efetuar internações 2
11	Serviços de transporte coletivo de passageiros 2
12	Serviços de administração de fundos quaisquer e de carteira de clientes, previstos no *subitem 15.01* da Lista do art. 8º, exceto de consórcio, de cartão de crédito ou débito e congêneres, de cheques pré-datados e congêneres 2
13	Serviços de agenciamento, corretagem ou intermediação de títulos e valores mobiliários prestados por instituições autorizadas a funcionar pelo Banco Central do Brasil e aqueles realizados no âmbito de Bolsa de Mercadorias e Futuros 2

Fonte: Lei nº 5.106/2009.

4.5.4 Apuração

A apuração do ISS no Município do Rio de Janeiro é mensal, segundo a ocorrência do fato gerador.

O mês de competência para apuração da base de cálculo será o da ocorrência do fato gerador – momento da prestação do serviço –, ressalvadas as disposições especiais do Regulamento, ou de outro ato específico.

4.5.5 Livros e Documentos Fiscais

Conforme Lei Municipal nº 5.098, de 15/10/09 e modificações posteriores, a partir do ano de 2011 todos os prestadores de serviços com Receita Bruta igual ou superior a R$ 240.000 deverão emitir a Nota Fiscal de Serviços eletrônica (NFS-e) no Município do Rio de Janeiro.

A NFS-*e* será emitida, independentemente da emissão de Autorização de Impressão de Documentos Fiscais (AIDF), sempre que o prestador de serviços estabelecido no Município do Rio de Janeiro executar serviço ou quando receber adiantamento, sinal ou pagamento antecipado, inclusive em bens ou direitos. Por outro lado a emissão da NF*e* é vedada:

Tributos Municipais – ISS **245**

I aos profissionais autônomos;

II às instituições financeiras autorizadas a funcionar pelo Banco Central do Brasil;

III às empresas permissionárias e concessionárias de transporte público coletivo de passageiros; e

IV às empresas prestadoras de serviços de exploração de rodovias.

Os prestadores de serviços autorizados a emitir a NFS-*e* ficam dispensados:

a da escrituração dos livros Registro de Apuração do ISS – *modelo 3*; e

b Registro de Apuração do ISS para a Construção Civil (RAPIS) – *modelo 5*;

c da apresentação da Declaração de Informações Econômico Fiscais (DIEF).

Com a dispensa da declaração passarão a constituir declaração de informações econômico-fiscais as NFS-*e* emitidas e recebidas e os dados fornecidos para emissão dos respectivos documentos de arrecadação, assim como a declaração de serviços tomados.

Ainda que submetido ao regime de pagamento do imposto por estimativa, o contribuinte deverá escriturar mensalmente todas as operações realizadas, em Livro Fiscal próprio. Estão dispensados da escrituração dos Livros de Entrada e de apuração do ISS os seguintes casos, devendo, entretanto, emitir documento fiscal:

I quando se tratar de atividade exercida em caráter provisório;

II quando se tratar de contribuinte de rudimentar organização;

III quando o contribuinte não tiver condições de emitir documentos fiscais ou deixar de cumprir com regularidade as obrigações acessórias previstas na legislação.

Todos os prestadores de serviços, pessoas físicas ou jurídicas, inclusive consórcios, condomínios e cooperativas, obrigados à inscrição no cadastro de contribuintes do Município, deverão manter em cada um dos seus estabelecimentos os seguintes livros fiscais, de acordo com as operações que realizarem, ou com a forma pela qual se constituírem:

1 Registro de Entradas – *modelo 1*;

2 Registro de Utilização de Documentos Fiscais e Termos de Ocorrências – *modelo 2*;

3 Registro de Entradas de Materiais e Serviços de Terceiros (REMAS) – *modelo 4*;

4 Registro Auxiliar das Incorporações Imobiliárias (RADI) – *modelo 6*;

5 Registro de Apuração do ISS para as Instituições Financeiras – *modelo 8*;

6 Registro de Impressão de Documentos Fiscais – *modelo 9*.

> **Notas**
>
> 1 O Livro Fiscal deve conter termos de abertura e de encerramento, lavrados na ocasião própria e assinados pelo contribuinte ou seu representante legal.
>
> 2 Os livros fiscais só poderão ser usados depois de autenticados pela repartição fiscal competente.
>
> 3 Não se tratando de início de atividade, deverá ser apresentado, no ato da autenticação, o livro anterior, devidamente encerrado, para aposição de visto no termo de encerramento.
>
> 4 A autenticação deverá ser providenciada no prazo máximo de 15 (quinze) dias, contados da data em que a inscrição foi concedida ou do encerramento do livro anterior.

Os contribuintes do ISS, que também o sejam do ICMS e do IPI, ficam dispensados de emitir a Nota Fiscal de Entrada e a Nota Fiscal de Remessa de Materiais e Equipamentos, desde que emitam, em substituição, os documentos fiscais correspondentes, exigidos pelas legislações daqueles impostos.

São dispensados da emissão de notas fiscais de serviços, em relação às suas atividades específicas:

1 os cinemas, quando usarem ingressos padronizados instituídos pelo órgão federal competente ou pelo órgão de classe;

2 os promotores de bailes, *shows*, festivais, recitais, feiras e eventos similares, desde que, em substituição à Nota Fiscal de Serviços, emitam bilhetes individuais de ingresso, observadas as características previstas no Regulamento;

3 as empresas de diversões públicas não enumeradas nos *itens 1* e *2*, desde que emitam outros documentos submetidos à prévia aprovação do órgão fiscalizador;

4 os estabelecimentos de ensino, desde que, em substituição à Nota Fiscal de Serviços, emitam carnês de pagamentos para todas as mensalidades escolares, observadas as características previstas no Regulamento;

5 as empresas de transporte urbano de passageiros, desde que submetam à prévia aprovação do órgão fiscalizador os documentos de controle que serão utilizados na apuração dos serviços prestados;

6 as instituições financeiras, desde que mantenham à disposição do Fisco Municipal os documentos determinados pelo Banco Central do Brasil;

7 os profissionais autônomos;

Tributos Municipais – ISS **247**

8   as pessoas jurídicas que se dediquem à distribuição e venda de bilhetes de loteria, cartões, pules ou cupons de apostas, sorteios ou prêmios, desde que apresentem à Fiscalização, quando solicitados, os registros contábeis das operações efetuadas.

Quando a operação estiver beneficiada por isenção ou imunidade, essa circunstância será mencionada no documento fiscal, indicando-se o dispositivo legal pertinente.

Salvo disposição especial diversa, é considerado inidôneo, para os efeitos fiscais, fazendo prova apenas em favor do Fisco, o documento que:

I   omita indicação determinada na legislação;

II   não guarde exigência ou requisito previsto na legislação;

III   contenha declaração inexata, esteja preenchido de forma ilegível ou apresente emenda ou rasura que lhe prejudique a clareza;

IV   apresente divergência entre dados constantes de suas diversas vias;

V   seja emitido por quem não esteja inscrito ou, se inscrito, esteja com sua inscrição desativada ou com sua atividade paralisada;

VI   que não corresponda, efetivamente, a uma operação realizada;

VII   que tenha sido emitido por pessoa distinta da que constar como emitente.

Os prestadores de serviços, ainda que imunes ou isentos, estão obrigados, salvo normas em contrário, ao cumprimento das obrigações acessórias previstas no Regulamento e em Legislação Complementar. Obrigação acessória, como o nome já sugere, é uma medida complementar a obrigação principal, como, por exemplo, emitir Nota Fiscal, escriturar os livros e entregar as declarações previstas nas normas em vigor.

Os prestadores de serviços deverão inscrever-se na repartição fazendária competente, antes do início de qualquer atividade. É também obrigado a inscrever-se aquele que, embora não estabelecido no Município, exerça no território deste, em caráter habitual ou permanente, atividade sujeita ao imposto. Excluem-se desta obrigação os profissionais autônomos não estabelecidos.

4.5.6 Contabilização

Considerem-se os seguintes fatos:

a   No dia 3/9/20X1, A empresa FX2 Ltda. prestou serviços de segurança patrimonial no valor bruto de R$ 8.961,43, emitindo a Nota Fiscal 456 e recebendo em dinheiro:

   • Contabilização

D – Caixa
C – Receita de Serviços Prestados   8.961,43
e   D – ISS sobre Receitas
C – ISS a pagar   448,07[5]

b No dia 5/10/11, tomou serviços de informática (geração de programa
   – *software*), pagando em dinheiro, da Empresa Beta Soluções e Serviços
   Ltda., no valor de R$ 1.500 (empresa estabelecida fora do município
   do Rio de Janeiro e não inscrita no Cadastro de Empresas Prestadoras
   de Outros Municípios (CEPOM)), cabendo então Retenção de ISS no
   valor de 2% do serviço.

D – Prestação de Serviços PJ   1.500,00
C – ISS Retido na Fonte a Recolher   30,00[6]
C – Caixa   1.470,00

Figura 1 – Exemplo de escrituração do livro de apuração de ISS

Empresa: FX2	Ref:		1º/1/11 a 30/1/11		Nº Livro:		1		Nº Folha: 1
Ano 20X1	Movimento Econômico Tributário			Alíquota fiscal 5%	Movimento Econômico Isento ou não Tributário			Serviços Executados por 3º com retenção de imposto	
Mês	Notas Fiscais emitidas				Notas Fiscais emitidas				
Janeiro	nº	série	R$		nº	série	R$	R$	Imposto
1	456		8.961,43					1.500	30
2									
3									
4									
5									
etc.									
30									
Soma (A)		8.961,43			(B)		0		
Deduções		0					0		
Base de Cálculo		8.961,43					0		
Imposto incidente (E)		448,07			(F)		0		

Movimento Econômico Tributável (A+B)   8.961,43
Imposto a Recolher (E+F)   448,07

                         Imposto próprio (E + F)
                    Guia nº xxxx. de 2/2/11.   448,07
                    Banco: Brasil
                         Impostos retidos de terceiros   30,00
                    Guia nº yyyyy de 2/2/11.
                    Banco: Brasil

---

[5] R$ 8.961,43 × 5% = 448,07.

[6] R$ 1.500 × 2% = 30,00.

4.5.7 Hipóteses de Arbitramento

O valor do imposto será lançado a partir de uma Base de Cálculo arbitrada, sempre que se verificar qualquer uma das seguintes hipóteses:

I   não possuir o sujeito passivo, ou deixar de exibir, os elementos necessários à fiscalização das operações realizadas, inclusive nos casos de perda, extravio ou inutilização de livros ou documentos fiscais;

II   serem omissos ou, pela inobservância de formalidades intrínsecas ou extrínsecas, não merecerem fé os livros ou documentos exibidos pelo sujeito passivo;

III   existência de atos qualificados em lei como crimes ou contravenções ou que, mesmo sem essa qualificação, sejam praticados com dolo, fraude ou simulação, atos esses evidenciados pelo exame de livros e documentos do sujeito passivo, ou apurados por quaisquer meios diretos ou indiretos;

IV   não prestar o sujeito passivo, após regularmente intimado, os esclarecimentos exigidos pela fiscalização, prestar esclarecimentos insuficientes ou que não mereçam fé, por inverossímeis ou falsos;

V   exercício de qualquer atividade que constitua fato gerador do imposto, sem se encontrar o sujeito passivo devidamente inscrito no órgão competente;

VI   prática de subfaturamento ou contratação de serviços por valores abaixo dos preços de mercado;

VII   flagrante insuficiência do imposto pago em face do volume dos serviços prestados;

VIII   serviços prestados sem a determinação do preço ou a título de cortesia.

Nas hipóteses previstas acima, o arbitramento será fixado por despacho da autoridade fiscal competente, que considerará, conforme o caso:

1   os pagamentos de impostos efetuados pelo mesmo ou por outros contribuintes de mesma atividade, em condições semelhantes;

2   peculiaridades inerentes à atividade exercida;

3   fatos ou aspectos que exteriorizem a situação econômico-financeira do sujeito passivo;

4   preço corrente dos serviços oferecidos à época a que se referir a apuração; e

5   valor dos materiais empregados na prestação de serviços e outras despesas, tais como salários e encargos, aluguéis, instalações, energia, comunicações e assemelhados.

4.5.8 Hipóteses de Estimativas

O valor do imposto poderá ser fixado, pela autoridade fiscal, a partir de uma base de cálculo estimada, nos seguintes casos:

I   quando se tratar de atividade exercida em caráter provisório;

II quando se tratar de contribuinte de rudimentar organização;

III quando o contribuinte não tiver condições de emitir documentos fiscais ou deixar de cumprir com regularidade as obrigações acessórias previstas na legislação;

IV quando se tratar de contribuinte ou grupo de contribuintes cuja espécie, modalidade ou volume de negócios ou de atividades aconselhem, a exclusivo critério da autoridade competente, tratamento fiscal específico;

V   quando o contribuinte for profissional autônomo estabelecido.

Consideram-se de caráter provisório as atividades cujo exercício seja de natureza temporária e estejam veiculadas a fatores ou acontecimentos ocasionais ou excepcionais. O imposto deverá ser pago antecipadamente e não poderá o contribuinte iniciar suas atividades sem efetuar o pagamento desse tributo, sob pena de interdição do local, independentemente de qualquer formalidade.

A autoridade competente para fixar a estimativa levará em consideração, conforme o caso:

I   o tempo de duração e a natureza do acontecimento ou da atividade;

II o preço corrente dos serviços;

III o volume de receitas em períodos anteriores e sua projeção para os períodos seguintes, podendo observar outros contribuintes de idêntica atividade;

IV a localização do estabelecimento.

4.5.9 Pagamento

O imposto será pago ao Município:

a   quando o serviço for prestado através de estabelecimento situado no seu território, ou, na falta de estabelecimento, houver domicílio do prestador no seu território;

b   quando o prestador do serviço, ainda que não estabelecido nem domiciliado no Município, exerça atividade no seu território em caráter habitual ou permanente;

Tributos Municipais – ISS **251**

c quando estiver nele estabelecido ou, caso não estabelecido, nele domiciliado o tomador ou o intermediário do serviço proveniente do exterior do país ou cuja prestação se tenha iniciado no exterior do país;

d quando em seu território ocorrerem as hipóteses a seguir, ainda que os prestadores não estejam nele estabelecidos nem nele domiciliados:

   d.1 instalação de andaimes, palcos, coberturas e outras estruturas, no caso dos serviços descritos no *subitem 3.04* da lista;

   d.2 execução da obra, no caso dos serviços descritos no *subitem 7.02* e *7.17* da lista;

   d.3 demolição, no caso dos serviços descritos no *subitem 7.04* da lista;

   d.4 edificações em geral, estradas, pontes, portos e congêneres, no caso dos serviços descritos no *subitem 7.05* da lista;

   d.5 execução de varrição, coleta, remoção, incineração, tratamento, reciclagem, separação e destinação final de lixo, rejeitos e outros resíduos quaisquer, no caso dos serviços descritos no *subitem 7.09* da lista;

   d.6 execução de limpeza, manutenção e conservação de vias e logradouros públicos, imóveis, chaminés, piscinas, parques, jardins e congêneres, no caso dos serviços descritos no *subitem 7.10* da lista;

   d.7 execução de decoração e jardinagem, de corte e poda de árvores, no caso dos serviços descritos no *subitem 7.11* da lista;

   d.8 controle e tratamento do efluente de qualquer natureza e de agentes físicos, químicos e biológicos, no caso dos serviços descritos no *subitem 7.12* da lista;

   d.9 florestamento, reflorestamento, semeadura, adubação e congêneres, no caso dos serviços descritos no *subitem 7.14*;

   d.10 execução dos serviços de escoramento, contenção de encostas e congêneres, no caso dos serviços descritos no *subitem 7.15* da lista;

   d.11 limpeza e dragagem, no caso dos serviços descritos no *subitem 7.16* da lista;

   d.12 localização do bem objeto de guarda ou estacionamento, no caso dos serviços descritos no *subitem 11.01* da lista;

   d.13 localização dos bens ou o domicílio das pessoas em relação aos quais forem prestados serviços descritos no *subitem 11.02* da lista;

   d.14 localização do bem objeto de armazenamento, depósito, carga, descarga, arrumação e guarda, no caso dos serviços descritos no *subitem 11.04* da lista;

d.15 execução dos serviços de diversão, lazer, entretenimento e congêneres, no caso dos serviços descritos nos *subitens do item 12*, exceto o *12.13*, da lista;

d.16 execução de transporte, no caso dos serviços descritos pelo *subitem 16.01* da lista;

d.17 localização do estabelecimento do tomador da mão de obra obra ou, na falta de estabelecimento, do domicílio, no caso dos serviços descritos pelo *subitem 17.05*;

d.18 localização da feira, exposição, congresso ou congênere a que se referir o planejamento, organização e administração, no caso dos serviços descritos pelo *subitem 17.09* da lista;

d.19 execução dos serviços portuários, aeroportuários, ferroviários, de terminais rodoviários, ferroviários e metroviários descritos pelo *item 20* da lista.

Estão desobrigados do pagamento do imposto os profissionais autônomos não estabelecidos ou não localizados.

Os prazos para pagamento do imposto serão aqueles fixados através de ato do Poder Executivo, segundo modelo de guia aprovado pelo Secretário Municipal de Fazenda.

Independentemente de receber o preço do serviço, o contribuinte fica obrigado ao pagamento do imposto na forma estabelecida no Regulamento e nos prazos fixados por ato do Poder Executivo. Nas obras por administração e nos serviços cujo faturamento dependa de aprovação, pelo contratante, da medição ou quantificação dos trabalhos executados, o período de competência é o mês seguinte ao da ocorrência do fato gerador.

Conforme Lei nº 39.681/2014, fica instituído o seguinte calendário para pagamento (CATRIM) do ISS para o exercício de 2015:

Os contribuintes do imposto e os responsáveis tributários deverão efetuar o pagamento do Imposto sobre Serviços de Qualquer Natureza (ISS) até o dia dez do mês seguinte ao mês de competência.

> **Nota**
>
> Quando o contribuinte, antes ou durante a prestação dos serviços, receber dinheiro, bens ou direitos, como sinal, adiantamento ou pagamento antecipado de preço, deverá pagar imposto sobre os valores recebidos, na forma estabelecida no Regulamento e nos prazos fixados por ato do Poder Executivo. Incluem-se nesta norma as permutações de serviços ou quaisquer outras contraprestações compromissadas pelas partes em virtude da prestação de serviços.

Quando a prestação do serviço contratado for dividida em etapas e o preço em parcelas, considera-se devido o imposto:

I   no mês em que for concluída qualquer etapa a que estiver vinculada a exigibilidade de uma parte do preço;

II no mês do vencimento de cada parcela se o preço deva ser pago ao longo da execução do serviço.

O sujeito passivo obrigado a reter o imposto de terceiros deverá efetuar o seu pagamento no prazo fixado pelo Poder Executivo, observado o mês em que o serviço for pago. O Imposto Retido será pago por guia específica, sob a inscrição de quem efetuar a retenção.

4.5.10 Retenção pelo Contratante

O Decreto nº 24.147/2004 obriga os contratantes localizados no Município do Rio de Janeiro, ainda que isentos ou imunes, a reter o imposto sobre serviços, quando os prestadores dos serviços estiverem localizados fora do Município do Rio de Janeiro, aplicando-se a alíquota constante do *Quadro 2* a seguir sobre a respectiva Base de Cálculo ali consignada.

Não se aplica aos serviços prestados por profissionais autônomos estabelecidos, inclusive por aqueles que admitirem mais de três empregados ou um ou mais empregados de mesma habilitação do empregador prestador de serviços, e pelas sociedades constituídas de profissionais para o exercício de medicina, enfermagem, fonoaudiologia, medicina veterinária, contabilidade, agenciamento da propriedade industrial, advocacia, engenharia, arquitetura, agronomia, odontologia, economia e psicologia que prestem serviços em nome da empresa, embora assumindo responsabilidade pessoal, nos termos da lei aplicável.

Nos serviços relacionados nos itens 2, 3 e 4 da lista de serviços sujeitos à retenção destacada abaixo, os materiais incorporados à obra e os respectivos valores, para fins de dedução da base de cálculo do imposto, serão especificados pelo prestador do serviço nos documentos fiscais. A não especificação dos materiais com seus valores ou a sua indicação de forma que inviabilize o controle sobre a sua efetiva incorporação à obra implicará vedação à dedução correspondente.

O imposto retido deverá ser recolhido na rede bancária autorizada, até o quinto dia útil do mês seguinte ao do pagamento do serviço. As Pessoas Físicas ou Jurídicas com Inscrição Municipal utilizarão no Documento de Arrecadação Municipal (DARM) a inscrição própria. As pessoas Físicas ou Jurídicas não inscritas no Município do Rio de Janeiro deverão utilizar no DARM a inscrição genérica número 9.999.992-6.

Os contratantes, Pessoas Físicas ou Jurídicas, bem como os intermediários, adotarão os seguintes procedimentos:

I   manterão à disposição da fiscalização, durante cinco anos a contar da data do pagamento, os documentos fiscais recebidos dos prestadores, em ordem cronológica de pagamento, bem como o DARM com a respectiva autenticação bancária; e

II elaborarão listagens mensais dos pagamentos efetuados com retenção do ISS, nas quais conste sua própria denominação e CPF ou CNPJ (MF), e identificando o nome do prestador do serviço, o seu CNPJ, o número e a espécie do documento fiscal emitido, o valor do ISS retido, a data da retenção e o total das retenções no mês, sem prejuízo, quando for o caso, dos devidos registros nos demais documentos fiscais e comerciais previstos em legislação específica, os quais poderão ser requisitados pela autoridade fiscal. As listagens deverão ser encadernadas em lotes de, no máximo, 200 folhas e mantidas, à disposição do Fisco Municipal, pelo prazo de cinco anos, contados da data dos pagamentos efetuados.

Nas hipóteses em que prestar, a um mesmo tomador, serviços no território deste Município e fora dele, o prestador localizado neste Município atribuirá valor específico para aquela parcela do serviço que tenha sido prestada neste Município e a consignará, em separado, no documento fiscal:

I   com relação aos serviços prestados neste Município, deverão ainda estar discriminados os endereços onde tiverem sido prestados, podendo, em lugar do endereço, ser citado o nome da filial, quando for o caso;

II com relação aos serviços prestados fora deste Município, deverão estar discriminados os endereços onde tiverem sido prestados, ainda que o tomador não possua estabelecimentos ou negócios neste Município, sob pena de os valores virem a ser incluídos na base de cálculo para fins da apuração do imposto devido a este Município.

O prestador do serviço poderá ser chamado a fazer prova de que, à época da prestação, o tomador dos serviços também detentor de interesses neste Município possuía sede, filiais, sucursais, escritórios ou, ainda, imóveis ou negócios de qualquer natureza que justificassem a prestação nos endereços situados fora deste Município.

Tributos Municipais – ISS **255**

Quadro 2 – Serviços sujeitos a retenção

Descrição do serviço. (a numeração ao final do item corresponde aos subitens da lista de serviços no art. 14, XX, da Lei nº 691/1984, inciso inserido pela Lei nº 3.691/2003)	Alíquota	Base de cálculo
1 Cessão de andaimes, palcos, coberturas e outras estruturas de uso temporário. (3.04)	5%	Preço total do serviço
2 Execução, por administração, empreitada ou subempreitada, de obras de construção civil, hidráulica ou elétrica e de outras obras semelhantes, inclusive sondagem, perfuração de poços, escavação, drenagem e irrigação, terraplanagem, pavimentação e concretagem (exceto o fornecimento de mercadorias produzidas pelo prestador de serviços fora do local da prestação dos serviços, que fica sujeito ao ICMS). (7.02 – parte) 3 Reparação, conservação e reforma de edifícios, estradas, pontes, portos e congêneres (exceto o fornecimento de mercadorias produzidas pelo prestador dos serviços, fora do local da prestação dos serviços, que fica sujeito ao ICMS). (7.05) 4 Escoramento, contenção de encostas e serviços congêneres. (7.15)	3%	Preço total dos serviços, deduzidos os valores relativos ao material incorporado à obra, desde que informados no documento fiscal (v. art. 2º)
5 Limpeza e dragagem de rios, portos, canais, baías, lagos, lagoas, represas, açudes e congêneres. (7.16)	3%	Preço total do serviço
6 Instalação e montagem de produtos, peças e equipamentos (exceto o fornecimento de mercadorias produzidas pelo prestador de serviços fora do local da prestação dos serviços, que fica sujeito ao ICMS). (7.02 – parte)	5%	Preço total do serviço
7 Demolição. (7.04)	5%	Preço total do serviço
8 Varrição, coleta, remoção, incineração, tratamento, reciclagem, separação e destinação final de lixo, rejeitos e outros resíduos quaisquer. (7.09)	5%	Preço total do serviço
9 Limpeza, manutenção e conservação de vias e logradouros públicos, imóveis, chaminés, piscinas, parques, jardins e congêneres. (7.10)	5%	Preço total do serviço

Descrição do serviço. (a numeração ao final do item corresponde aos subitens da lista de serviços no art. 14, XX, da Lei nº 691/1984, inciso inserido pela Lei nº 3.691/2003)	Alíquota	Base de cálculo
10 Decoração e jardinagem, inclusive corte e poda de árvores. (7.11)	5%	Preço total do serviço
11 Controle e tratamento de efluentes de qualquer natureza e de agentes físicos, químicos e biológicos. (7.12)	5%	Preço total do serviço
12 Florestamento, reflorestamento, semeadura, adubação e congêneres. (7.14)	5%	Preço total do serviço
13 Acompanhamento e fiscalização da execução de obras de engenharia, arquitetura e urbanismo. (7.17)	3%	Preço total do serviço
14 Guarda e estacionamento de veículos terrestres automotores, de aeronaves e de embarcações. (11.01)	5%	Preço total do serviço
15 Vigilância, segurança ou monitoramento de bens e pessoas. (11.02)	5%	Preço total do serviço
16 Armazenamento, depósito, carga, descarga, arrumação e guarda de bens de qualquer espécie. (11.04)	5%	Preço total do serviço
17 Espetáculos teatrais. (12.01)	5%	Preço total do serviço
18 Exibições cinematográficas. (12.02)	5%	Preço total do serviço
19 Espetáculos circenses. (12.03)	5%	Preço total do serviço
20 Programas de auditório. (12.04)	5%	Preço total do serviço
21 Parques de diversões, centros de lazer e congêneres. (12.05)	5%	Preço total do serviço
22 Boates, *taxi-dancing* e congêneres. (12.06)	5%	Preço total do serviço
23 Shows, ballet, danças, desfiles, bailes, óperas, concertos, recitais, festivais e congêneres. (12.07)	5%	Preço total do serviço
24 Feiras, exposições, congressos e congêneres. (12.08)	5%	Preço total do serviço
25 Bilhares, boliches e diversões eletrônicas ou não. (12.09)	5%	Preço total do serviço
26 Corridas e competições de animais. (12.10)	5%	Preço total do serviço
27 Competições esportivas ou de destreza física ou intelectual, com ou sem a participação do espectador. (12.11)	5%	Preço total do serviço
28 Execução de música. (12.12)	5%	Preço total do serviço

Descrição do serviço. (a numeração ao final do item corresponde aos subitens da lista de serviços no art. 14, XX, da Lei nº 691/1984, inciso inserido pela Lei nº 3.691/2003)	Alíquota	Base de cálculo
29 Fornecimento de música para ambientes fechados ou não, mediante transmissão por qualquer processo. (12.14)	5%	Preço total do serviço
30 Desfiles de blocos carnavalescos ou folclóricos, trios elétricos e congêneres. (12.15)	5%	Preço total do serviço
31 Exibição de filmes, entrevistas, musicais, espetáculos, *shows*, concertos, desfiles, óperas, competições esportivas de destreza intelectual ou congêneres. (12.16)	5%	Preço total do serviço
32 Recreação e animação, inclusive em festas e eventos de qualquer natureza. (12.17)	5%	Preço total do serviço
33 Serviços de transporte de natureza municipal. (16.01)	5%	Preço total do serviço
34 Fornecimento de mão de obra, mesmo em caráter temporário, inclusive de empregados ou trabalhadores, avulsos ou temporários, contratados pelo prestador de serviço. (17.05)	5%	Preço total do serviço. No caso de mão de obra temporária regida pela Lei Federal nº 6.019, de 3/1/74, a base de cálculo é o valor da comissão ou taxa de serviço auferida pela agência (deduzem-se do preço total do serviço os salários e os encargos), desde que esta esteja devidamente habilitada perante o Ministério do Trabalho.
35 Planejamento, organização e administração de feiras, exposições, congressos e congêneres. (17.09)	5%	Preço total do serviço
36 Serviços portuários, ferroportuários, utilização de porto, movimentação de passageiros, reboque de embarcações, rebocador escoteiro, atracação, desatracação, serviços de praticagem, capatazia, armazenagem de qualquer natureza, serviços acessórios, movimentação de mercadorias, serviços de apoio marítimo, de movimentação ao largo, serviços de armadores, estiva, conferência, logística e congêneres. (20.01)	5%	Preço total do serviço

Descrição do serviço. (a numeração ao final do item corresponde aos subitens da lista de serviços no art. 14, XX, da Lei nº 691/1984, inciso inserido pela Lei nº 3.691/2003)	Alíquota	Base de cálculo
37 Serviços aeroportuários, utilização de aeroporto, movimentação de passageiros, armazenagem de qualquer natureza, capatazia, movimentação de aeronaves, serviços de apoio aeroportuários, serviços acessórios, movimentação de mercadorias, logística e congêneres. (20.02)	5%	Preço total do serviço
38 Serviços de terminais rodoviários, ferroviários, metroviários, movimentação de passageiros, mercadorias, inclusive suas operações, logística e congêneres. (20.03)	5%	Preço total do serviço
39 Serviços provenientes do exterior do país ou cuja prestação se tenha iniciado no exterior.	Conforme art. 33 Lei nº 691/1984	Preço total do serviço

Fonte: Anexo ao Decreto nº 24.147/2004.

4.6 Construção Civil

O setor de construção civil é uma das atividades empresariais que mais geram empregos diretos e indiretos no Brasil. É uma atividade de prestação de serviços, logo enquadrada como contribuinte do ISS. Dada a sua importância teceremos alguns comentários sobre a tributação o ISS desta atividade.

De maneira geral, as atividades da construção civil envolvem o projeto, os cálculos estruturais, o cronograma de execução, o orçamento, as compras de materiais, contratação e administração do pessoal, dentre outros recursos necessários para a conclusão do serviço contratado.

Pela legislação, entende-se por construção civil, obras hidráulicas, elétricas e semelhantes, necessárias à realização das seguintes obras e serviços:

I edificações em geral;

II rodovias, ferrovias, hidrovias, portos e aeroportos;

III pontes, túneis, viadutos e logradouros públicos;

IV canais de drenagem ou de irrigação, obras de retificação ou de regularização de leitos ou perfis de rios;

V barragens e diques;

VI sistemas de abastecimento de água e de saneamento, poços artesianos, semiartesianos ou manilhados;

VII sistemas de produção e distribuição de energia elétrica;

VIII sistemas de telecomunicações;

IX refinarias, oleodutos, gasodutos e outros sistemas de distribuição de líquidos e gases;

X escoramento e contenção de encostas e serviços congêneres;

XI recuperação ou reforço estrutural de edificações, pontes e congêneres, quando vinculada a projetos de engenharia, da qual resulte a substituição de elementos construtivos essenciais, limitada exclusivamente à parte relacionada à substituição. Entendem-se por elementos construtivos essenciais os pilares, vigas, lajes, alvenarias estruturais ou portantes, fundações e tudo aquilo que implique a segurança ou estabilidade da estrutura.

Consideram-se também como de construção civil, se relacionados com as obras e os serviços acima, os seguintes serviços:

I sondagens, estaqueamentos, fundações, escavações, aterros, perfurações, desmontes, demolições, rebaixamento de lençóis de água, dragagens, escoramentos, terraplanagens, terraplenagens, enrocamentos e derrocamentos;

II concretagem e alvenaria;

III revestimentos e pinturas de pisos, tetos, paredes, forros e divisórias;

IV carpintaria, serralheria, vidraçaria e marmoraria;

V impermeabilizações e isolamentos térmicos e acústicos;

VI instalações e ligações de água, de energia elétrica, de proteção catódica de comunicações, de elevadores, de condicionamento de ar, de refrigeração, de vapor, de ar comprimido, de sistemas de condução e exaustão de gases de combustão, inclusive dos equipamentos relacionados com esses serviços;

VII a construção de jardins, iluminação externa, casa de guarda e outros de mesma natureza, previstos no projeto original, desde que integrados ao preço de construção da unidade imobiliária.

VIII outros serviços diretamente relacionados com obras hidráulicas, elétricas, de construção civil e semelhantes.

Na realização das obras e dos serviços acima, o local de pagamento está vinculado ao local da execução da obra.

Não se enquadram como construção civil os serviços paralelos à execução de obras hidráulicas ou construção civil, tais como:

I locação de máquinas, motores, formas metálicas, equipamentos e a respectiva manutenção;

II transportes e fretes;

III decoração em geral;

IV estudos de macro e microeconomia;

V inquéritos e pesquisas de mercado;

VI investigações econométricas e reorganizações administrativas;

VII atuação por meio de comissões, inclusive a decorrente da cessão de direitos de opção de compra e venda de imóveis;

VIII cobrança, pelo prestador de serviço, de despesas por ele realizadas e relativas a encargos do contratante, sendo tributável a quantia cobrada que exceda o montante dos pagamentos efetuados, e

IX outros análogos.

4.6.1 Fato Gerador

O fato gerador do ISS na Construção Civil e atividades correlatas, consta na lista de serviços da Lei Complementar nº 116/2003, conforme abaixo:[7]

7 Serviços relativos a engenharia, arquitetura, geologia, urbanismo, construção civil, manutenção, limpeza, meio ambiente, saneamento e congêneres.

7.01 Engenharia, agronomia, agrimensura, arquitetura, geologia, urbanismo, paisagismo e congêneres.

7.02 Execução, por administração, empreitada ou subempreitada, de obras de construção civil, hidráulica ou elétrica e de outras obras semelhantes, inclusive sondagem, perfuração de poços, escavação, drenagem e irrigação, terraplanagem, pavimentação, concretagem e a instalação e montagem de produtos, peças e equipamentos (exceto o fornecimento de mercadorias produzidas pelo prestador de serviços fora do local da prestação dos serviços, que fica sujeito ao ICMS).

7.03 Elaboração de planos diretores, estudos de viabilidade, estudos organizacionais e outros, relacionados com obras e serviços de engenharia; elaboração de anteprojetos, projetos básicos e projetos executivos para trabalhos de engenharia.

7.04 Demolição.

---

[7] Numeração de acordo com lista.

7.05 Reparação, conservação e reforma de edifícios, estradas, pontes, portos e congêneres (exceto o fornecimento de mercadorias produzidas pelo prestador dos serviços, fora do local da prestação dos serviços, que fica sujeito ao ICMS).

7.06 Colocação e instalação de tapetes, carpetes, assoalhos, cortinas, revestimentos de parede, vidros, divisórias, placas de gesso e congêneres, com material fornecido pelo tomador do serviço.

7.07 Recuperação, raspagem, polimento e lustração de pisos e congêneres.

7.08 Calafetação.

7.09 Varrição, coleta, remoção, incineração, tratamento, reciclagem, separação e destinação final de lixo, rejeitos e outros resíduos quaisquer.

7.10 Limpeza, manutenção e conservação de vias e logradouros públicos, imóveis, chaminés, piscinas, parques, jardins e congêneres.

7.11 Decoração e jardinagem, inclusive corte e poda de árvores.

7.12 Controle e tratamento de efluentes de qualquer natureza e de agentes físicos, químicos e biológicos.

7.13 Dedetização, desinfecção, desinsetização, imunização, higienização, desratização, pulverização e congêneres.

7.14 Florestamento, reflorestamento, semeadura, adubação e congêneres.

7.15 Escoramento, contenção de encostas e serviços congêneres.

7.16 Limpeza e dragagem de rios, portos, canais, baías, lagos, lagoas, represas, açudes e congêneres.

7.17 Acompanhamento e fiscalização da execução de obras de engenharia, arquitetura e urbanismo.

7.18 Aerofotogrametria (inclusive interpretação), cartografia, mapeamento, levantamentos topográficos, batimétricos, geográficos, geodésicos, geológicos, geofísicos e congêneres.

7.19 Pesquisa, perfuração, cimentação, mergulho, perfilagem, concretação, testemunhagem, pescaria, estimulação e outros serviços relacionados com a exploração e explotação de petróleo, gás natural e de outros recursos minerais.

7.20 Nucleação e bombardeamento de nuvens e congêneres.

Os serviços de engenharia consultiva são os seguintes:

I elaboração de planos diretores, estudos de viabilidade, estudos organizacionais e outros, relacionados com obras e serviços de engenharia;

II elaboração de anteprojetos, projetos básicos e projetos executivos para trabalhos de engenharia;

III fiscalização e supervisão de obras e serviços de engenharia.

4.6.2 Base de Cálculo

A Base de Cálculo do imposto relativo aos serviços de construção civil é o respectivo preço, deduzido o valor dos materiais fornecidos pelo prestador.

Nas demolições, inclui-se no preço dos serviços o montante dos recebimentos em dinheiro ou em materiais provenientes do desmonte.

As deduções admitidas excluem:

1 os materiais que não se incorporam às obras executadas, tais como:

a madeiras e ferragens para barracão da obra, escoras, andaimes, tapumes, torres e formas;

b ferramentas, máquinas, aparelhos e equipamentos;

c os adquiridos para a formação de estoque ou armazenados fora dos canteiros de obra, antes de sua efetiva utilização;

d aqueles recebidos na obra após a concessão do respectivo "habite-se";

São indedutíveis os valores de quaisquer materiais:

1 cujos documentos não estejam revestidos das características ou formalidades legais, previstas na legislação federal, estadual ou municipal, especialmente no que concerne à perfeita identificação do emitente, do destinatário, do local da obra, consignada pelo emitente da Nota Fiscal, bem como das mercadorias e dos serviços;

2 relativos a obras isentas ou não tributáveis;

3 que não tenham sido escriturados no livro fiscal próprio.

Exemplo

Considere as seguintes informações de uma construção civil por empreitada:

- Valor total da obra cobrado ao tomador do serviço – R$ 1.000.000
- Material fornecido pelo prestador do serviço e produzido no local da obra – R$ 100.000
- Material fornecido pelo cliente – R$ 20.000
- Material fornecido pelo prestador do serviço e produzido fora do local da obra – R$ 80.000

Base de Cálculo:

= R$ 1.000.000 – R$ 180.000 = R$ 820.000

4.6.3 Alíquotas

As alíquotas aplicadas à construção civil são as seguintes:

1 Limpeza e dragagem de portos, rios e canais; construção civil; obras hidráulicas; engenharia consultiva; reparação e reforma de edifícios, estradas, pontes e congêneres – 3%

2 Quando os serviços a que se referem os *subitens 7.02* e *7.05*, quando componentes de obra licenciada, visando a: erguimento de edificação para utilização como hotel; transformação de imóvel em hotel; acréscimo de edificação para aumentar o número de apartamentos de hotel já em funcionamento; ou incorporação, a hotel já em funcionamento, de imóvel ou parte de imóvel antes não utilizado com finalidade hoteleira, criando-se novos apartamentos – 0,5%.

3 Demais serviços – 5%.

Considerando o exemplo do tópico anterior, o valor do ISS seria de:

R$ 820.000 × 3% = R$ 24.600

4.6.4 Pagamento

O imposto será pago ao Município onde ocorrerem às hipóteses a seguir, ainda que os prestadores não estejam nele estabelecidos nem nele domiciliados:

a instalação de andaimes, palcos, coberturas e outras estruturas, no caso dos serviços descritos no *subitem 3.04* da lista;

b execução da obra, no caso dos serviços descritos no *subitem 7.02* e *7.17* da lista;

c demolição, no caso dos serviços descritos no *subitem 7.04* da lista;

d edificações em geral, estradas, pontes, portos e congêneres, no caso dos serviços descritos no *subitem 7.05* da lista;

e execução de varrição, coleta, remoção, incineração, tratamento, reciclagem, separação e destinação final de lixo, rejeitos e outros resíduos quaisquer, no caso dos serviços descritos no *subitem 7.09* da lista;

f execução de limpeza, manutenção e conservação de vias e logradouros públicos, imóveis, chaminés, piscinas, parques, jardins e congêneres, no caso dos serviços descritos no *subitem 7.10* da lista;

g execução de decoração e jardinagem, de corte e poda de árvores, no caso dos serviços descritos no *subitem 7.11* da lista;

264   Contabilidade Tributária • Andrade, Lins e Borges

h   controle e tratamento do efluente de qualquer natureza e de agentes físicos, químicos e biológicos, no caso dos serviços descritos no *subitem 7.12* da lista;

i   florestamento, reflorestamento, semeadura, adubação e congêneres, no caso dos serviços descritos no *subitem 7.14*;

j   execução dos serviços de escoramento, contenção de encostas e congêneres, no caso dos serviços descritos no *subitem 7.15* da lista;

k   limpeza e dragagem, no caso dos serviços descritos no *subitem 7.16* da lista.

Independentemente de receber o preço do serviço, o contribuinte fica obrigado ao pagamento do imposto na forma estabelecida no Regulamento e nos prazos fixados por ato do Poder Executivo. Nas obras por administração e nos serviços cujo faturamento dependa de aprovação, pelo contratante, da medição ou quantificação dos trabalhos executados, o período de competência é o mês seguinte ao da ocorrência do Fato Gerador.

Quando o contribuinte, antes ou durante a prestação dos serviços, receber dinheiro, bens ou direitos, como sinal, adiantamento ou pagamento antecipado de preço, deverá pagar imposto sobre os valores recebidos, na forma estabelecida neste Regulamento e nos prazos fixados por ato do Poder Executivo. Incluem-se nesta norma as permutações de serviços ou quaisquer outras contraprestações compromissadas pelas partes em virtude da prestação de serviços.

Quando a prestação do serviço contratado for dividida em etapas e o preço em parcelas, considera-se devido o imposto:

I   no mês em que for concluída qualquer etapa a que estiver vinculada a exigibilidade de uma parte do preço;

II   no mês do vencimento de cada parcela se o preço deva ser pago ao longo da execução do serviço.

4.6.5 Isenção

No mesmo sentido, a legislação municipal define as hipóteses de isenção para esta atividade empresarial:

1   os serviços de reforma, reestruturação ou conservação de prédios de interesse histórico, cultural ou de interesse para a preservação ambiental, respeitadas as características arquitetônicas das fachadas, com observância da legislação específica;

2   os serviços de profissionais autônomos não estabelecidos;

3 os estudos e projetos contratados por empresas adquirentes de lotes nos polos industriais criados pelo Município, desde que vinculados à construção ou instalação dos respectivos estabelecimentos naqueles locais, com observância da legislação específica;

4 as obras de construção e as obras construídas sem licença, a legalizar em áreas abrangidas por dispositivos específicos para habitações unifamiliares e multifamiliares, construídas pelos próprios moradores, por profissionais autônomos não estabelecidos ou em mutirão com vizinhos.

4.6.6 *Responsabilidade*

São considerados responsáveis pelo recolhimento do ISS:

- os construtores, os empreiteiros principais e os administradores de obras relativas aos serviços descritos nos *subitens 7.02, 7.05* e *7.15* da lista, pelo imposto relativo aos serviços prestados por subempreiteiros, exclusivamente de mão de obra;

- os administradores de obras relativas aos serviços descritos nos *subitens 7.02, 7.05* e *7.15* da lista, pelo imposto relativo à mão de obra, inclusive de subcontratados, ainda que o pagamento dos serviços seja feito diretamente pelo dono da obra ou contratante;

- os titulares de direitos sobre prédios ou os contratantes de obras e serviços, se não identificarem os construtores ou os empreiteiros de construção, reconstrução, reforma, reparação ou acréscimo desses bens, pelo imposto devido pelos construtores ou empreiteiros;

- no caso dos serviços descritos *subitens 7.02, 7.04, 7.05, 7.09, 7.10, 7.11, 7.12, 7.14, 7.15, 7.16, 7.17,* da lista, pelo imposto devido na respectiva prestação, na seguinte ordem, e apenas no caso em que o contribuinte não seja localizado no Município do Rio de Janeiro:

  a o tomador do serviço, se localizado no Município do Rio de Janeiro;

  b caso o tomador do serviço não seja localizado no Município do Rio de Janeiro, o intermediário do serviço, se localizado no Município do Rio de Janeiro;

  c no caso de inexistência de tomador e intermediário localizados no Município do Rio de Janeiro, o tomador do serviço, ainda que localizado fora do Município do Rio de Janeiro;

  d no caso de inexistência de tomador e intermediário localizados no Município do Rio de Janeiro e na impossibilidade de se exigir do tomador o respectivo crédito tributário, o intermediário do serviço;

A responsabilidade será satisfeita mediante o pagamento do Imposto Retido, com base no preço do serviço prestado, aplicada a alíquota correspondente à atividade exercida.

A responsabilidade é inerente a todas as pessoas, física ou jurídica, ainda que alcançadas por imunidade ou por isenção tributária.

Não ocorrerá responsabilidade tributária quando os prestadores de serviços gozarem de isenção ou imunidade tributária, circunstâncias em que estarão obrigatoriamente sujeitos a declaração escrita.

A retenção do imposto por parte da fonte pagadora será consignada em documento fiscal emitido pelo prestador do serviço e comprovada mediante aposição de carimbo ou declaração do contratante em uma das vias pertencentes ao prestador, admitida, em substituição, a declaração do contratante.

As fontes pagadoras, ao efetuarem o repasse do imposto para o Município, utilizarão guia em separado, devendo observar que considera-se período de competência o mês da retenção do tributo.

Os contribuintes alcançados pela retenção do imposto, de forma ativa ou passiva, manterão controle em separado das operações sujeitas a esse regime para exame posterior da fiscalização municipal.

Os responsáveis estão obrigados ao recolhimento integral do imposto devido e, quando for o caso, de multa e acréscimos legais, independentemente de ter sido efetuada sua retenção na fonte.

> **Nota**
>
> Para fins de atribuição da responsabilidade ao intermediário, entende-se como intermediário aquele que, não sendo o usuário final, atue como primeiro contratante do serviço e o preste, no todo ou em parte, em seu próprio nome, a um terceiro, usuário final ou não, limitada a responsabilidade ao crédito tributário correspondente ao serviço prestado ao terceiro.

São solidariamente obrigados perante a Fazenda Municipal, quanto ao imposto relativo aos serviços em que forem parte, aqueles que tenham interesse comum na situação que constitua Fato Gerador da obrigação principal. A obrigação solidária é inerente a todas as pessoas físicas ou jurídicas, ainda que alcançadas por imunidade ou isenção tributária.

A solidariedade não comporta benefício de ordem, podendo, entretanto, o sujeito passivo, atingido por seus efeitos, efetuar o pagamento do imposto incidente sobre o serviço antes de iniciado o procedimento fiscal.

4.6.7 Livros Fiscais

A prestação de serviços de construção civil e atividades correlatas, segundo o RISS, devem possuir um conjunto de livros para registro de suas operações:

I   Registro de Utilização de Documentos Fiscais e Termos de Ocorrências – *modelo 2*;

II Registro de Apuração do ISS (RAPISS) – *modelo 3*;

III Registro de Entradas de Materiais e Serviços de Terceiros (REMAS) – *modelo 4*;

V   Registro Auxiliar das Incorporações Imobiliárias (RADI) – *modelo 6*;

Exemplo:

Considere que a Empresa Tal Qual Construções e Reformas Ltda., efetuou obras para a Empresa Casas S.A. no mês de Março/12, com a seguinte movimentação:

a   Compra de Material: Dia 2/3/12, a ser utilizado na obra (*código 500*), no valor de R$ 700,00 e também para consumo próprio, no valor de R$ 50,00, totalizando a Nota Fiscal nº 100 no valor de R$ 750,00, do fornecedor 700 Mat. de Const. Ltda.

b   No dia 31/3/12 emitiu Nota Fiscal nº 10, referente à Prestação de Serviços de Obras de Engenharia para Empresa Casas S.A. (Cod. *Obra 500*), no Valor de R$ 10.000,00.

A movimentação acima foi escriturada nos livros específicos REMAS e RAPIS, conforme abaixo.

REGISTRO DE ENTRADAS DE MATERIAIS E SERVIÇO DE TERCEIROS (REMAS)													
Mês /Ano			EMITENTES E FORNECEDORES					Código de Obra	ENTRADA DE MATERIAIS				
DOCUMENTO FISCAL				INSCRIÇÕES					DEDUTÍVEIS		NÃO DEDUTÍVEIS		
DATA	Nº	Série	Espécie	NOMES	FEDERAL CNPJ	UF	Estadual e/ou Municipal		Para Obras Tributáveis	Para Incorporações	Para Estoques	Para Obras	Para uso e Consumo
1	2	3	4	5	6	7	8	9	10	11	12	13	14
02/03/12	100	01	NF	700 MAT. DE CONST. LTDA.	00.000.000/00001-00	RJ	77.777-77	500	700,00				50,00

DEDUTÍVEIS				NÃO DEDUTÍVEIS				RETENÇÕES			OBSERVAÇÕES
Para Obras Tributáveis		Para Incorporações		Subempreitada Art.	TERCEIROS NÃO INSC.	Obras não Tributáveis		Coluna 16 2%	Coluna 18 2%	Coluna 20 5%	
Subemp. Global	Sub. Mão de Obra	Subemp. Global	Sub.-Mão de Obra			Sub. Global	Sub.-Mão de Obra				
15	16	17	18	19	20	21	22	23	24	25	26

REGISTRO DE APURAÇÃO DO ISS CONSTRUÇÃO CIVIL (RAPIS)													
DOCUMENTO DO CONTRIBUINTE					MOVIMENTO TRIBUTÁVEL – ALÍQUOTA DE 2%							DEDUÇÕES	
Mês/Ano			CONTRATANTE DO SERVIÇO	Código de Obra	ADMINISTRAÇÃO		Empreitada ou Sub.		Engenharia Consultiva e Outros	TOTAL 6 + 7 + 8 + 9 + 10	Subempreitada de Mão de Obra c/retenção	Materiais e Subem-preitada	SALDO CREDOR ANTERIOR
Número	Série	Esp.			Honorários	Mão de Obra e encargos	Empreitada Global	Mão de Obra					
1	2	3	4	5	6	7	8	9	10	11	12	13	14
10	1		CASAS S.A.	500			10.000,00			10.000,00		700,00	

BASE DE CÁLCULO – 3%				Faturamento Isento ou não Tributável	MOVIMENTO TRIBUTÁVEL (ALÍQUOTA 5%)			CÁLCULO DO IMPOSTO			OBSERVAÇÕES
Administração Empreitada e Outros		Das Incorporações			Locação de Máquinas e Equip.	Outros	Base de Cálculo 20 + 21	3% DE 16 + 3% de 18	5% de 22	ISS Devido SOMA	
D/C	11 – (13+14)	D/C	Transporte do RADI								
15	16	157	18	19	20	21	22	23	24	25	26
	9.300,00							279,00		279,00	

Contabilizações:

- Da compra:

D – Materiais para Obras (Resultado/Custo)	700,00
D – Material de Uso e Consumo (Resultado/despesa)	50,00
C – Fornecedores	750,00

- Da Receita e ISS:

D – Clientes	
C – Receita com Serviços	10.000,00

e

D – Despesa com ISS	
C – ISS a pagar	279,00

4.7 Resumo

O capítulo abordou os principais aspectos relativos ao Imposto Sobre Serviços (ISS), com base nas normas do Município do Rio de Janeiro. Foram apresentadas as Alíquotas, Base de Cálculo, responsabilidades e ainda os demais aspectos inerentes ao imposto. Dada a sua importância, foi incluído um tópico específico sobre a tributação do ISS sobre a atividade construção civil. De maneira geral, o ISS no Município Rio de Janeiro é de 5%. Entretanto, para algumas atividades específicas pode variar de 0,5% a 5% da Receita do Prestador de Serviços. Conforme a Lei Complementar nº 116/2003, o Fato Gerador do ISS é a prestação de serviços ainda que esses não se constituam como atividade preponderante do prestador do serviço.

Salvo as exceções da lei, a Base de Cálculo do imposto é o preço do serviço. Considera-se preço tudo que for cobrado em virtude da prestação do serviço, em dinheiro, bens, serviços ou direitos, inclusive a título de reembolso, reajustamento, doação, contribuição, patrocínio ou dispêndio de qualquer natureza.

4.8 Exercícios e Estudo de Casos

1   Defina Fato Gerador do ISS. Dê exemplos.

2   Marque (V) ou (F). Justifique as respostas falsas:

Com base na legislação tributária complementar federal relativa às micro e pequenas empresas e ao ISS, classifique os itens seguintes.

( ) Conforme previsto no Código Civil, um empresário, Pessoa Física, devidamente registrado no Registro de Empresas Mercantis, que tem Receita Bruta Anual de até 100 mil reais pode receber os benefícios destinados às microempresas em seu estatuto nacional.

( ) Uma empresa que fatura, anualmente, em conta própria, R$ 2.000.000 e, em conta alheia, R$ 500.000 é enquadrada no conceito de empresa de pequeno porte.

( ) Considere que determinada empresa tem como atividade a venda de máquinas de escritório e tenha promovido um curso sobre manutenção de suas máquinas, com o objetivo de ampliar sua Rede de Assistência Técnica. Nessa situação, a empresa deve pagar ISS, mesmo que a prestação de serviços não seja sua atividade preponderante.

( ) A receita de uma empresa que explora a concessão de pedágio em determinada rodovia federal está submetida à legislação nacional que impõe o pagamento do ISS.

( ) Quem presta serviço como trabalhador avulso é contribuinte do ISS, consoante a regulamentação nacional sobre esse imposto.

( ) Se uma empresa de contabilidade que presta um serviço de consultoria emite sua nota fiscal mas não recebe o valor devido pelo serviço, não terá de pagar o ISS enquanto não receber.

( ) O membro de conselho consultivo de uma sociedade por ações que recebe remuneração dessa empresa somente por sua participação nas Reuniões do Conselho não precisa pagar ISS relativo a esse serviço.

( ) Um arquiteto residente e domiciliado em Teresina, se for contratado para elaborar um projeto para construção de um prédio em Londres, não terá de pagar ISS sobre esse serviço.

( ) Se uma empresa sediada e domiciliada apenas no município A for contratada para fazer uma demolição no município B em outro estado, ela deverá pagar ao município A o ISS correspondente a esse serviço prestado.

3 Ao efetuar um serviço de manutenção, o funcionário apresentou as seguintes informações ao seu cliente:

Valor do serviço: 3h × R$ 100 = R$ 300

Peças substituídas:

- Alfa – R$ 350
- Beta – R$ 200

Pede-se: qual o valor do ISS nessa operação? Justifique sua resposta.

4 A empresa VEL sediada no município de São Paulo/SP, prestou serviços de consultoria à empresa DELTA localizada no município de Macaé/RJ através da sua filial situada no município de Rio das Ostras/RJ. Em qual município o ISS é devido?

(a) São Paulo, pois é o local onde a empresa está sediada.

(b) Macaé, pois este tipo de serviço exige que o ISS seja devido no local da prestação.

(c) Rio das Ostras, pois este tipo de serviço exige que o ISS seja devido no local da onde a prestadora do serviço está estabelecida.

(d) Não há incidência de ISS neste tipo de serviço.

5 Uma empresa estabelecida na cidade do Rio de Janeiro, cuja atividade é construção civil, prestou serviços no município de Rio das Flores/RJ. Em que localidade será devido o ISS?

(a) Rio de Janeiro, pois a empresa prestadora do serviço está estabelecida neste município.

(b) Rio das flores, pois este tipo de serviço exige que o ISS seja devido no local da prestação.

(c) Depende da legislação dos municípios em questão.

(d) Em qualquer um dos municípios.

6 Uma empresa, localizada no município do Rio de Janeiro, cuja a atividade seja a edificação de estradas e pontes, presta serviço em Lisboa/Portugal. Haverá incidência de ISS sobre este serviço? Justifique sua resposta.

7 Uma empresa localizada no município de Juiz de Fora/MG, cuja atividade é a locação de bens móveis, alugou uma máquina de cortar azulejos para uma empresa situada no município de Paraíba do Sul/RJ. O ISS será devido em que município?

(a) Juiz de Fora, pois este tipo de serviço exige que o ISS seja devido no local da onde a prestadora do serviço está estabelecida.

Tributos Municipais – ISS **273**

(b) Não há incidência de ISS neste tipo de serviço.

(c) Paraíba do Sul, este tipo de serviço exige que o ISS seja devido no local da prestação.

(d) Em qualquer um dos municípios.

8   A empresa Búzios Serviços Empresariais Ltda. prestou serviço de Consultoria emitindo uma Nota Fiscal de serviços no valor de R$ 10.000. Caso a Nota Fiscal fosse paga até o vencimento, haveria um desconto de 5%.

Pede-se: determine o valor do ISS. Justifique na sua resposta a base legal.

9   A mesma empresa do exercício anterior, emitiu nova Nota Fiscal de serviços no valor de cobrando em separado o ISS no valor de R$ 50.000 destacando e cobrando a parte o ISS no valor de R$ 2.500.

Pede-se: determine o valor do ISS. Justifique, na sua resposta, a base legal.

4.8.1 Questões de Concursos Públicos

1   (Auditor Fiscal do Tesouro Municipal – Prefeitura de Barra Mansa – 2010) De acordo com a Lei Complementar nº 116/2003, a alíquota máxima do ISS é:

(A) 6% (seis por cento), conforme acordo dos municípios;

(B) 4% (quatro por cento);

(C) 5% (cinco por cento);

(D) 5,5% (cinco por cento e meio);

(E) 7% (sete por cento), conforme acordo dos municípios.

2   (Auditor Fiscal da Receita Municipal – Prefeitura de Angra dos Reis – 2010) Considerando o ISS e as assertivas a seguir, assinale a sequência correta para V = verdadeiro e F = falso.

( ) O critério de territorialidade do imposto é misto, ora sendo considerado o local do tomador do serviço, ora do prestador.

( ) O critério material do imposto adota uma tributação em bases universais, com a incidência sobre serviços prestados no estrangeiro.

( ) Prevalece o entendimento, quanto ao critério pessoal, da permanência no ordenamento do art. 9º do Decreto-lei nº 406/1968.

( ) A hipótese de substituição tributária do art. 6º da Lei Complementar nº 116/2003 só cabe se houver relação com os elementos que norteiam a tributação do contribuinte.

(A) V – F – F – V.

(B) F – F – V – F.

(C) F – V – V – F.

(D) F – V – F – V.

(E) V – F – V – F.

3 (Prefeitura do Rio de Janeiro – Agente de Fazenda – 2010) Sobre o ISS – Imposto sobre Serviços de Qualquer Natureza, julgue os itens a seguir:

I   não incide sobre a transmissão de bens ou direitos incorporados ao patrimônio de pessoa jurídica em realização de capital;

II não incide sobre a transmissão de bens ou direitos decorrentes de fusão, incorporação, cisão, ou extinção de pessoa jurídica, salvo se nesses casos, a atividade preponderante do adquirente for a compra e venda desses bens ou direitos, locação de bens imóveis ou arrendamento mercantil;

III terá suas alíquotas máximas e mínimas fixadas em lei complementar;

IV caberá à lei complementar excluir de sua incidência exportações de serviços para o exterior.

Estão corretos:

a apenas os itens I, III e IV.

b apenas os itens I e IV.

c todos os itens estão corretos.

d apenas os itens II e IV.

e apenas os itens III e IV.

Referências Bibliográficas

BRASIL. Lei nº 691/1984. **Código Tributário do Município do Rio de Janeiro.**

_____. **Constituição (1988).** Constituição da República Federativa do Brasil: promulgada em 5/10/1988. Disponível em: <www.planalto.gov.br>. Acesso em: 11 abr. 2012.

_____. **Decreto nº 24.147, de 28/4/2004.** Regulamenta a forma de recolhimento do imposto sobre serviços nas hipóteses de responsabilidade tributária definidas nos itens 1 e 2 do inciso XX e 1 e 2 do inciso XXI do art. 14 da Lei nº 691, de 24/12/1984, incisos introduzidos pela Lei nº 3.691, de 28/11/2003, e dá outras providências. Disponível em: <http://www.smaonline.rio.rj.gov.br>. Acesso em: 30 set. 2012.

_____. **Decreto nº 27.815, de 24/1/2001.** Aprova o Manual de Diferimento, Ampliação de Prazo de Recolhimento, Suspensão e de Incentivos e Benefícios de Natureza Tributária. Disponível em: <http://www.fazenda.rj.gov.br>. Acesso em: 6 mar. 2012.

_____. **Decreto nº 10.514, de 8/10/1991.** Regulamenta as disposições legais relativas ao Imposto sobre Serviços de Qualquer Natureza. Disponível em: <http://www.smaonline.rio.rj.gov.br>. Acesso em: 2 ago. 2012.

_____. **Decreto nº 28.248, de 30/7/2007.** Regulamenta o fornecimento de informações de que trata o art. 14-a da Lei nº 691, de 24/12/1984, e dispõe sobre a responsabilidade tributária prevista no inciso XXII do art. 14 da mesma lei, ambas as normas acrescentadas pela Lei nº 4.452, de 27/12/2006. Disponível em: <http://www.dief.rio.rj.gov.br>. Acesso em: 2 abr. 2012.

_____. **Lei Complementar nº 116, de 31/7/2003.** Dispõe sobre o Imposto Sobre Serviços de Qualquer Natureza, de competência dos Municípios e do Distrito Federal, e dá outras providências. Disponível em: <http://www.planalto.gov.br>. Acesso em: 31 ago. 2012.

BRASIL. **Resolução nº 2.515, de 30/7/2007**. Disciplina o fornecimento de informações por pessoa jurídica que prestar serviço no Município do Rio de Janeiro com emissão de documento fiscal autorizado por outro município e a responsabilidade tributária atribuída ao tomador desse serviço, nos casos que menciona. Disponível em: <http://www.dief. rio.gov.br>. Acesso em: 31 ago. 2012.

_____. **Lei nº 5.098, de 15/10/2009**. Institui a Nota Fiscal de Serviços Eletrônica e dá outras providências. Disponível em: <http://www.camara.rj.gov.br>. Acesso em: 31 ago. 2012.

_____. **Lei nº 5.106, de 11/11/2009**. Acrescenta item no Inciso II, do art. 33, da Lei nº 691, de 24/12/1984. Disponível em: <http://www.leismunicipais.com.br>. Acesso em: 24 jun. 2012.

_____. **Lei nº 9.249, de 26/12/1995**. Altera a legislação do Imposto de Renda das pessoas jurídicas, bem como da contribuição social sobre o Lucro Líquido, e dá outras providências. Disponível em: <http://www.receita.fazenda.gov.br>. Acesso em: 1º mar. 2012.

_____. **Decreto nº 3.000, de 26/3/1999**. Regulamenta a tributação, fiscalização, arrecadação e administração do Imposto sobre a Renda e Proventos de Qualquer Natureza. Disponível em: <http://www.receita.fazenda.gov.br>. Acesso em: 5 fev. 2012.

_____. **Instrução Normativa nº 1.249, de 17/2/2012**. Altera a Instrução Normativa RFB nº 989, de 22/12/2009, que institui o Livro Eletrônico de Escrituração e Apuração do Imposto sobre a Renda e da Contribuição Social sobre o Lucro Líquido da Pessoa Jurídica Tributada pelo Lucro Real (e-LALUR). Disponível em: <http://www.receita.fazenda.gov. br>. Acesso em: 23 abr. 2012.

_____. **Instrução Normativa nº 11, de 21/2/1996**. Dispõe sobre a apuração do Imposto de Renda e da Contribuição Social sobre o Lucro das Pessoas Jurídicas a partir do ano-calendário de 1996. Disponível em: <http://www.receita.fazenda.gov.br>. Acesso em: 24 abr. 2012.

_____. **Decreto-lei nº 1.598, de 26/12/1977**. Dispõe sobre a adaptação da legislação do Imposto sobre a Renda às inovações da lei de sociedades por ações. Disponível em: <http://www2.camara.gov.br>. Acesso em: 8 mar. 2012.

_____. **Lei nº 9.532, de 10/12/1997**. Dispõe sobre a alteração na legislação tributária e dá outras providências. Disponível em: <http://www.receita.fazenda.gov.br>. Acesso em: 31 ago. 2012.

_____. **Decreto-lei nº 2.397, de 21/12/1987**. Dispõe sobre a adaptação da legislação do Imposto sobre a Renda das Pessoas Jurídicas e dá outras providências. Disponível em: <http://www2.camara.gov.br>. Acesso em: 31 ago. 2012.

_____. **Lei nº 8.981, de 20/1/1995**. Altera a Legislação Tributária Federal e dá outras providências. Disponível em: <http://www2.camara.gov.br>. Acesso em: 31 ago. 2012.

_____. **Lei nº 9.316, de 22/11/1996**. Altera a legislação do Imposto de Renda e da Contribuição Social sobre o Lucro Líquido. Disponível em: <http://www.jusbrasil.com. br>. Acesso em: 31 ago. 2012.

BRASIL. **Lei nº 9.430, de 27/12/1996**. Dispõe sobre a Legislação Tributária Federal, as contribuições para a seguridade social, o processo administrativo de consulta e dá outras providências. Disponível em: <http://www.planalto.gov.br>. Acesso em: 31 ago. 2012.

_____. **Lei nº 5.172, de 25/10/1966**. Dispõe sobre o Sistema Tributário Nacional e institui normas gerais de direito tributário aplicáveis à União, Estados e Municípios. Disponível em: <http://www.receita.fazenda.gov.br>. Acesso em: 31 ago. 2012.

_____. **Lei nº 9.065, de 20/6/1995**. Dá nova redação a dispositivos da Lei nº 8.981, de 20/1/1995, que altera a legislação tributária federal, e dá outras providências. Disponível em: <http://www.receita.fazenda.gov.br>. Acesso em: 31 ago. 2012.

_____. **Instrução Normativa nº 1.079, de 3/11/2010**. Dispõe sobre o tratamento tributário aplicável às variações monetárias dos direitos de crédito e das obrigações do contribuinte em função da taxa de câmbio. Disponível em: <http://www.receita.fazenda.gov.br>. Acesso em: 31 ago. 2012.

_____. **Lei nº 9.504, de 30/9/197**. Dispõe sobre normas para as eleições. Disponível em: <http://www.receita.fazenda.gov.br>. Acesso em: 31 ago. 2012.

_____. **Lei nº 11.638, de 28/12/2007**. Altera e revoga dispositivos da Lei nº 6.404, de 15/12/1976, e da Lei nº 6.385, de 7/12/1976, e estende às sociedades de grande porte disposições relativas à elaboração e divulgação de demonstrações financeiras. Disponível em: <http://www.receita.fazenda.gov.br>. Acesso em: 31 ago. 2012.

_____. **Lei nº 11.941, de 27/5/2009**. Altera a Legislação Tributária Federal relativa ao parcelamento ordinário de débitos tributários; concede remissão nos casos em que especifica; institui regime tributário de transição. Disponível em: <http://www.receita.fazenda.gov.br>. Acesso em: 31 ago. 2012.

_____. **Lei nº 9.718, de 27/11/1998**. Altera a Legislação Tributária Federal. Disponível em: <http://www.receita.fazenda.gov.br>. Acesso em: 31 ago. 2012.

_____. **Lei nº 11.774, de 17/9/2008**. Altera a Legislação Tributária Federal, modificando as Leis nos 10.865, de 30/4/2004, 11.196, de 21/11/2005, 11.033, de 21/12/2004, 11.484, de 31/5/2007, 8.850, de 28/1/1994, 8.383, de 30/12/1991, 9.481, de 13/8/1997, 11.051, de 29/12/2004, 9.493, de 10/9/1997, 10.925, de 23/7/2004; e dá outras providências. Disponível em: <http://www.receita.fazenda.gov.br>. Acesso em: 31 ago. 2012.

_____. **Lei nº 12.350, de 20/12/2010**. Dispõe sobre medidas tributárias referentes à realização, no Brasil, da Copa das Confederações Fifa 2013 e da Copa do Mundo Fifa 2014; promove desoneração tributária de subvenções governamentais destinadas ao fomento das atividades de pesquisa tecnológica e desenvolvimento de inovação tecnológica nas empresas. Disponível em: <http://www.receita.fazenda.gov.br>. Acesso em: 31 ago. 2012.

_____. **Decreto-lei nº 6.701, de 18/12/2008**. Dispõe sobre a depreciação acelerada de que tratam os arts. 11 e 12 da Lei nº 11.774, de 17/9/2008. Disponível em: <http://www.planalto.gov.br>. Acesso em: 31 ago. 2012.

BRASIL. **Decreto-lei nº 7.212, de 15/6/2010.** Regulamenta a cobrança, fiscalização, arrecadação e administração do Imposto sobre Produtos Industrializados (IPI). Disponível em: <http://www.planalto.gov.br>. Acesso em: 31 ago. 2012.

_____. **Lei nº 4.502, de 30/11/1964.** Dispõe sobre o "Imposto sobre Produtos Industrializados" e reorganiza a Diretoria de Rendas Internas. Disponível em: <http://www.receita.fazenda.gov.br>. Acesso em: 31 ago. 2012.

_____. **Decreto-lei nº 1.593, de 21/12/1977.** Altera a legislação do Imposto sobre Produtos Industrializados, em relação aos casos que especifica, e dá outras providências. Disponível em: <http://www2.camara.gov.br>. Acesso em: 31 ago. 2012.

_____. **Lei nº 7.798, de 10/7/1989.** Altera a legislação do Imposto sobre Produtos Industrializados – IPI e dá outras providências. Disponível em: <http://www.receita.fazenda.gov.br>. Acesso em: 31 ago. 2012.

_____. **Instrução Normativa nº 445, de 20/8/2004.** Aprova o programa gerador do Demonstrativo de Notas Fiscais (DNF), *versão 2.0*, define regras para a sua apresentação e dá outras providências. Disponível em: <http://www.receita.fazenda.gov.br>. Acesso em: 31 ago. 2012.

_____. **Lei nº 11.508, de 20/7/2007.** Dispõe sobre o Regime Tributário, Cambial e Administrativo das Zonas de Processamento de Exportação, e dá outras providências. Disponível em: <http://www6.senado.gov.br>. Acesso em: 31 ago. 2012.

_____. **Lei nº 11.732, de 30/7/2008.** Altera as Leis nos 11.508, de 20/7/2007, que dispõe sobre o Regime Tributário, Cambial e Administrativo das Zonas de Processamento de Exportação, e nº 8.256, de 25/11/1991, que cria áreas de Livre Comércio nos Municípios de Boa Vista e Bonfim, no Estado de Roraima; e dá outras providências. Disponível em: <http://www2.camara.gov.br>. Acesso em: 31 ago. 2012.

_____. **Medida Provisória nº 563, de 3/4/2012.** Altera a alíquota das contribuições previdenciárias sobre a folha de salários devidas pelas empresas que especifica, institui o Programa de Incentivo à Inovação Tecnológica e Adensamento da Cadeia Produtiva de Veículos Automotores, o Regime Especial de Tributação do Programa Nacional de Banda Larga para Implantação de Redes de Telecomunicações, o Regime Especial de Incentivo a Computadores para Uso Educacional, o Programa Nacional de Apoio à Atenção Oncológica, o Programa Nacional de Apoio à Atenção da Saúde da Pessoa com Deficiência, restabelece o "Programa Um Computador por Aluno", altera o Programa de Apoio ao Desenvolvimento Tecnológico da Indústria de Semicondutores, instituído pela Lei nº 11.484, de 31/5/2007, e dá outras providências. Disponível em: <http://www2.camara.gov.br>. Acesso em: 31 ago. 2012.

_____. **Decreto nº 6.582, de 26/9/2008.** Estabelece as relações de máquinas, equipamentos e bens de que tratam os §§ 7º e 8º do art. 14 da Lei nº 11.033, de 21/12/2004, aos quais é aplicável o Regime Tributário para Incentivo à Modernização e Ampliação da Estrutura Portuária (REPORTO), e dá outras providências. Disponível em: <http://www.planalto.gov.br>. Acesso em: 31 ago. 2012.

_____. **Decreto nº 4.544, de 26/12/2002.** Regulamenta a Tributação, Fiscalização, Arrecadação e Administração do Imposto sobre Produtos Industrializados (IPI). Disponível em: <http://www.receita.fazenda.gov.br>. Acesso em: 31 ago. 2012.

BRASIL. **Decreto nº 7.212, de 15/6/2010**. Regulamenta a Tributação, Fiscalização, Arrecadação e Administração do Imposto sobre Produtos Industrializados (IPI). Disponível em: <http://www.planalto.gov.br>. Acesso em: 31 ago. 2012.

_____. **Lei nº 10.637, de 30/12/2002**. Dispõe sobre a não cumulatividade na cobrança da contribuição para os Programas de Integração Social (PIS) e de Formação do Patrimônio do Servidor Público (PASEP), nos casos que especifica; sobre o pagamento e o parcelamento de débitos tributários federais, a compensação de créditos fiscais, a declaração de inaptidão de inscrição de pessoas jurídicas, a legislação aduaneira, e dá outras providências. Disponível em: <http://www.receita.fazenda.gov.br>. Acesso em: 31 ago. 2012.

_____. **Lei nº 10.833, de 29/12/2003**. Altera a Legislação Tributária e dá outras providências. Disponível em: <http://www.receita.fazenda.gov.br>. Acesso em: 31 ago. 2012.

_____. **Lei nº 7.102, de 20/6/1983**. Dispõe sobre segurança para estabelecimentos financeiros, estabelece normas para constituição e funcionamento das empresas particulares que exploram serviços de vigilância e de transporte de valores, e dá outras providências. Disponível em: <http://www.receita.fazenda.gov.br>. Acesso em: 31 ago. 2012.

_____. **Decreto nº 5.442, de 9/5/2005**. Reduz a zero as Alíquotas da Contribuição para o PIS/PASEP e da COFINS incidentes sobre as receitas financeiras auferidas pelas pessoas jurídicas sujeitas à incidência não cumulativa das referidas contribuições. Disponível em: <http://www.planalto.gov.br>. Acesso em: 31 ago. 2012.

_____. **Instrução Normativa nº 1.161, de 31/5/2011**. Altera a Instrução Normativa RFB nº 1.052, de 5/7/2010, que institui a Escrituração Fiscal Digital da Contribuição para o PIS/PASEP e da Contribuição para o Financiamento da Seguridade Social (COFINS). Disponível em: <http://www.receita.fazenda.gov.br>. Acesso em: 31 mar. 2012.

_____. **Decreto nº 6.022, de 22/1/2007**. Institui o Sistema Público de Escrituração Digital (SPED). Disponível em: <http://www.normaslegais.com.br>. Acesso em: 10 maio 2012.

_____. **Lei Complementar nº 123, de 14/12/2006**. Institui o Estatuto Nacional da Microempresa e da Empresa de Pequeno Porte; altera dispositivos das Leis nos 8.212 e 8.213, ambas de 24/7/1991, da Consolidação das Leis do Trabalho (CLT), aprovada pelo Decreto-lei nº 5.452, de 1º/5/1943, da Lei nº 10.189, de 14/2/2001, da Lei Complementar nº 63, de 11/1/1990; e revoga as Leis nos 9.317, de 5/12/1996, e 9.841, de 5/10/1999. Disponível em: <http://www.receita.fazenda.gov.br>. Acesso em: 31 maio 2012.

_____. **Lei Complementar nº 139, de 10/11/2011**. Altera dispositivos da Lei Complementar nº 123, de 14/12/2006, e dá outras providências. Disponível em: <http://www.receita.fazenda.gov.br>. Acesso em: 31 ago. 2012.

_____. **Resolução CGSN nº 94, de 29/11/2011**. O Comitê Gestor do Simples Nacional (CGSN) aprovou a Resolução nº 94, de 29/11/2011, que consolida todas as resoluções do Simples Nacional voltadas para os contribuintes. A resolução contempla, também, a regulamentação das alterações trazidas pela Lei Complementar nº 139, de 10/11/2011. Disponível em: <http://www.receita.fazenda.gov.br>. Acesso em: 31 ago. 2012.

BRASIL. **Resolução CGSN nº 15, de 23/7/2007.** Dispõe sobre a exclusão do Regime Especial Unificado de Arrecadação de Tributos e Contribuições devidos pelas Microempresas e Empresas de Pequeno Porte (Simples Nacional). Disponível em: <http://www.receita.fazenda.gov.br>. Acesso em: 31 ago. 2012.

_____. **Resolução CGSN nº 20, de 15/8/2007.** Altera as Resoluções CGSN nº 4 e nº 5, ambas de 30/5/2007, nº 6, de 18/6/2007, nº 10, de 28/6/2007, nº 15, de 23/7/2007, e nº 18, de 10/8/2007, que dispõem sobre o Regime Especial Unificado de Arrecadação de Tributos e Contribuições devidos pelas Microempresas e Empresas de Pequeno Porte (Simples Nacional). Disponível em: <http://www.normaslegais.com.br>. Acesso em: 31 ago. 2012.

_____. **Resolução CGSN nº 22, de 23/8/2007.** Altera as Resoluções CGSN nº 4, de 30/5/2007, e nº 10, de 28/6/2007, que dispõem sobre o Regime Especial Unificado de Arrecadação de Tributos e Contribuições devidos pelas Microempresas e Empresas de Pequeno Porte (Simples Nacional). Disponível em: <http://www.receita.fazenda.gov.br>. Acesso em: 31 ago. 2012.

_____. **Lei Complementar nº 128, de 19/12/2008.** Altera a Lei Complementar nº 123, de 14/12/2006, altera as Leis nºs 8.212, de 24/7/1991; 8.213, de 24/7/1991; 10.406, de 10/1/2002 – Código Civil, 8.029, de 12/4/1990, e dá outras providências. Disponível em: <http://www.receita.fazenda.gov.br>. Acesso em: 1 mar. 2012.

_____. **Lei nº 6.404, de 15/12/1976.** Dispõe sobre as Sociedades por Ações. Disponível em: <http://www.receita.fazenda.gov.br>. Acesso em: 11 set. 2012.

_____. **Lei complementar nº 87, de 13/9/1996.** Dispõe sobre o imposto dos Estados e do Distrito Federal sobre operações relativas à circulação de mercadorias e sobre prestações de serviços de transporte interestadual e intermunicipal e de comunicação, e dá outras providências. (LEI KANDIR). Disponível em: <http://www.planalto.gov.br>. Acesso em: 31 ago. 2012.

_____. **Lei nº 4.056, de 30/12/2002.** Autoriza o Poder Executivo a instituir no exercício de 2003, o Fundo Estadual de Combate à Pobreza e às desigualdades sociais, em obediência à Emenda Constitucional Nacional nº 31, de 14/12/2000, que alterou o ato das disposições constitucionais transitórias, introduzindo o art. 82 que cria o Fundo Estadual de Combate e Erradicação da Pobreza. Disponível em: <http://www.fazenda.rj.gov.br>. Acesso em: 31 ago. 2012.

_____. **Resolução nº 6.556, de 14/1/2003.** Dispõe sobre o pagamento da parcela do adicional relativo ao Fundo Estadual de Combate à Pobreza e às Desigualdades Sociais (FECP) e dá outras providências. Disponível em: <http://www.fazenda.rj.gov.br>. Acesso em: 21 ago. 2012.

_____. **Lei nº 12.546, de 14/12/2011.** Institui o Regime Especial de Reintegração de Valores Tributários para as Empresas Exportadoras (Reintegra); dispõe sobre a redução do Imposto sobre Produtos Industrializados (IPI) à indústria automotiva; altera a Incidência das Contribuições Previdenciárias devidas pelas empresas que menciona; altera as Leis nºs 11.774, de 17/9/2008, nº 11.033, de 21/12/2004, nº 11.196, de 21/11/2005, nº 10.865, de 30/4/2004, nº 11.508, de 20/7/2007, nº 7.291, de 19/12/1984, nº 11.491, de 20/6/2007, nº 9.782, de 26/1/1999, e nº 9.294, de 15/7/1996, e a Medida Provisória

Referências Bibliográficas **281**

nº 2.199-14, de 24/8/2001; revoga o art. 1º da Lei nº 11.529, de 22/10/2007, e o art. 6º do Decreto-lei nº 1.593, de 21/12/1977, nos termos que especifica; e dá outras providências. Disponível em: <www2.camara.gov.br>. Acesso em: 31 ago. 2012.

BRASIL. **Instrução Normativa nº 1.252, de 1º/3/2012.** Dispõe sobre a Escrituração Fiscal Digital da Contribuição para o PIS/PASEP, da Contribuição para o Financiamento da Seguridade Social (COFINS) e da Contribuição Previdenciária sobre a Receita (EFD – Contribuições). Disponível em: <www.receita.fazenda.gov.br>. Acesso em: 31 ago. 2012.

CONSELHO NACIONAL DE POLÍTICA FAZENDÁRIA. Secretarias de Fazenda Estaduais. Apresenta a legislação vigente em cada Unidade Federativa. Disponível em: <http://www.fazenda.gov.br/confaz/>. Acesso em: 31 ago. 2012.

FISCOSOFT *ON LINE*. **Área Federal.** Apresenta trabalhos esclarecendo a Legislação Federal brasileira. Disponível em: <http://www.fiscosoft.com.br>. Acesso em: 25 jul. 2012.

RECEITA FEDERAL DO BRASIL. **Perguntas e respostas.** Apresenta esclarecimentos referentes à legislação brasileira. Disponível em <http://www.receita.fazenda.gov.br>. Acesso em: 31 ago. 2012.

SENADO FEDERAL. Resolução nº 13, de 25 de abril de 2012.

Anexos

Os *Anexos* abaixo encontram-se disponíveis como material complementar do livro no *site* da Editora Atlas: www.atlas.com.br

1 Capítulo 3

Anexo **A** => Códigos Fiscais de Operações e Prestações.

Anexo **B** => 1) LIVRO DE ENTRADAS – Modelo 1 ⇒ www.fazenda.rj.gov. br → legislação estadual → regulamento do ICMS → Livro VI – Das obrigações acessórias → Anexo I → Registro de entradas – Modelo 1.

2) LIVRO DE SAÍDAS ⇒ www.fazenda.rj.gov.br → legislação estadual → regulamento do ICMS → Livro VI – Das obrigações acessórias → Anexo I – Registro de saídas – Modelo 2.

3) LIVRO DE APURAÇÃO DE ICMS ⇒ www.fazenda.rj.gov.br → legislação estadual → regulamento do ICMS → Livro VI – Das obrigações acessórias → Anexo I – Registro de apuração do ICMS – Modelo 9.

2 Capítulo 4

Anexo **C** => Anexo I da Lei Complementar nº 123/2006.

Formato	17 x 24 cm
Tipografia	Charter 11/13
Papel	Offset Sun Paper 75 g/m² (miolo)
	Supremo 250 g/m² (capa)
Número de páginas	296
Impressão	Yangraf

Sim. Quero fazer parte do banco de dados seletivo da Editora Atlas para receber informações sobre lançamentos na(s) área(s) de meu interesse.

Nome: _____
_____ CPF: _____ Sexo: ○ Masc. ○ Fem.
Data de Nascimento: _____ Est. Civil: ○ Solteiro ○ Casado

End. Residencial: _____
Cidade: _____ CEP: _____
Tel. Res.: _____ Fax: _____ E-mail: _____

End. Comercial: _____
Cidade: _____ CEP: _____
Tel. Com.: _____ Fax: _____ E-mail: _____

De que forma tomou conhecimento deste livro?
□ Jornal   □ Revista   □ Internet   □ Rádio   □ TV   □ Mala Direta
□ Indicação de Professores   □ Outros: _____

Remeter correspondência para o endereço: ○ Residencial   ○ Comercial

Indique sua(s) área(s) de interesse:

○ Administração Geral / Management
○ Produção / Logística / Materiais
○ Recursos Humanos
○ Estratégia Empresarial
○ Marketing / Vendas / Propaganda
○ Qualidade
○ Teoria das Organizações
○ Turismo
○ Contabilidade
○ Finanças

○ Economia
○ Comércio Exterior
○ Matemática / Estatística / P. O.
○ Informática / T. I.
○ Educação
○ Línguas / Literatura
○ Sociologia / Psicologia / Antropologia
○ Comunicação Empresarial
○ Direito
○ Segurança do Trabalho

Comentários

ISR-40-2373/83

U.P.A.C Bom Retiro

DR / São Paulo

CARTA - RESPOSTA
Não é necessário selar

O selo será pago por:

01216-999 - São Paulo - SP

REMETENTE:
ENDEREÇO: